KB112839

보물지도 17

이 책을 소중한

_____님에게 선물합니다.

_____드림

• 기적을 보길 원하는 이들의 꿈의 목록 •

보물지도17

기획 | 김도사 · 권마담

권우성 정소장 조현수 양근영
서동희 박종혁 김인환 박재석
김은희 김민채 배영희

위닝북스

꿈꾸는 자는
출발선부터 다르다!

"삶은 꿈꾸는 대로 이루어진다."

이 말인즉슨 지금의 나는 과거의 내가 꿈꾸던 미래의 나라는 말이다. 여기 꿈을 향해 하루하루 행복하게 살아가는 사람들이 있다. 이 책《보물지도 17》의 저자들은 보통 사람과 출발선부터 다르다. 꿈을 선언했기 때문이다. 꿈을 선언한다는 것은 이미 꿈을 이룬 시점에서 시작하는 것이다. 학창 시절 시험을 볼 때 문제의 정답을 알고 시험을 보면 어떻게 될까? 무조건 만점이다. 꿈을 꾸는 것도 이와 같은 이치다.

삶은 상상하는 대로 이루어진다. 이 책의 저자들은 금수저, 은

수저보다 강력한 '꿈수저'다. 꿈수저들은 이미 꿈을 상상 속에서 한 번 이루고 시작하기 때문에 누구보다 강력할 수밖에 없다.

꿈을 꾸고 시작한다는 것은 내 인생의 정답을 알고 시작하는 것과 같다. 꿈꾸는 자들은 부러울 것이 없다. 오직 꿈을 이루기 위해 부단히 나아갈 뿐이다. 조금 힘들고 지쳐도 행복하다. 이미 꿈을 이룬 상태로 시작하기 때문이다.

우리는 꿈을 이루기 위해 태어났다. 더 이상 현실에 치여 꿈을 잃어버리지 말자. 꿈 실현은 당신의 행동에 달려있다는 것을 명심하길 바란다.

2019년 6월

정소장

CONTENTS

PART 1

나만의 스토리로
브랜딩해
새로운 길 구축하기

- 권우성

권우성

前 섬유 염가공 회사 대표이사, 공인중개사, 자산관리사, 외식업 컨설턴트, 고객 맞춤 장기 렌터카 컨설턴트

다년간 섬유업에 종사하다가 공인중개사, 자산관리사, 외식업 컨설턴트 자격증을 취득하고 퇴직 후 인생 2막을 준비하고 있다. 또한 장기 렌터카 전문가로서 사회초년생 및 은퇴한 베이비부머 세대를 위한 맞춤 장기 렌터카 컨설팅을 연구하고 있다. 앞으로 자동차에 대한 새로운 인식을 전파하는 자동차 주치의 활동에 전념하고자 한다.

고객 맞춤 장기 렌터카
컨설턴트 되기

몇 년 전, 천호식품 김영식 회장이 직접 TV광고에 출현해 자사의 산수유 제품을 홍보했다. 그 결과, 제품뿐만 아니라 해당 광고까지 대박이 났다. 연기를 직업으로 삼지 않는 일반인이 광고에 나와서 이렇게 큰 호응을 얻은 건 참으로 놀라운 일이었다.

"산수유! 남자들에게 참 좋은데 설명할 방법이 없네…"

김영식 회장이 아주 능청스럽게 연기하던 모습이 지금도 눈에 선하다. 이 광고를 계기로 '천호식품'과 '김영식 회장'이라는 존재가 전국적으로 알려지게 되었다. 내가 생각하고 있는 자동차 장기 렌트 사업도 이러한 경우가 되지 않을까?

"자동차 장기 렌트, 참 좋은데 설명할 방법이 없네…."

일반적으로 사람들이 차를 구매할 때, 현금 일시불 또는 카드 할부를 이용한다. 물론 돈이 많으면 현금 일시불로 구매하는 게 최고다. 하지만 현금을 일시에 다 주고 사지 못하는 사람들은 할부를 선택한다. 그만큼 차를 사는 데 있어 우리의 선택지는 많지 않다.

그러나 이제는 자동차를 구매하는 방법이 바뀌고 있다. 자동차를 소유하는 것보다 임대로 빌리는 게 추세다. 즉, 소유의 시대에서 사용의 시대로 점점 발전하고 있는 중이다. 리스나 렌트가 그 예다. 하지만 아직 많은 사람들은 리스나 렌트에 대해 속속히 알지 못한다.

어릴 적에 도시에 나가서 자칭 성공했다는 동네 아저씨들이 명절 때마다 번들거리는 차를 몰고 고향으로 오곤 했다. 그때 흔히 아저씨들은 자기 차가 아니라는 말을 했다. 나는 그것이 무슨 뜻인지 몰랐다. 그중 눈썰미가 있는 형들은 일반 자동차와 번호판이 다르다고 했다. 그리고 폼 좀 잡으려고 명절에만 빌려 타고 온 거라고 덧붙였다.

그렇게 폼 잡으려고 며칠만 빌려서 타던 차가 '단기 렌터카'였다. 그것이 이제는 상당히 오랜 기간 동안 내 차처럼 사용할 수 있는 '장기 렌터카'로 진화하고 있는 것이다. 물론 지금 현재도 몇 시간, 며칠만 타는 목적의 단기 렌터카 시장도 존재한다. 차량을 공유하는 우버나 쏘카도 엄청나게 성장하고 있다. 이제는 영업용이 아닌 자가용으로 카풀을 하는 시대다. 때문에 이에 대한 이해 당사자들이 첨예하게 대립하기도 하는 실정이다.

세상이 변하면서 자동차 시장도 우리의 사고가 따라가기 힘들 정도로 아주 빠르게 변하고 있다. 그 가운데 자동차 장기 렌트는 단언컨대 현재 차를 이용하는 가장 진화된 방법이라고 할 수 있다. 자동차 장기 렌트는 '공유경제, 구독경제'라는 커다란 세상의 흐름에 맞게 변신하고 있는 건지도 모르겠다.

그러면 이렇게 단점보다는 장점이 많은 장기 렌터카를 누구를 통해 구입하는 것이 좋을까? 우리나라에서는 현재 자동차 제조사들의 대리점에서 수많은 자동차 영업사원들이 활동하고 있다. 대기업들이 장기 렌트 시장에 뛰어들 만큼 시장이 커졌고, 많은 사람들이 일하고 있다.

차는 집 다음으로 중요하고 비싼 재산 목록이다. 그만큼 구입에 신중해야 한다. 자동차는 이동수단이라는 본래의 목적 이외에도 그 사람의 품격이고 아우라이기 때문이다. 그만큼 중요한 재산을 아무에게서 살 수 없는 것 아닌가?

옷도 내 몸에 맞아야 하듯이 차도 나에게 딱 맞아야 한다. 옷을 파는 사람도 많지만 장기 렌터카를 파는 사람도 많다. 다만 옷은 잘못 사더라도 몇 번 입고 버릴 수 있다. 하지만 자동차는 그럴 수 있는 물건이 아니다. 때문에 살 때 더욱더 신중해야 한다. 또한 옷을 살 때 나에게 딱 맞는 옷을 사려면 양복점과 양장점에 가야 한다. 그래야 나에게 딱 맞는 옷을 입을 수 있기 때문이다. 몇만 원에서 몇십만 원 하는 옷을 하나 사는 것도 이러하다. 하물며 몇천만 원이나 하는 자동차를 구매하는 데 오죽할까?

그러므로 장기 렌터카를 사려면 나에게 딱 맞는 차에 대해 컨설팅해 줄 수 있는 사람을 찾아야 한다. 현금 일시불이나 할부는 크게 신경 쓸 게 없지만 장기 렌터카는 어떻게 설계하느냐에 따라 상황이 많이 달라진다. 지금도 온·오프라인에서 장기 렌터카를 파는 사람이 수도 없이 많다. 인터넷에 장기 렌터카라고 검색만 해도 수많은 사람들에게서 메일을 받을 것이다.

나도 장기 렌터카를 파는 수많은 사람 중의 한 명이다. 그러나 나는 그 사람들과 다르게 행동할 것이라고 단언할 수 있다.

영업에는 흔히 제품을 팔기 전의 행동과 팔고 이후의 행동이 있다. 우리는 흔히 이것을 'BS(Before Service)'와 'AS(After Service)'라고 한다. 물건을 팔기 전보다 물건을 판 후에 더 잘하는 사람이 진정한 영업맨이다. 물건을 팔고 난 후 문제가 발생했을 때 어떻게 처리하는가에 따라 영업하는 사람의 진가를 알 수 있다. 할리우드 액션이나 립싱크는 누구나 할 수 있다. 하지만 물건을 판 이후의 진정한 태도와 마인드는 아무나 가질 수 없다. 이쯤에서 나는 선언한다. "나는 고객 맞춤 장기 렌터카 컨설턴트가 될 것이다!"라고.

나는 고객들에게 맞는 차를 설계하고, 그로 인해 행복할 수 있도록 컨설팅을 할 것이다. 최고를 지향하면서 최선을 다할 것이다. 그래서 '권우성' 하면 장기 렌터카를 파는 사람이기보다는 '자동차 장기 렌트' 하면 권우성이라는 이름이 떠오르도록 할 것이다. 나와 한 번 인연이 된 고객이 고급 세단을 탈 때까지 컨설팅의 진정성을 보여줄 것이다. 나에게서 장기 렌터카를 산 사람 중 누구 하나도 실망시키지 않을 것이다. 나는 차를 팔기 전에 고객의 행복을 먼저 생각할 것이다.

"장기 렌터카를 준비하고 있는 고객들이여!
나에게 오라.
나에게 한 번 고객은 영원한 고객이다."

비즈니스 모델
구축하기

TV프로그램 〈나 혼자 산다〉에서 걸 그룹 마마무의 화사가 곱창 먹는 모습이 방영된 적이 있었다. 이전에도 많은 사람들이 곱창을 즐겨 먹었다. 세간을 뜨겁게 달구었던 화사의 곱창 먹는 모습은 흡입하는 수준이었다. 먹는 방송 중에서도 단연 압도적이었다. 이 방송으로 전국의 곱창이 품귀 현상까지 빚었다. 곱창을 납품 받기 위해 사장님들이 줄을 서는 것도 모자라 거액의 현금까지 보증금으로 갖다 바칠 지경에 이르렀다. 전국의 곱창 가게는 곱창을 수급하지 못해 손님이 밀려드는데도 초저녁에 문을 닫아야 하는 기현상까지 보였다.

나 역시 소곱창을 좋아하지만 다소 비싼 게 아쉽다. 어쩌면 소고기보다 소의 내장인 곱창이 더 비싼지도 모르겠다. 나는 곱창 붐이 일어나기 전부터 '소곱창'이라는 음식이 외식업 아이템으로 상당히 매력이 있다고 생각했었다. 그만큼 맛과 희소가치가 있기 때문이다.

그때부터 나는 적극적으로 소곱창에 관심을 갖기 시작했다. 내장이라면 질색하는 아내를 데리고 가서 혼자 심취해서 먹곤 했다. 아내가 머리를 절레절레 흔들 정도로 좋아했다.

우리가 흔히 소곱창이라고 하는 양곱창은 소의 내장을 재료로 하는 음식이다. 돼지의 내장하고는 확연히 구별되는 음식이다. 돼지의 내장은 특유의 냄새 때문에 호불호가 많이 갈린다. 그래서 돼지 곱창은 채소와 양념으로 냄새를 없앤다.

소곱창에 관심을 가진 후부터 책을 보고, 검색을 해 보면서 맛집도 많이 가 봤다. 나름 전문가라는 분들을 만나기 위해 먼 길도 불사했다. 그런데 이놈의 소내장으로 만드는 음식은 알면 알수록 오리무중이다. 일반적인 소고기나 삼겹살은 정량에 맞추어 내어주면 손님들이 수고를 마다하지 않고 알아서 구워 먹는다.

그러나 소곱창은 원재료가 내장이다 보니 준비 과정이 이만저만 까다로운 게 아니다. 이게 고기와 다른 그 무엇이었다. 준비 과정이 장난이 아니다. 받아서 손질하고, 수십 번을 씻어 내고, 냄새를 제거하고, 연육하고, 숙성하고, 알맞게 보관하고. 자칫 관리를 잘못하면 아주 낭패다. 그래서 사람들이 쉽게 접근하지 못한다.

이때쯤 우리는 마이클 포터의 〈경쟁론〉, 특히 〈산업경쟁론〉을 한번 살펴볼 필요가 있다. 우리가 알고 있는 마이클 포터의 다섯 가지 경쟁 요인(5 Force Model)은 진입장벽의 정도, 공급자의 교섭력, 수요자의 교섭력, 대체재의 수준, 기존 경쟁 관계다. 그는 산업 간 근본적인 경쟁의 원인을 알기 위해서는 각 세력이 지닌 힘의 원천을 분석해야 한다고 말한다. 그 분석 모형이 바로 '5 Force Model'이다.

소곱창이라는 음식은 첫 번째 경쟁 요인인 진입장벽이 높은 경우에 딱 맞는다. 웬만한 내공 없이는 할 수 없다. 업무 강도로 보자면 일반 고깃집의 2배라고 해도 과언이 아니다. 기술도 기술이지만 일을 대하는 기본자세가 되어 있지 않으면 절대 하지 못하는 아이템이다.

내가 아는 곱창집 젊은 사장님은 어린 첫째 딸과 갓난아기가 있다. 그러다 보니 육아로 바쁜 집사람이 도와주지도 못한다. 그 와중에 새벽 1시쯤 영업을 마감하면 그때부터 재료 손질을 시작한다고 한다. 그러다 보면 어떨 때는 새벽 4~5시까지 준비한다고…. 그리고 잠깐 눈 붙이고 나면 다음 날 장사를 준비해야 한다. 보통의 체력, 보통의 정신력으로는 감히 엄두도 못 낸다. 그래서 지금은 소곱창 가게들을 볼 때마다 그 가게 사장님이 존경스럽다.

우리나라 5대 자영업 전쟁터가 치킨집, 삼겹살집, 편의점, 커피숍, 미장원이라고 한다. 누군가가 말했다. "기승전치킨집"이라고. 또 다른 누군가가 말했다. "공부, 직장, 퇴직, 치킨집 사장"이라고…. 그러면 나는 왜 이렇게 힘든 일을 뒤늦게 하려는 걸까?

첫째, 진입장벽이 높기 때문이다. 물론 그만큼 힘이 들 것이다. 하지만 나 역시 절대 호락호락하지 않다.
둘째, 이게 진짜 내가 하고자 하는 이유다. 경쟁력 있는 아이템으로 하나의 비즈니스 모델을 만들고 싶은 무식한 용기 때문이다.

나는 소원한다. 적은 자본을 투자해서 부부 둘이서 아니면 친구 둘이서 의기 드높게 또는 부모와 자식이 궁여지책일지라도 다시 한번 일어설 수 있기를 소망한다. 더불어 치킨집, 삼겹살집 창업하다가 있는 돈, 없는 돈 다 날린 사장님들까지 다시 한 번 일어설 수 있기를. 그렇게 지독한 절박함으로 다시 한 번 해 보고자 하는 사람들을 위한 수익 모델을 만들고 싶은 게 내 꿈이다. 그리고 이 모델을 계속 확장시키고 싶다. 이는 나의 희망이자 보물지도다.

"Attitude is everything(태도가 전부다)."

무엇을 해도 기본자세가 되어 있지 않으면 성공할 수 없다. 옆집 가게 사장님보다 30분 더 일찍 문을 열고, 옆집 가게의 쓰레기까지도 쌓인 눈도 치울 수 있는 기본자세가 되어 있어야 한다. 또한 다른 가게보다 10% 더 싸게, 10% 더 많이, 10% 더 맛있게, 10% 더 친절하게 장사할 수 있어야 한다. 그렇게 하지 못할 거면 소곱창은 물론 외식업 자체를 시작하지 말아야 한다.

답은 무엇을 하느냐가 아니고 어떻게 하느냐다. 우리나라 자영업 시장에서는 5년 이내에 자영업자의 80%가 나가떨어진다. 앞에서는 벌고 뒤로 밑지는 게 이 바닥의 생리다. 심지어 대기업에서 회계 분야 업무를 담당했던 퇴직자들도 자영업자가 얼마를 버는지 모르는 게 현실이다. 그만큼 매출과 비용과 실수익 간의 변수가 많고 통제 불가능한 일도 많다.

그러나 정확하게 보라. 그 치열한 삼겹살 시장에서도 승승장구하는 하남돼지집이 있다. 치킨집이 다 망한다고 하는데도 조그마한 가게에서 출발해 체인 사업까지 하는 노랑통닭도 있고, 60계 치킨도 있다.

결론은 무엇을 하느냐가 아니고 어떻게 하느냐가 관건이다. 이걸 80%의 자영업자들이 모르고 있는 게 현실이다. 나 또한 예외는 아니다. 그래서 현실과 치열하게 싸우고 있다.

나는 지금 소곱창 가게를 준비 중이다. 그야말로 좌충우돌이다. 나 혼자 고군분투 중이다. 그러나 재미있고 즐겁다. 하고 싶은 일이기 때문이다.

지호락(知好樂). 아는 놈보다 좋아하는 놈이 이기고, 좋아하는 놈보다 즐기는 놈이 이긴다는 의미다. 누군가는 나무기둥을 대패질하면서 하루하루 입에 풀칠할 걸 걱정한다. 하지만 어느 누군가는 그 나무기둥으로 지어진 교회에서 기도하는 사람들을 생각한다고 한다.

나도 언젠가는 내가 꿈꾸는 세상을 만들고 싶다. 서울에서도, 부산에서도, 대구에서도 나아가 LA에서도 통하는 좋은 비즈니스 모델을 만들고 싶다. 그리하여 힘들고 어려운 자영업자들과 같이하고 싶다.

혁명에 실패하면 역적이요, 성공하면 영웅이다. 그러나 비즈니스는 실패해도 또 도전하면 된다. KFC의 커넬 샌더스처럼. 꿈이 이루어질 때까지. 자, 가자!

나만의
피자 브랜드 만들기

지금 나는 인천에서 피자 배달 전문점을 하나 운영하고 있다. 메이저 브랜드는 아니지만 중위권 브랜드로서는 전국적으로 가성비가 괜찮다고 인정받고 있다. 전국적인 체인망이나 브랜드 파워도 꽤 좋다. 어떤 지역에서는 메이저 브랜드를 이기고도 있다.

실질적인 운영은 아들이 맡아서 하고 있다. 내가 이 녀석을 꼬드겼는지, 내가 이 녀석의 꼬임에 넘어갔는지는 알 수 없는 일이다. 이하 각설하고, 대학교에 휴학계를 내고 본격적으로 해 보려고 하는 녀석의 용기에 나는 흔쾌히 허락하고 말았다. 아들은 경영학을 전공하고 있다. 또한 재학 때는 비즈니스 모델 경연대회에서 아깝지만 은상을 수상한 이력도 있다. 그런 만큼 허락하는 데 큰 고민은 없었다. 물론 학업이 걱정되기는 했지만….

처음에는 나하고 아들놈하고 하려고 했었다. 그런데 나는 고령자(?)라서 본사 심사기준에서 보기 좋게 탈락했다. 궁여지책으로 얼떨결에 좋은 직장을 관두고 하루도 쉬지 못한 채 이 몸 대신 투입된 우리 아내에게는 지금도 죄인 아닌 죄인이다.

피자 역시 레드오션 중의 레드오션이다. 전국 어느 곳이나 피자가게 없는 곳이 없다. 그런 만큼 마음만 먹으면 입맛대로 수많은 피자 브랜드를 선택할 수 있다. 치킨 있는 곳에 피자가 반드시 있고, 피자 있는 곳에 치킨이 반드시 있다. 이제 피자의 경쟁 상대는 피자가 아니다. 치킨, 삼겹살, 족발, 보쌈 등의 업종들과도 경쟁해야 하는 상황이다.

이제 대세는 배달인 것 같다. 1인 가구가 가파르게 증가하고 있다. 전국적으로 원룸과 오피스텔, 그리고 소형 아파트에서 생활하는 1인 가족이 추세가 되고 있다. 혼밥(혼자 밥을 먹는다는 뜻의 신조어)·혼술(혼자 술을 먹는다는 뜻의 신조어), 홈밥(집에서 밥을 먹는다는 뜻의 신조어)·홈술(집에서 술을 먹는다는 뜻의 신조어), 또 HMR(Home Meal Replacement; 가정식 대체식품) 산업이 늘어나는 만큼 배달 업종의 시장의 영역은 점점 더 확대될 것이다. 한발 더 나아가 혼영(혼자 영화보기), 1인 식당, 나 홀로 여행도 유행이다.

거기다가 예전에 배달업은 배달 직원들의 잦은 결근, 걸핏하면 일어나는 크고 작은 사고들, 지나친 인건비 때문에 많은 어려움이 있었다. 그러나 지금은 배달앱, 배달 대행업체들이 많아졌다. 그렇게 골머리 썩일 일이 줄어든 것이다. 하지만 이제는 오히려 이런 업체들이 권력 아닌 권력이 되고 있다. 늑대 피하니까 호랑이 만나는 꼴이다.

나는 열심히 배워서 우리만의 브랜드를 만들고 싶다. 본사의 간섭을 받는 체인점으로서는 한계를 느낄 수밖에 없다. 할 수 있는 게 거의 없다. 배달지역이 고정되어 있고, 아이템을 추가할 수도 없고, 가격도 마음대로 바꾸지 못한다. 그럴 경우 바로 본사에서 퇴출 명령을 받는다. 그리고 경쟁은 더 심해지고 상황은 점점 더 힘들어진다. 똑같이 피자를 만드는 놈들끼리 경쟁하는데 뭐가 다르겠냐고 반문하는 사람도 있을 것이다. 하지만 같은 부류라도 그 안에서의 경쟁은 하나부터 열까지 신경쓸 게 많다.

고객들에게 서비스를 좀 더 주고 싶어도 바로 옆 지역의 같은 브랜드의 체인점 때문에 눈치 아닌 눈치를 봐야 한다. 체인점으로서 유리한 점이 많지만 그만큼 제약도 많은 게 현실이다.

부산에 있는 한 피자 브랜드는 순수 개인 브랜드다. 나도 관심이 있어서 직접 찾아가 보았다. 부부 둘이서 거의 20년 동안 남부럽지 않게 잘 운영하고 있다. 아내는 피자를 만들고 남편은 주방일과 배달 업무를 도맡았다. 부부 2명의 인건비도 넉넉하게 나오고 있다. 험난한 자영업 시장에서, 그것도 피비린내 나는 피자업계에서

20년을 생존하고 있다는 게 놀라울 뿐이다. 본사 눈치 볼 것 없이 자영업 그 자체의 자유로운 영업스타일을 유지하면서 말이다.

자영업이 진정 가야 할 방향도 이런 게 아닐까? 도우나 토핑도 본사 눈치 안 보고 만들 수 있는 자유. 가격은 여느 체인점보다는 낮게, 퀄리티는 그 이상 만들어 낼 수 있는 자유로운 재량. 이는 독립 브랜드가 아니고서는 영 힘들다. 어떨 때는 본사의 신제품보다 우리 아들 녀석 머리에서 나오는 아이디어가 더 기발할 때도 있다. 내가 나만의 개인 브랜드를 갖고자 하는 이유가 바로 이 때문이다.

직장생활을 할 때 일본에 출장 갈 일이 있었다. 일본의 섬유산업은 우리나라와는 판이하게 달랐다. 중국은 대규모 인원으로 대량생산해서 덤핑에 올인하고 있는 데 반해, 일본은 완전 가족체제였다. 일본이 오랫동안 종신고용, 가족경영으로 이루어진 경영 시스템을 유지하고 있다는 건 우리도 익히 알고 있다. 그러면서도 일본은 하이 퀄리티, 하이 프라이스를 고집하고 있다. 그에 반해 우리는 대량생산도 아니고, 고가정책도 아니다. 어정쩡하게 두 나라 사이에 끼어 몸부림치고 있는 꼴이다. 우리나라의 섬유산업이 힘들어지는 이유다.

우리나라 자영업 시장도 이제 가족체제로 가야 할 것 같다는 생각이 절실하다. 더 나은 서비스로 가는 길은 이 방법이 지금으로서는 최상이 아닐까 생각한다. 일본에서 몇십 년 된 노포들이 아직까지 건재하는 이유는 분명해 보인다. 가족끼리 운영해서 매출이 좀 적으면 어떤가? 좀 일찍 마치고 가족들과 맛있는 거 먹으러 가면 되지. 그리고 컨디션 회복해서 다음 날 고객들한테 더 잘하면 되지.

명랑핫도그가 순식간에 전국 체인점 500개를 넘겼다고 한다. 지금은 그 이상 되지 않을까 싶다. 이 브랜드는 전국 체인점들이 협동조합체제로 운영하고 있다고 한다. 모든 체인점들이 식자재들을 다 같이 대량 구매하기 때문에 1,000원, 1,500원 하는 핫도그를 팔아도 타산이 나온단다. 본사와 체인점이 가족처럼 윈윈(win-win)하는 상생구조이기 때문에 가능하다.

우리는 올 초에 배달의 민족에서 주최한 2018년 〈배달대상〉을 받았다. 이제 피자 만들기, 직원 관리, 배달을 어떻게 해야 할지 등 전반적인 운영은 할 수 있을 것 같다. 피자에 들어가는 각종 재료와 소모품 등 업체만 확보된다면 안 될 것도, 못할 이유도 없다. 좋은 브랜드를 만들어서 멋진 브랜드로 키우고 싶다.

"Good to Great(좋은 기업을 넘어서 위대한 기업으로)!"

피자알볼로도 두 형제의 피나는 노력으로 전국적인 브랜드가 되었다. 유로코피자는 피자를 좋아하는 사람이 이탈리아의 피자스

쿨까지 가서 배워 온 또 다른 전국구 브랜드다.

브랜드의 규모가 크든 작든, 국내 기업이든 아니든 뿌리 내리기까지 다양한 스토리를 갖고 있다. 이제 나도 그 길에 들어서기로 했다. 기다려라. 내가 간다!

차별화된 부동산 개발
전문 공인중개사 되기

매년 우리나라에서는 공인중개사 시험 열풍이 불고 있다. 올해도 10월에 있을 시험에 많은 사람들이 준비하고 있다. 남녀노소 가릴 것 없이 10대부터 80대까지 거의 전 연령층이 응시하고 있는 추세다. 그들이 지원하는 이유 또한 다양하다. 부모님의 사무소를 물려받기 위해서, 배우자의 압박에 못 이겨서, 퇴직 후 노후를 위해서, 언젠가 필요할 것 같아서 등등 수험생들의 스펙트럼은 운전면허시험의 그것과 거의 쌍벽을 이룬다.

실제 시험 현장에서는 70~80대 어르신들의 모습을 심심찮게 볼 수 있다. 각자 이유가 있겠지만 어떤 분들은 치매예방 삼아 공부하기도 한다고 한다. 치매예방 한답시고 동네 경로당에서 고스톱을 치는 것에 비하면 정말 존경스럽다. 물론 젊은이들에 비해 이해력, 암기력, 문제를 푸는 속도가 떨어지고, 심지어 OMR 카드 마킹

하는 게 잘 안 된다는 분들도 있다고 한다. 그래서 더 많이 힘들어 하신다고…. 하지만 합격률과 관계없이 젊은이 못지않은 열정이 존경스럽다.

공인중개사 자격증 시험에는 매해 1,2차 합쳐서 약 30만 명가량이 응시한다. 그리고 약 2만 5,000명 정도가 최종 합격한다. 자격증 소지자는 약 40만 명. 그 가운데 전국적으로 대략 11만여 곳의 공인중개사무소가 영업 중이다. 그러니까 약 30만 명이 장롱면허라는 계산이다. 그만큼 어렵게 취득한 자격증이 현업으로 연결되기가 쉽지 않다는 얘기다.

공인중개사 자격증은 가히 운전면허증 다음으로 많은 국민 자격증이다. 그런데 이 시험의 난이도가 장난이 아니라는 것도 모두가 잘 알고 있다. 대부분의 사람들이 생판 듣지도 보지도 못한 법률 과목이어서 몇 년씩 재수하는 사람들도 있다고 한다. 심지어 법대 졸업생들에게도 쉽지 않은 시험이라고 한다. 특히 민법 과목은 변호사 시험과 법무사 시험을 참고해서 문제를 만든다고 한다. 공인중개사 시험은 국민 고시치고는 난이도가 매년 어려워지고 있다. 작년에는 시험이 너무 어려워 청와대 국민청원에까지 오른 경우도 있었다.

또한 실제 현장에서는 경쟁이 엄청 심하다. 자동차를 운전하려면 없어서는 안 되는 운전면허증과는 또 다른 면이 있다. 자격증

없이 부동산중개를 하는 사람들도 부지기수다. 기획 부동산, 컨설 팅을 한다는 사람, 지역 뜸방(현지 중개업소나 개발업자 등에게 땅 매물 을 거둬 공급하고 소개료를 받아 챙기는 현지인들을 일컫는 은어), 중개사무 소 바지사장 등등. 공인중개사뿐만 아니라 이런 사람들과는 더 심 하게 경쟁해야 한다.

부동산사무소의 옛날 이름인 복덕방의 본래 의미는 생기복덕 (生氣福德)에서 유래되었다고 한다. 생기를 얻고 복록을 누리는 곳 이란 뜻이다. 법 규정의 변화에 따라 지금은 '공인중개사사무소'가 공식 명칭이 되고 있다. 의미 자체는 아주 인간적이지 않은가?

합격자의 이력도 여느 시험 못지않게 다채롭고 화려하다. 이른 바 명문대 졸업생들도 많다. 전직 고위 공무원, 교장 선생님, 기업 체 임원, 군 장성 출신 등 내로라하는 각계의 사람들이 도처에서 공인중개사로 활약하고 있다.

부동산중개도 하나의 직업인 만큼 다른 업종과 한번 비교해 보 자. 우리나라 자영업 시장에서 그야말로 목검이 아니고 진짜 칼로 싸운다는 시장이 있다. 자신의 목숨을 걸고 장사한다는 의미다. 편 의점, 치킨집, 커피숍, 삼겹살집 등이 그것이다. 사실 우리나라 자영 업 시장은 레드오션 아닌 곳이 없다. 멀리 볼 것도 없이 우리는 편 의점과 치킨집을 자영업자들의 무덤이라고 한다. 실제 통계에서도 5년 후에는 약 80~90%가 망해 없어질 것이라고 예측되었다.

그러면 중개사들이 일하는 부동산중개 시장은 어떤가? 전국적으로 개업 공인중개사사무소가 약 11만 개 정도다. 사무소에 소속된 공인중개사까지 합치면 엄청난 시장임에는 틀림없다.

단순 비교해 치킨게임을 한다는 치킨집이 전국적으로 4만 5,000여 개. 현재 전국에 있을 곳은 이미 다 들어가 있다는 편의점은 4만여 개 정도다. 심지어 백령도에도 몇 개가 있다고 한다. 앞으로는 새로 들어서는 아파트 상가 말고는 편의점이 들어갈 곳이 없다는 우스갯소리까지 들린다. 일본보다 편의점이 많다는 우리나라는 지금 편의점 포화상태다.

전국에 부동산사무소가 11만 개라면 이건 도대체 무슨 시장일까? 레드오션보다 더 심한 경쟁으로 치닫고 있는 이 시장은 아직 개념 정립도 안 되어 있는 곳이다. 블루오션, 레드오션 그다음은 그야말로 배틀 그라운드란 말인가?

치킨 시장, 편의점 시장도 죽느냐 사느냐 하는 전쟁터다. 그에 비해 부동산사무소는 수적으로 두 배를 훌쩍 뛰어넘는다. 부동산중개 시장은 그야말로 내가 먼저 계약하지 않으면 "닭 쫓던 개 지붕 쳐다보는 꼴", 딱 그것이다. 남들 뒤꽁무니만 따라가는 격이다. 계약에서 2등은 필요 없다. 이게 전쟁터가 아니고 무엇이란 말인가?

여기에 더해서 고객들의 악의성 민원 제기, 동종업계 사람들끼리의 내부 총질, 바로 옆 사무소와의 과한 경쟁… 아파트 상가를 한번 보시라. 상가 점포 중에서는 한 집 건너 한 집이 부동산사무소다. 전체 점포의 반을 차지한 곳도 있다.

그러면 부동산중개 시장의 실제 상황은 어떤가? 다른 업종과 마찬가지로 부동산도 경기와 밀접한 관계를 갖는다. 호경기와 불경기, 성수기와 비수기가 확연하다. 물론 협회비도 못 내는 변호사도 있고, 폐업하는 병원이 속출하고 있는 세상이다. 다른 전문직들에도 20 : 80의 파레토 법칙이 분명히 적용된다. 양극화는 어느 업종에서든 존재한다.

이 총체적 난국인 시장에 나도 진입할 예정이다. 여차하면 조만간 그 11만 개라는 거대한 시장의 한 사람이 될 것이다. 그러면 나는 거기에서 어떻게 생존해 나갈 것인가?

이제 공인중개사가 본연의 중개 업무만으로는 생존하기 쉽지 않다. 나만의 무기가 없으면 11만 명 속에 겨우 머릿수만 채우는 1명밖에 되지 않는다. 그래서 나는 부동산 개발 전문 공인중개사를 지향한다. 개발하면 뭔가 거창할 것 같지만 그런 의미와는 거리가 멀다. 작지만 강한 그 무엇이다. 남들은 거들떠보지도 않는 물건들을 새롭게 단장하고 수선해서 가치 있는 물건으로 재탄생시키는 작업을 말한다.

꽃은 이름이 붙여질 때 아름다워지는 것이고, 부동산의 가격은 가치가 부여될 때 상승하는 것이다. 내가 생각한 개발 구상안은 다음과 같다.

- 못 쓰는 창고를 카페로 개발
- 노후 주택을 셰어 하우스로 개발
- 오래된 여인숙을 원룸으로 개발
- 모퉁이에 위치한 작은 공간을 테이크아웃 전문 커피숍으로 개발
- 골목 구석진 폐점포를 맛집으로 개발
- 도심 불량 주택을 커뮤니티 공간으로 개발

개발은 버려진 부동산에 아이디어가 더해지는 작업이다. 공간은 사람에게 필요할 때 더 빛을 발하는 법이다. 다이아몬드도 닦지 않으면 흙 묻은 돌에 지나지 않는다. 나는 이 버려진 공간들에 사랑을 심는 일을 전문으로 하는 공인중개사가 되고 싶다.

대구지역 전문 외식업
컨설턴트 되기

나는 음식에 관심이 많다. 맛있는 음식을 먹는 것도 좋아하고, 남들이 먹는 모습을 보는 것도 참 좋다. 놀러 가는 장소도 그 지역의 먹거리가 가장 큰 기준이 될 때가 많다. 내가 가장 즐겨 보는 TV프로그램도 뉴스 다음으로 요리와 음식이다. 요즘 공중파나 종편방송에서는 음식에 관한 프로그램이 제일 핫하다. 인간과 음식은 떼려야 뗄 수 없는 스토리가 있기 때문인가 보다.

예전에 친한 사람들끼리 태국에 여행을 간 적이 있었다. 여러 곳을 다니면서 태국 음식도 다양하게 맛보았다. 다들 알겠지만 태국 음식은 특유의 야채나 향신료 때문에 쉽게 먹을 수 없다. 다른 가족들은 못 먹겠다는 그 와중에도 우리 가족 4명이 제일 잘 먹었다. 다들 우리보고 태국에서 살아도 되겠다고 했다. 다소 입맛에 맞지 않더라도 그 나라의 음식을 먹어 보는 것 또한 여행의 묘미가 아닐까? 외국으로 출장이나 여행을 갈 때, 나는 한 번도 고추장이나 컵라면을 가져간 적이 없다.

금강산도 식후경이라 했다. 인간 본연의 오욕(伍慾)은 식욕, 성욕, 수면욕, 재물욕, 명예욕이다. 그중에 식욕이 으뜸이다. 옛말에도 의식이 족해야 예절을 안다고 했고, 곳간에서 인심 난다고도 했다. 생명은 음식의 연장선상에 놓여 있다. 우리 아버지도, 동네 어르신들도 돌아가시기 전에는 꼭 곡기를 끊으셨다. 아무리 맛있는 것을 사다 드려도 먹질 않으셨다. 음식과 사람과의 연결고리가 끊어질 때 생명도 끝나는 게 아닌가 생각된다.

그래서 미국의 심리학자 매슬로는 인간욕구 5단계 이론을 주장했다. 생리적 욕구, 안전의 욕구, 소속의 욕구, 존경의 욕구, 자아실현의 욕구가 그것이다. 여기서도 인간의 가장 기초적이고 본질적인 욕구가 먹고, 배설하고, 자는 것이다. 매슬로는 이를 생존을 위한 가장 낮은 단계의 욕구라고 설명한다.

나는 부산을 좋아한다. 도시 자체가 살아 움직이는 것 같아서다. 중학교 때 수학여행을 부산하고 충무로 갔었는데 그때의 기억이 아직도 생생하다. 경북 구미가 고향이어서 바다 구경이 쉽지 않았다. 그래서인지 바다로 수학여행을 간다는 게 무척이나 흥미로웠다. 부산은 바다의 도시라 먹거리가 풍성하다. 전국 각 지역의 젊은 이들이 국제시장, 깡통시장, 자갈치시장을 다니면서 먹방(먹는 방송) 투어를 하는 재미를 나는 안다. 서울에 있을 때도 아내와 부산에 자주 갔었다. 어떤 때는 부산의 바다가 부르는 것 같았다.

요즘은 그야말로 유튜브 시대다. 장래희망이 유튜버인 초등학생들도 많다. 유튜브에서도 먹방은 단연 대세 중의 대세다. 자신이 좋아하는 일을 하면서 수익도 들어오니 신종 연예인이 따로 없다. 덕분에 나 역시 침대에 누워 전국 각지의 음식을 다 간접 체험하고 있다. 참 좋은 세상이다.

나는 비록 민간 자격증이지만 외식업 컨설턴트 자격증을 취득했다. 민간 자격증이라고 해서 거저 주지는 않는다. 그만큼 돈과 시간과 노력을 들여야 한다. 정부의 인가를 받아야만 민간단체에서 줄 수 있는 것이다.

먹는 즐거움은 개인적이지만, 외식업 컨설턴트는 컨설팅 개념상 상대적이다. 창업 전 단계, 운영 단계, 폐업 단계 등 각 과정마다 자영업자들을 케어하고, 가장 좋은 대안을 찾아야 한다.

나는 우리나라 전국을 잘 알지는 못한다. 그래서 대구지역을 전문으로 하는 외식업 컨설턴트로서 입지를 확고히 하고 싶다.

인터넷에 광고하고 전국에 택배로 판매하는 물품 이외의 자영업은 지극히 지역 기반이다. 1차 상권이라 하면 보통 반경 500미터 이내를 일컫는다. 2차 상권은 1킬로미터로 보고 있다. 외식업종은 거의 1차 상권에 의존한다. 반경 500미터 내의 유동인구, 거주인구, 성별, 교육수준, 연령, 소득, 대중교통, 카드 사용내역, 거주 형태 등 치밀하고 정확하게 조사해서 그에 맞는 장사를 하는 것이 외식업의 핵심이다. 내가 장사하는 지역을 정확하게 알아야 시작할 수 있는 것이다. 목표 지역을 자세히 들여다보지 않으면 상당히 꼬이게 된다.

그러나 보통 외식업을 시작하려는 사람들이 가게를 정하는 방식은 어떤가? 부동산사무소 몇 군데에 들러 소개받은 점포의 주위를 좀 둘러보고 지나가는 게 전부다. 거기에다 보증금, 월세 그리고 전 임차인과의 권리금이 불거지면 정신줄을 놓고 만다. 우리나라 외식업 폐업률이 유난히 높은 이유가 여기서부터 시작된다. 좋은 출발이 아닌 상당한 위험을 안고 시작하고 있는 것이다.

심지어 소상공인진흥공단에 들어가서 상권분석만 해 봐도 그 지역의 10년 토박이보다 더 낫다. 또한 각 지자체 홈페이지를 봐도 많은 자료를 얻을 수 있다. 이런 자그마한 노력과 수고도 하지 않고 몇천, 몇억 원이나 하는 돈을 내 것도 아닌 남의 가게에 마구 쏟아붓는다. 인테리어보다 더 중요한 게 지역분석이다. '시장분석→지역분석→점포분석' 순서로 압축해 나가야 그나마 어떤 업종을 할지 조금 보이는 것이다.

그리고 가게의 위치를 결정할 때도 그 가게에서 어떤 아이템으로 할 건지 혹은 삼겹살집을 할 건데 어떤 위치의 가게가 좋은지에 따라서 파악하는 방법이 다르다. 이는 전자를 입지론, 후자를 적지론이라고 한다.

우리는 가끔 탈탈 털려 나가는 가게에서 다른 사장님이 다른 아이템으로 대박을 치는 것을 보는 경우가 있다. 이 경우는 무엇을 의미하는 것일까? 애초 가게는 죽은 가게가 없고. 살아 있는 가게도 없다. 가게가 죽고 사는 건 오로지 그 가게를 운영하는 사람에게 달렸다는 것이다.

그 가게에 아이템이 맞지 않으면 아이템을 바꿔야 한다. 사장이 맞지 않으면 사장을 바꿔야 한다. 그래야 비로소 가게가 살아난다. 수영 못하는 놈이 수영장 탓한다고 될 일인가? 그런 사람이 다른 수영장에 가면 갑자기 수영 실력이 확 나아지나? 꼭 망해 나가는 사장님의 심보다. 열심히 해서 내 수영 실력이 점점 나아지면 그게 좋은 수영장이다. 입지의 중요성도 수영장과 별반 다를 것이 없다.

우리가 치킨, 피자, 자장면, 삼겹살을 먹으러 가거나 배달시킬 때도 거의 1차 상권에서 해결한다. 맛집을 찾아서 차를 타고 가기도 하고, 여행 삼아 가기도 한다. 하지만 평상시의 먹거리는 대부분 1,2차 상권에서 충분히 해결된다.

"커피숍에 가는 기준이 무엇인가?"에 대한 설문조사가 있었다. 많은 사람들은 주위를 둘러보고 그냥 가까운 곳에 간다고 응답했다. 브랜드, 커피 맛, 인테리어, 직원 등은 크게 개의치 않는다고 한다. 커피의 상권이 더 좁아진다는 이야기다.

흔히 베이비부머들을 샌드위치 세대라고 한다. 긴 세대라고도 한다. 부모와 자식을 이중으로 먹여 살려야 한다는 의미다. 부모를 봉양하는 마지막 세대고, 자식을 돌봐야 하는 첫 세대라고 한다. 자기 한 몸 건사하기도 힘든데 부모와 자식까지 책임지자니 일할 때도 힘들었고, 퇴직 후에는 더 힘든 삶이 되고 있다. 이런 베이비부머 세대들이 퇴직하고 어디로 가야 할까? 출구는 자영업뿐이다.

내가 대구지역 전문 외식업 컨설턴트를 지향하는 이유가 더욱더 뚜렷해지고 있다. 이제는 어떤 업종이든지 지역과 이웃을 모르고서는 힘들다. 지역 분위기에 공감하고, 이웃과 소통하고, 고객과 연결될 때 비로소 가게 본래의 역동적인 모습이 살아날 것이다.

대구지역 전문가에, 어느 가게에도 적용 가능한 전문 아이템 하나. 이렇게 장착하면 나만의 비밀병기가 되지 않을까?

PART 2

전 세계
청소년들에게
선한 영향력 미치기

– 정소장

정소장

직장인, 독서법 코치, 베스트셀러 작가, 독서 콘텐츠 제작자, 〈한국위닝독서연구소〉 대표, 자기계발 작가, 동기부여 강연가

삼성전자에서 근무 중이다. '독서로 세상의 빛이 되겠다'라는 비전을 갖고 작가이자 동기부여가로서 언젠가는 UN에서 평화 연설을 할 가슴 설레는 꿈을 그리고 있다. 현재 청소년과 청년들의 멘토로서 상담 활동도 하고 있다. 저서로는 《퇴근 후 1시간 독서법》이 있다.

베스트셀러 작가 되어
저자 사인회 하기

나는 내가 하고 싶은 것, 되고 싶은 것을 간절히 꿈꾸면 이루어 진다고 믿는다. 왜냐하면 이미 겪은 것처럼 내안에서 생생하게 꿈 꿨기 때문이다. 지금 이렇게 책을 쓰며 나의 과거를 돌이켜 보니 나 는 미친놈이 분명했다. 내가 경험한 대입, ROTC 지원, 취업 준비. 이 세 가지의 생생한 경험에 대해 이야기하고 싶다.

첫 번째는 대입 경험이다. 2005년 12월 겨울, 고2 시절이었다. 그때도 나는 여느 고등학생과 마찬가지로 기말시험이 끝나고 무엇 으로 스트레스를 풀지 고민하고 있었다. 평소 나는 먹는 것으로 스 트레스를 풀었다. 하지만 그때 왠지 모르게 비디오를 밤새워 보면 스트레스가 확 풀릴 것 같았다.

그래서 비디오방으로 가서 평소 보고 싶었던 〈반지의 제왕〉 시리즈를 모두 빌렸다. 아직도 생생히 기억한다. 첫 번째 비디오를 보고 두 번째 비디오로 바꿨다. 그런데 비디오가 처음 부분으로 되감기가 안 되어 있는 것이었다. 나는 짜증을 내며 "아, 재미있게 보고 있었는데 아르바이트생이 비디오를 처음으로 안 감아 놨네!"라고 말했다. 그러면서 비디오를 되감았다.

비디오를 되감는 시간 동안 나는 잠시 케이블 방송을 보고 있었다. 그 순간 내 인생을 바꿔 준 한 강의를 보게 되었다. '민성원의 공부원리'라는 강의였다. 강의 내용은 성공자들의 삶을 분석해서 왜 그들이 성공하는지에 대한 것이었다. 순간 눈이 번쩍 뜨였다. 그들은 꿈을 꾸고, 꿈을 작성하고, 매일 이루어진 것처럼 생생하게 상상한다고 했다. 그러면 꿈이 이루어진다는 내용이었다. 그때 나는 어떤 꿈을 꾸었을까?

고등학교 때 나의 성적을 돌아보면 고1 때는 반에서 10등 정도 했다. 고2 때는 반에서 2~3등을 했었다. 고3이 되기 직전 대학진학 상담을 했다. 당시 선생님의 상담 내용이 생생히 기억난다. "서울대는 너도 알다시피 전교 1등이랑 천재들만 가는 거 알지? 정말 열심히 노력하면 연세대, 고려대는 갈 수 있을 것 같다. 목표는 연세대, 고려대로 잡되 성균관대, 서강대, 한양대를 실질적 목표로 잡아야겠다."

나 역시 선생님 말에 동의했다. 내 성적으로는 탁월한 전략이라 생각했다. 이런 상담내용을 기억하면서 나는 꾸었다. 07학번 연세대학교 대기과학과 신입생의 꿈을. 2006년 1월 1일부터 수능 전날까지 나는 아침 5시 30분에 일어났다. 그리고 자기 직전 12시에 꼭 하는 행동이 있었다. 그것은 꿈을 메모장에 적는 것이다. 그러곤 눈을 감은 다음 5분간 생생하게 마치 이루어진 것처럼 상상하는 것이다. 당시 내가 적고 상상한 것은 다음 네 가지다. 이 네 가지를 최대한 구체적으로, 마치 이루어진 것처럼 현재형으로 적었다.

1. 나는 연세대학교 07학번 대기과학과 학생이다.
2. 2007년 3월 2일 금요일 08시 나는 연세대 신촌캠퍼스에서 열리는 대강당의 입학식에 참석한다.
3. 2007년 3월 2일 금요일 09시 나는 입학식이 끝나고 신촌캠퍼스를 거닐며 동기들과 수업을 들으러 간다.
4. 2007년 3월 2일 금요일 17시 수업이 끝나고 신촌에서 동기들과 밥을 먹는다.

그렇게 1년간 매일 생생하게 꿈꿨는데 과연 나는 어떻게 되었을까? 연세대에 불합격했다. 그리고 서울대 지구환경과학부에 합격했다. 이게 무슨 일인가? 민성원의 공부원리에 따르면 꿈꾸면 이루어진다고 했다. 그런데 나는 내가 꾸었던 꿈보다 더 높은 꿈을 이루었다.

혹시나 내가 노력을 안 했다고 오해할까 봐 말씀드린다. 나는 피

나는 노력을 했다. 하루의 단 1초도 낭비한 적이 없었다.

나는 서울대를 제외하고 연세대, 고려대, 한양대, 성균관대, 서강대, 중앙대, 경희대 등 지원한 모든 대학에 불합격했다. 이때의 경험으로 나는 살아가며 무엇인가를 이루고 싶을 때마다 꿈을 적고 생생하게 꿈꾸는 법을 활용했다.

두 번째는 ROTC에 지원한 경험이다. 대학 입학 후에는 ROTC에 지원해 군에서 장교로 복무하고 싶었다. ROTC에 합격하기 위해선 체력시험에 일정 수준 이상으로 통과해야 한다. 체력시험에 통과해야 하는 세 가지 종목은 팔굽혀펴기, 윗몸일으키기, 오래달리기였다. 이중 나에게 큰 난제는 오래달리기였다. 1.5킬로미터를 7분 28초 내에 통과해야 지원 자격이 주어지는 것이었다. 당시 나의 기록은 12분이었다.

달리기 최소 기준도 충족하지 못하는 저질체력의 대학생이 ROTC에 지원한다는 것은 어떤 의미일까? 남들이 보기엔 이것 또한 미친 짓이다. 하지만 나는 어떻게 오래달리기를 5분 이상 단축시킬까 고민했다. 그때 생각난 것이 바로 꿈을 적고 생생하게 상상하는 것이었다.

간략히 말씀드리자면, 나는 매일 서울대학교 대운동장 400미터를 네 바퀴씩 달렸다. 1시간마다 장소 불문하고, 윗몸일으키기 혹은 팔굽혀펴기를 쉬지 않고 했다. 할 수 있는 한 최대한의 개수만큼 했다. 정말 단 하루도 빼먹지 않고 달렸다. 그리고 매일 아침 나는 이런 상상을 했다.

1. 나는 ROTC에 합격해 2012년 3월 소위로 군복무를 한다.
2. 나는 ROTC에 합격해 2008년에서 2011년 매 방학마다 장교 훈련을 받는다.
3. 나는 2008년 ROTC 체력측정 세 가지 종목에 모두 합격한다. 특히 1.5킬로미터 달리기는 6분 30초로 합격한다.

과연 어떤 결과를 얻었을까? 나는 2014년 6월 30일 중위로 제대했다. ROTC에 합격하고 성공적으로 군복무를 마쳤다는 이야기다. 사실 군 생활도 아주 성공적으로 마쳤다. 부대를 대표해서 사단 화생방 대회에서 1등을 한 것이다. 그 결과 우리 부대 단기복무 장교 중에서는 처음으로 2박 3일의 사단장 포상휴가를 받았다.

마지막으로 취업을 준비한 경험이다. 2013년 6월 30일, 전역 1년 전인 날이었다. 여느 날과 같이 하루 일과를 마치고 군부대의 숙소로 돌아갔다. 군복무를 1년 반 이상 한 터라 어느 정도 일이 돌아가는 것을 알게 되었다. 부대에 후배 장교들도 들어왔다. 이제 내가 하던 업무를 후배들에게 차근차근 알려 주고 전역 후의 내 삶에 대해 고민해야 할 때가 온 것이다.

나는 군 장기복무에는 뜻이 없었다. 때문에 남들처럼 취업해야 했다. 내 전공이 지구환경과학이라 일반 대기업에 지원하기는 불가능했다. 전공을 살려 지구환경과 관련된 공기업이나 대학원에 진학해야 했다. 이때 나는 또 일반 상식으로는 이해 불가능한 꿈을 꾸었다. 바로 삼성전자의 엔지니어로 취업하는 것이었다.

취업 준비를 해 본 사람이라면 지구환경과학 전공으로 삼성전자 엔지니어에 지원하는 것이 얼마나 미친 짓인지를 잘 알 것이다. 하지만 이때 나는 또 꿈을 적고 생생히 상상하는 방법을 사용했다. 당시 내가 적었던 꿈은 아래의 세 가지다.

1. 나는 2014년 7월 1일, 삼성전자 신입사원이다.
2. 나는 2014년 7월 1일, 삼성전자 엔지니어로서 삼교대 근무를 하고 있다.
3. 나는 2014년 7월 1일, 삼성전자 엔지니어로서 새벽 근무 후 기숙사로 퇴근한다.

결과는? 독자분들이 짐작한 그대로다. 나는 지금 삼성전자 DS 부문에서 근무하고 있다. 그런데 특이하게도 지원한 삼성전자를 제외한 모든 기업에 불합격했다. 이젠 나도 신기하다. 대입 때도 마찬가지였다. 다른 데는 다 못 가고 가장 좋은 데로 간다. 정말 신기한 일이다.

혹시나 오해할까 봐 말씀드리자면, 나는 취업을 준비하는 기간 단 1초도 허투루 보내지 않았다. 새벽 4시에 일어나서 취업을 준비하고 퇴근 후에도 온전히 취업을 준비했다.

지면에는 싣지 못했지만 생생하게 꿈꾸어 이룬 경험은 몇 가지 더 있다. 나는 이런 경험을 통해 간절하게 꿈을 적고 마치 이루어진 것처럼 생생하게 상상하면 꿈을 이룰 수 있다고 확신한다. 당연히 노력은 치열하게 해야 한다. 노력 없이 무엇인가를 쟁취하겠다는 것은 꿈이 아니다. 단순한 바람에 지나지 않는다.

이지성 작가의 말처럼 바람은 바람처럼 스치듯 지나간다. 지금 나는 또 꿈을 꾸고 있다. 바로 베스트셀러 작가가 되어 강남 교보문고에서 저자 사인회를 갖는 것이다. 상식적으로 생각하면 글쓰기를 전혀 해 보지 않은 이공계 출신 직장인에게는 책을 쓰는 것 자체가 불가능한 도전이다. 거기다가 베스트셀러 작가를 꿈꾼다고? 하지만 내 삶을 돌이켜 보면 무엇이든 도전함에 있어 나는 미친놈이었다. 나는 꿈을 꾸고 생생하게 상상하면 이 꿈도 반드시 이룰 수 있다고 생각한다.

결과는 어떻게 될까? 나는 매일 아침, 매일 밤 생생하게 꿈꾼다. 생생하게 꿈꾸는 나는 이미 베스트셀러 작가다.

세계 최고의
동기부여 강연가 되기

나는 불과 한 달 전까지만 해도 앞으로도 쭉 평범한 삶을 살 것
이라고 생각했다. 〈한국책쓰기1인창업코칭협회(이하 한책협)〉라는 곳
에서 김태광 대표 코치님을 만나지 않았다면 난 평생 회사에서 일
만 했을 것이다. 하지만 김태광 대표 코치님을 알게 되어 내 삶에
대한 생각이 이렇게 바뀌었다. 나는 충분히 누군가에게 감동을 주
는 삶을 살 수 있다. 나의 삶을 통해서 누군가에게 동기부여를 해
줄 수 있다.

〈한책협〉에서 책을 쓰면서 나는 과거의 나와 마주하게 되었다.
그리고 내가 제일 나답고 가장 행복한 순간이 언제인지 알게 되었
다. 나는 강연을 통해 누군가에게 동기부여를 해 줄 때 가장 행복
했다. 대학생 시절 내가 청소년을 대상으로 강연했던 세 번의 경험
에 대해 말하고 싶다.

2007년 대학교 1학년 때의 일이다. 나는 수험생에서 탈출한 해방감을 마음껏 즐겼다. 작정하고 놀았다. 정말 공부는 단 1분도 하지 않았다. 심지어 나는 부모님께 말했다. 1년은 공부하지 않고 미친놈처럼 놀 테니 말리지 말라고. 그리고 나는 매일 노래방에 가서 노래를 불렀다. 마치 노래방에 못 가고 죽은 귀신이 붙은 것처럼 노래방에 다녔다. 심지어 하루에 세 번이나 간 적도 있었다. 그뿐만 아니라 나는 매일 술에 취해 친구들과 놀러 다녔다. 2007년 3, 4월을 돌이켜 보면 나는 오로지 노래방을 가거나 술을 마신 기억만 있다. 그렇게 나는 대학생활을 엉망진창으로 하던 중 5월을 맞이하게 되었다.

그때 내 주위의 친구들은 고등학교를 방문해서 은사님들께 인사를 드렸다. 나도 은사님께 감사함을 표현하기 위해 친구들을 따라 모교를 방문했다. 아직도 기억이 생생하다. 나는 양손에 델몬트 과일음료 박스를 든 채 모교를 방문했다. 나는 담임이었던 선생님들께 인사를 드리기 위해 교무실로 들어갔다. 인사를 다 드리고 교무실을 나오려 했다. 그런데 그때 지구과학 선생님께서 지구과학반 후배들에게 강연을 해 달라고 했다. 나는 흔쾌히 하겠다고 말씀드렸다. 왜냐하면 나도 지구과학반 출신이기 때문이었다. 지구과학을 선택한 후배들이 더 잘되었으면 하는 바람으로 강연을 하고자 했다.

그런데 문제는 지금 바로 강연을 해 달라는 것이었다. 당시 나는 전혀 준비되지 않은 상태였다. 하지만 후배들이 있는 교실로 갔다. 나는 무슨 말을 해 줘야 할지 고민했다. 그렇게 나는 내 강연 이후에 후배들이 어떤 생각을 하면 좋겠는지 생각했다. '아, 나도 저 선배처럼 열심히 하면 서울대에 갈 수 있겠다', '아, 나도 지구과학 올림피아드에서 동상을 탈 수 있겠다' 등등 머릿속으로 많은 그림이 그려졌다. 그래서 나는 강연 주제를 '서울시 지구과학 경시대회에서 예선 탈락한 선배의 전국 지구과학 올림피아드 동상 수상 이야기'로 잡았다. 그리고 강연을 시작했다. 처음 하는 강연이었던 만큼 나는 이런저런 이야기를 두서없이 했다. 강연에는 어떤 흐름도 없었다.

내가 그날 어떤 이야기를 했는지 구체적으로 기억은 안 난다. 하지만 나는 당시의 감정을 생생히 기억한다. 후배들은 모두 나를 바라봤다. 그리고 그들이 나의 한마디 한마디에 동기부여를 받고 감탄사를 연발했던 기억이 난다. 이때의 경험으로 나는 '누군가에게 나의 이야기가 도움이 될 수 있구나'라는 생각을 했다. 나는 난생처음 가슴이 뛰는 것을 경험했다. 그리고 이 경험을 통해 내가 누군가에게는 용기와 동기부여를 해 줄 수 있다는 것을 알게 되었다.

두 번째는 2010년 8월, 내가 대학교 3학년 시절의 이야기다. 당시 나는 ROTC 여름 훈련을 받은 후 어떤 일을 시작하게 되었다. 그 일은 어떤 행사에서 ROTC 학생대표로 업무를 하는 것이었다. 그 행사는 〈서울대학교 청소년 리더십 콘퍼런스(이하 서리콘)〉다. '서리콘'이라는 행사는 2박 3일로 운영되는 합숙교육이었다. 이 행사는 총 7개 차수로 운영되었다. 또한 행사의 목적은 대학생이 멘토가 되어 중·고등학생들과 사회문제 해결책에 대해서 토론하는 것이었다. 그리고 중·고등학생들이 사회문제의 해결책을 국회 게시판에 올려서 국회의원들에게 제안하는 것이었다. 전체 책임자는 A 팀장이 잡았다. 나는 A 팀장을 도와 행정 및 운영 업무를 했다.

총 7차수 중에서 5차수가 끝나는 시점이었던 것으로 기억한다. 서리콘의 도입 강의는 매번 A 팀장이 했었다. 그런데 A 팀장이 6차수에는 나보고 한번 해보지 않겠냐고 제안했다. 그 순간 나는 대학교 1학년 시절 고등학교 후배들에게 강연했던 경험을 기억했다. 그때를 기억하며 나는 주저 없이 강연을 하겠다고 했다. 그 이후로 약 1주 동안 A 팀장에게 강연에 대해 코칭 받았다. 이후 나는 A 팀장이 강연하는 모습이 담긴 비디오를 수백 번 돌려 봤다. 그리고 나의 강의로 내재화하기 위해 부분 부분 나의 사례를 끼워 넣어 봤다. 주제는 '지금 우리에게 필요한 것은?'이었다.

나는 수백 번 연습한 그 강연을 아직도 생생히 기억한다. 강연 시작 전 나는 이런 다짐을 했다. '지금 이 순간 이 자리에서 이 강연을 전 세계에서 제일 잘하는 사람은 나다. 지금부터 이 강연은 내가 세계 최고다!' 그리고 강연을 시작했다. 나는 도입부에서 분위기를 부드럽게 하기 위해 질문을 던졌다.

"여기 혹시 서울대입구역에서 걸어오신 분 있나요? 얼마나 걸렸어요? 30분 이상 걸렸죠? 자, 서울대학교에 오기가 이렇게 어렵습니다. 입학하기도 어려운데, 그냥 학교에 오는 것도 진짜 어려워요. 방금 손드신 분들, 내일부터는 꼭 버스 타세요."

학생들은 모두 박장대소했다. 그렇게 처음에 분위기를 내 페이스로 끌어당겼다. 그 덕분에 나는 준비한 모든 것을 수월하게 학생들에게 말할 수 있었다. 나는 현시대를 사는 우리의 사명은 무엇인지 학생들에게 질문했다. 그리고 우리 할아버지들은 6·25세대라고 말했다. 그들의 소명은 전쟁에서 이기고 살아남는 것이었다. 우리 아버지들은 전쟁 이후의 세대다. 그들은 전쟁 이후 폐허가 된 이 땅을 경제적으로 다시 일으켜 세워야 했다. 그것이 그들의 시대적 사명이었다고 말했다. 마지막으로 우리 삼촌들은 독재정권 시대를 살았다. 그들은 민주화에 대한 역사적 사명을 다했다고 말했다.

그리고 다시 한 번 질문을 던졌다. 과연 우리들의 역사적 소명은 무엇인가? 그리고 사회문제에 대해 말했다. 지금 우리가 사는 시대는 우리 할아버지, 아버지 그리고 삼촌이 살아왔던 시대와는 다르다고 말했다. 한 가지 문제만 있는 것이 아니라고 말했다. 여러 가지 문제가 있고 그 문제를 해결해야만 하는 것이 우리의 소명이라고 말했다. 저출산 고령화 문제, 남북통일 문제, 비정규직 문제, 환경오염 문제 등 여러 가지 사회 문제가 있다고 말했다. 나는 다시

한 번 더 강조했다. 우리의 역사적 소명은 이런 사회 문제들을 해결해야 하는 것이라고. 그리고 나는 강연을 마무리했다.

다시 한 번 수백 개의 청중들의 눈이 반짝반짝 빛나는 것을 보았다. 그리고 나의 한마디 한마디가 그들의 사고에 영향을 미친다는 것을 느꼈다. 나는 성공적인 강연이라고 생각했다. 내가 전달하고자 했던 메시지가 정확히 학생들에게 전달되었음을 느꼈기 때문이다. 이것은 내가 처음으로 약 200명의 대중 앞에서 강연해 본 경험이었다. 수백 개의 눈동자가 나의 한마디 한마디에 움직였다. 그리고 학생 모두는 정말 사회 문제가 문제라는 것을 인식했다. 그리고 그들은 '우리가 이 문제를 해결해야 겠다'는 생각을 하게 되었다.

우리들은 국회에 여러 가지 사회 문제에 대한 해결책을 제안했다. 지금도 생생히 기억한다. 나경원 의원의 딸이 서리콘에 참여했었다. 그래서 마지막 수료식 날, 그 의원에게 격려사를 부탁했다. 그녀는 격려사로 이렇게 말했다. 청소년들의 해결책이 아주 훌륭하다고. 그리고 이 해결책을 국회에 반영하겠다고.

세 번째는 2014년 7월의 경험이다. 나는 청소년과 학부모 약 400명 앞에서 강연했다. 주제는 '지금의 나로 내 미래를 판단하지 마라'였다. 내가 이 강의를 하게 된 배경은 대학교 시절부터 알고 지내던 한 형님의 부탁 때문이었다. 2010년 중순부터 2012년 초까지 나는 앞에서 언급했던 서리콘의 학생대표로 일하고 있었다. 이 일을 하면서 그 형님을 알게 되었다.

당시 그 주관처의 담당 부장이었던 그 형님은 C 대기업 본부장 출신이었다. 그 형님과 나는 2011년 여름에 처음 만나게 되었다. 나는 형님과 막역하게 여러 번 술도 마시고 식사도 했다. 그리고 형님의 차를 같이 타고 다녔다. 차 안에서 존경하는 위인, 인생의 관점 등에 대해 깊은 이야기도 나누었다. 나는 그 형님과 군 제대 이후에도 연락하는 사이가 되었다. 군을 제대할 즈음이 되자, 그 형님께서 본인의 교육 사업에서 강연을 해달라는 부탁을 해 왔다. 이분과는 군 입대 전부터 알던 사이였기 때문에 나는 한 치의 망설임도 없이 강연을 승낙했다.

그렇게 나는 강연을 하게 되었다. 장소는 은평구의 어느 한 건물의 대강당이었다. 내 앞 차례 강연자는 이시한이라는 취업 컨설팅 전문가였다. 이분은 강연 자료도 거의 없다시피 했다. 그러나 강력한 흡입력으로 강연을 이끌어 나갔다. 그는 성황리에 강연을 마쳤다. 그리고 그는 대중으로부터 큰 박수를 받으며 퇴장했다.

드디어 내 차례가 왔다. 불행인지 다행인지 나는 무대공포증이 없었다. 그래서 내가 생각하고 준비한 모든 것을 강연을 통해 보여주었다. 강연 내용을 요약하자면 이렇다. 지금의 나의 잣대로 미래를 판단하지 마라. 생생하게 꿈꾸고 노력하면 반드시 그 꿈은 이루어진다.

그때 당시 반짝이는 눈으로 나를 보던 수백 개의 눈동자를 잊을 수 없다. 모두 나의 말에 귀를 기울였다. 정말 가슴 뛰는 경험이었다.

누군가에게 나의 경험을 들려주고 그들도 할 수 있다고 동기부여해 주는 것은 행복한 일이라고 생각한다. 강연이 끝나고 학생 및 학부모들이 나에게 여러 질문도 했었다. 강연을 무사히 마친 나는 또 그 형님과 저녁을 먹으러 순댓국밥집에 갔다. 그 형님은 나를 본인의 회사에 채용하고 싶어 했다. 하지만 나는 정중히 거절의사를 말씀드리고 삼성전자에 입사했다.

나는 강연을 하면서 내가 살아 있음을 느꼈다. 그리고 강연을 통해 대중에게 동기부여해 주는 것이 기뻤다. 나는 베스트셀러 작가를 꿈꾼다. 그리고 베스트셀러 작가가 되어 전국의 청소년들에게 동기부여 강연을 하는 꿈을 꾼다. 스피치 코칭도 받아 세계 최고의 동기부여 강연가가 되는 꿈도 꾼다. 베스트셀러 작가와 강연가의 꿈을 꾸는 나는 꿈 부자다.

내 개인저서
판권 수출하기

지금까지 앞의 2개 글을 본 분들은 이렇게 생각할 것이다. '정소장'이라는 사람이 꿈을 이룰 수 있겠다고. 하지만 내가 세 번째로 꾸는 꿈을 말하면 아마 나를 미친놈이라고 말할 것이다. 나는 이제 하다하다 해외 판권 계약까지 꿈꾼다. 이 정도면 내가 봐도 미친놈이 분명하다. 맞다. 나는 꿈에 미친놈이다.

내가 이런 꿈을 꾸게 된 계기가 있다. 바로 〈한책협〉에서 김태광 대표 코치님의 코칭을 받고 책을 쓰면서부터다. 〈한책협〉의 김태광 대표 코치님을 만나게 된 지금 나는 생각한다. '나는 무엇이든 할 수 있고 무엇이든 될 수 있다'

나는 나에게 질문을 던졌다. 만약 내가 꿈꾸는 것이 모두 이루어진다면 무엇을 하고 싶을까? 나는 무엇이 되고 싶을까?

나에게 인사이트를 준 책은 《스마트컷》이다. 책의 내용을 요약하자면 이렇다. 단숨에 성공하기 위해서 기존의 방법으로 접근하면 안 된다. 사다리를 올라갈 때 밑에서 차근차근 올라가는 것이 아니라 중간에서 치고 올라가야 된다는 것이다. 내 삶을 돌이켜 보니 스마트컷을 했던 경험이 두 가지가 있다. 여기서는 그 두 가지 경험에 대해 이야기해 보겠다.

첫 번째 경험은 2006년 내가 고등학교 3학년 시절의 이야기다. 나는 고등학교 시절 지구과학반이었다. 당시 나는 수능뿐만 아니라 지구과학 경시대회도 준비했다. 나는 지구과학 선생님의 추천으로 서울시 지구과학 경시대회를 준비했다. 물론 나는 열심히 공부했다. 어떻게? 혼자 열심히 공부했다. 결과가 어떻게 되었을까? 나는 경시대회 예선에서 떨어졌다.

예선 탈락의 소식을 들은 나는 많이 낙담했다. 그리고 '지구과학 경시대회에서 수상하는 것은 안 되겠다'라는 부정적인 생각까지 했다. 하지만 지구과학 선생님의 추천으로 나는 전국 지구과학 올림피아드 경시대회를 준비하게 되었다. 결과가 어떻게 되었을까? 나는 전국 지구과학 올림피아드에서 동상을 수상했다.

이 사실이 이상하지 않은가? 누가 봐도 이 결과는 상식적으로 이해가 안 된다. 왜냐하면 나는 서울시 경시대회에서 예선 탈락한 고등학생이었기 때문이다. 이 고등학생이 더 큰 무대인 전국 올림피아드에서 수상하는 것은 불가능하다고 생각하는 것이 일반적인 사고의 흐름이다. 이 현상을 어떻게 설명할 수 있을까? 그 이유가 나는 스마트컷 때문이라고 생각한다.

자, 2006년으로 돌아가서 서울시 대회 이후 다시 차근차근 사다리를 올라가듯이 준비한다고 가정해 보자. 그럼 어떻게 준비했을까? 다시 지구과학을 혼자 열심히 공부했을 것이다. 그리고 또 똑같은 실수를 했을 것이다. 그런데 나는 스마트컷을 활용했다. 그것은 바로 학교의 지구과학 선생님이었다. 나 혼자 공부해 봐야 이미 소용이 없었던 것이다. 왜냐하면 올림피아드라는 것은 고등학교 내신이나 수능 수준이 아니기 때문이다. 수능 그 이상의 수준을 요구하는 대회이기 때문이다.

그래서 나는 지구과학 선생님한테 진드기처럼 붙어서 내가 모르는 문제들을 물어봤다. 지구과학을 제일 잘 아는 사람이 우리 학교에 있는데 내가 차근차근 사다리를 타고 올라가듯이 혼자 공부할 필요가 없었다. 그리고 시간이 나는 대로 지구과학 문제를 풀었다. 모르는 문제가 나오면 선생님에게 가서 질문했고 배울 수 있었다.

내가 어느 정도로 지구과학 선생님을 귀찮게 했는지 말해 보겠다. 나는 점심시간마다 선생님께 가서 모르는 문제에 대해 물어봤다. 그리고 오후 수업 이후 야간자율학습 전까지 또 교무실에 찾아갔다. 그리고 선생님께 내가 못 풀었던 지구과학 문제를 물어봤다. 그렇게 나는 점점 실력을 쌓을 수 있었다. 그리고 결국 전국 올림피아드에서 동상을 수상했다. 내가 다시 혼자 공부했다면 아마 전국 올림피아드에서도 수상하지 못했을 것이다.

참, 그것을 아는가? 학교 선생님들은 출판사로부터 모든 문제집을 샘플로 받는다. 당시 나는 전국에 존재하는 모든 지구과학 문제집과 모의고사를 풀어봤다. 그것도 선생님한테 받아서 무료로 풀수 있었다. 이 사실을 알고 있는 사람은 몇 명 없을 것이다. 혹시이 글을 읽는 중·고등학생 중에 공부를 잘하고 싶은데 문제집 살돈이 없다고 하는 분이 있다면, 지금 당장 학교 교무실로 가라. 그리고 선생님께 모르는 것을 질문해라. 그런 뒤에 혹시 남는 문제집이 있는지 물어봐라. 아마 선생님께서는 수십 권의 문제집을 가지고 있을 것이다.

두 번째 경험은 2016년, 내가 삼성전자 직장인 시절의 이야기다. 2010년부터 2012년까지 나는 〈서울대학교 청소년 리더십 콘퍼런스〉라는 행사를 통해 하고 싶은 것이 생겼다. 바로 기업교육 업무를 하고 싶다고 생각한 것이다. 당시 내가 기업교육을 할 수 있는방법은 이것밖에 없었다. 먼저 2014년에 군대를 제대한다. 그리고다시 교육대학원에 진학한다. 하지만 나는 학부에서 교육과목을듣지 않았다. 그래서 나는 듣지 않은 교과목의 개수만큼 더 들어야했다. 석사 취득에 3년 이상 걸린다는 말이다. 그리고 취업을 한다.그러면 내 나이는 서른 살이 된다.

사실 교육대학원 석사학위가 있다고 하더라도 누구나 기업교육을 할 수 있는 것이 아니다. 왜냐하면 그 회사의 채용 전형에 합격해야 하기 때문이다. 만약 내가 기존의 방법처럼 사다리 타고 올라가듯이 기업교육을 하려 했다면 어떻게 되었을까? 아마 중도에 포기하고 학교 선생님이 되거나 다른 길로 갔을 것이다.

그런데 나는 지금 무슨 일을 할까? 나는 삼성전자에서 기업교육을 담당하고 있다. 엔지니어로 입사한 내가 어떻게 기업교육 담당자를 할 수 있을까? 바로 스마트컷이다. 의도하지는 않았지만 기존의 길로 가지 않고 새로운 길로 간 것이다. 나는 2014년에 엔지니어로 입사했다. 하지만 엔지니어 업무를 바로 하지는 않았다.

당시 우리 회사에서는 채용 T/F라는 제도를 운영했다. 그 제도에 지원하면 나는 6개월간 채용 업무를 할 수 있었다. 신입사원 때만 할 수 있는 업무라 망설임 없이 지원했다. 그리고 결국 채용 T/F 업무를 하게 되었다. 그런데 T/F 기간이 끝나는 6개월 뒤에 나는 다른 기회를 잡았다. 당시 서초사옥에 있던 어떤 부서로 1년짜리 파견을 가게 된 것이다.

그리고 1년이 지나고 2016년 4월, 나는 다시 삼성전자로 복귀했다. 이제 진짜 엔지니어가 되어야만 하는 시기가 온 것이다. 그래서 나는 라인 현장으로 가고 싶다고 했다. 하지만 그 부서의 리더가 나를 받고 싶어 하지 않았다. 왜냐하면 나는 이미 신입사원도 아니고 1년 반이나 인사 업무를 했기 때문이다. 그 부서의 리더께서는 인사 업무를 1년 반이나 한 나보다 신입사원을 받고 싶어 했다.

그래서 나는 잠시 발령 대기 상태였다. 아마 사원급 중에 일주일 동안 갈 부서가 없어서 아무 일도 하지 않은 사람은 나밖에 없을 것이다. 그런데 마침 교육부서에서 퇴직자가 많이 발생하는 일이 생겼다. 그 부서에서 당장 물리적으로 일할 사람이 없게 되었다. 그래서 나는 당시의 교육부서장과 면담했다. 그 결과 나는 기업교육 업무를 하게 되었다. 지금까지 나는 기업교육 업무를 하고 있다.

　　두 가지 경험을 통해 나는 이런 생각을 하게 되었다. 상식선에서 불가능해 보이는 목표는 상식선에서 도전하려고 하면 안 된다. 차근차근 사다리를 타고 올라가는 방법을 사용하면 안 된다. 사다리 옆에서 치고 들어가는 수평적 사고를 통해 목표를 달성해야 한다. 나는 서울시 지구과학 경시대회에서 떨어졌다. 하지만 나는 지구과학 선생님이라는 스마트컷을 이용했다. 그렇게 스마트컷을 이용한 공부를 해서 전국 올림피아드에서 수상할 수 있었다.

　　나는 교육학 전공이 아니라 기업교육을 할 수 없었다. 나는 회사에 엔지니어로 입사했기 때문이다. 그러다가 나는 어떻게 채용 업무를 하게 되었다. 그리고 결국 나는 기업교육을 하게 되었다. 이 두 가지 경험을 통해 나는 분명히 해외 출판 계약을 따낼 수 있을 것이라고 생각한다. 어떻게? 〈한책협〉의 김태광 대표 코치님이라는 스마트컷이 있기 때문이다. 나는 또 꿈을 꾼다. 나의 책이 베트남, 중국, 일본, 대만에서 베스트셀러가 되는 꿈을!

전 세계 청소년 리더십
콘퍼런스 개최하기

나는 '청소년이 미래다'라는 말을 좋아한다. 왜냐하면 결국 그 청소년들이 자라나서 청년이 되고 장년이 되기 때문이다. 그리고 그들은 세상의 주축이 될 것이다. 그뿐만 아니라 이미 청소년들은 무엇을 하는 데 충분한 역량을 지니고 있다. 나는 대학교 3학년 시절 서리콘을 운영하면서 생각하게 되었다. 바로 청소년들이 주축이 되어 우리 사회를 바꿔 나갈 수 있다는 것을 말이다.

나는 대학교만 가면 모든 것이 해결될 것으로 생각했다. 아직도 그런 문화가 조금 남아 있는 것으로 알고 있다. '대학만 가면 끝나', '취직만 하면 끝나.' 어느 정도 삶을 살아온 분들은 이 말이 얼마나 달콤한 유혹인지 알 것이다. 무엇을 달성했다고 해서 삶이 끝나지는 않는다. 하지만 고등학교 시절 나는 그렇게 알고 있었다. 대학만 가면 더 이상 치열하게 노력하지 않아도 되고 쉽게 살아갈 수 있을 거라고.

나는 '좋은 대학교에 입학했으니까 어떻게든 잘 살겠지'라는 생각을 하곤 했다. 그래서 미래에 대해 고민하지 않고 하루하루 살았다. 또 이렇게 생각했다. '좋은 대학교 나와 대기업에 취업하고 대충 살면 되겠지. 그리고 대기업에서 부장을 달 때쯤 나오면 피시방이나 치킨집을 하면 될 거야'라고. 치킨집이나 피시방을 비하하는 것은 절대 아니다. 내가 대학생 시절에는 가장 잘되던 사업이 바로 치킨집과 피시방이었다.

그랬던 나는 서리콘을 운영하면서 완전히 사고가 뒤바뀌었다. 산재해 있는 여러 사회 문제에 관심이 생긴 것이다. 나는 사회 문제를 어떻게 해결하면 좋을지 고민했었다. 혼자 골똘히도 생각했다. 사회 변화에는 어떤 요인이 있을까? 이런 고민에 대해 내가 내린 결론은 두 가지였다.

하나는 사회제도가 변화하는 것이다. 다른 하나는 구성원의 의식이 변화하는 것이다. 사실 둘 중 하나가 아니라 둘 다 동시에 변해야 사회가 변한다. 하지만 둘 중에 꼭 한 가지를 꼽으라면 사람들의 의식이 변하는 게 먼저라고 생각한다. 왜냐하면 결국 사회를 구성하는 것은 한 명 한 명의 사람이기 때문이다.

하나의 예로 북한 정권이 아직도 무너지지 않은 이유에 대해 말하고 싶다. 북한은 3대가 세습하며 독재를 하는 유일한 나라다.

3대 세습은 역사적으로 불가능했다고 한다. 그렇게 보면 북한은 새로운 역사를 쓰고 있는 셈이다. 그 정권이 무너지지 않는 이유는 여러 가지가 있을 것이다. 하지만 나는 북한 인민들에게 자유롭게 독서를 하지 못하게 하는 것이 가장 큰 이유라고 생각한다. 특히 인문서, 역사서는 절대 인민들이 볼 수 없는 책이다.

서리콘 이야기로 다시 돌아가자. 당시 운영진은 서리콘 마지막 차수인 7차수를 잘 마무리했다. 그리고 심화 과정을 운영했다. 심화 과정의 대상자는 이런 학생들을 대상으로 추가 면접을 통해 선발했다. 사회 문제에 대해 치열하게 고민하고 싶은 학생. 서리콘에서 다루었던 사회 문제에 대한 해결책을 더 완성도 있게 국회에 제안하고 싶은 학생. 그렇게 약 15명 정도의 학생들을 선발해 과정을 진행했다.

그리고 사회 문제 분과별로 나누어 총 3개 팀을 꾸렸다. 3개 팀이 맡은 과제는 '저출산 고령화 문제', '비정규직 문제', '남북통일 문제'였다. 각 팀은 대학생 멘토 한 명과 중·고등학생 5명으로 이루어졌다. 심화 과정에서 나는 이런 역할을 맡았다. 3개 팀이 결과물을 석 달 안에 낼 수 있도록 멘토들과 일정을 조율하는 역할. 나는 각 팀의 멘토들에게 이렇게 과정을 밟아 나가라고 했다.

첫째, 각 팀은 논문, 저널, 신문기사 등 모든 자료를 수집한다. 둘째, 모아 놓은 모든 자료를 읽고 요약 정리한 다음 각자의 생각을 글로 정리한다. 셋째, 각 문제가 존재하고 있는 현장을 방문해 인터 뷰한다. 넷째, 각 최종 결과물을 석 달 안에 제출한다. 각 팀 구성 원들은 자신들이 맡은 문제에 대해 치열하게 고민했다. 그래서 세 달 안에 심화한 결과물을 낼 수 있었다.

비정규직 문제와 관련해서 현장을 방문했던 기억이 생생하다. 비정규직 문제를 담당하는 팀원들은 한 시위 현장을 방문했다. 그 시위 현장은 비정규직 상태로 일방적인 해고를 당한 개인들이 모인 곳이었다. 우리는 그곳에서 생생한 인터뷰를 따올 수 있었다. 저출 산 고령화 문제를 담당하는 팀은 탑골공원을 방문했다. 그리고 그 들은 노인분들께 정중히 인터뷰를 요청했다. 남북통일 문제를 담당 하는 팀원들은 국가 단체를 방문해서 담당자들과 인터뷰를 했다. 실제 새터민들도 만나 생생한 인터뷰를 할 수 있었다.

우리는 석 달이라는 노력 끝에 정말 혁신적이라고 할 만한 해결 책을 도출할 수 있었다. 우리는 우리 자신을 너무 대견하다고 생각 했다. 그러곤 자축하는 의미에서 날을 잡아 파티를 하며 즐기기도 했다. 파티 이후 세 문제와 관련된 정부의 각 부처별 홈페이지에 들 어갔다. 들어가서 현재 제도가 무엇이 있는지 확인했다. 지금 생각 해 보면, 심화 과정에서 처음 해야 하는 것이 현황을 살펴야 하는 것이었는데 그럴 생각을 못했다.

각 홈페이지에 방문한 우리는 정말 낙담했다. 왜냐하면 우리가 생각해 낸 여러 결과물에 대한 정책과 제도들을 정부에서 이미 시행하고 있다는 것을 알게 되었기 때문이다. 우리는 석 달 동안이나 고심해서 만든 결과물이 이미 있다는 사실에 너무 기운이 빠졌다. 하지만 이런 생각도 들었다.

'중·고등학생이나 국회의원들이나 별반 차이가 없구나, 세상을 바꾸는 데 학력이나 권력이 중요한 것이 아니구나. 중학생들도 제도라는 것을 만들 수 있구나. SKY대를 졸업하고 각종 고시를 통과한 사회 엘리트들이 만든 제도와 중학생들이 만든 것이 별로 차이가 없구나…' 나는 거기서 희망을 봤다. 사회 문제를 해결하기 위해서는 머리보다 가슴이 필요하다는 희망을. 그래서 전 세계 리더십 콘퍼런스 개최를 꿈꾸게 되었다. 형태야 어찌 되었든 청소년 시절부터 이런 사회 문제에 대해 고민하며 자란 아이들이라면 분명 사회에 선한 영향을 끼칠 것이라 생각했다.

당시 심화 과정을 통해 세상에 선한 영향을 끼쳤던 학생들을 소개하고 싶다. A 중학생과 B 고등학생이다. 그들이 도출해 냈던 놀라운 결과물에 관해 이야기하고 싶다. A 중학생은 항상 우울했고 자존감이 낮은 아이였다. 그 아이는 부모님이 자신을 많이 사랑하지 않는다고 말했다. 동생을 더 사랑한다면서. 하지만 A 중학생은 서리콘을 통해 변하기 시작했다.

그 아이는 정말 사회 문제를 문제로 인식했다. 심화 과정 이후에 본인이 한 커뮤니티를 만들었다. 관악구청 담당자와 연락해 저출산 고령화 문제를 해결하기 위한 실질적 행동을 하기 시작했다. 실제로 중학생들을 모아 캠페인을 진행한 것이다. 어떻게 연락이 닿았는지는 모르겠다. A 중학생은 영국의 한 출판사와도 연락했다. 그리고 그 출판사의 지도에 쓰여 있는 'Japan See'를 'East Sea'로 바꾸었다.

두 번째는 B 고등학생이다. 그 아이는 부모님이 이혼하셔서 자신은 어머니하고만 살고 있다고 했다. 그 아이 역시 무엇인가 결핍된 상태였다. 가끔 우울해하거나 울적한 기분을 느낀다고 했다. 하지만 다행히도 심각한 수준은 아니었다. 나는 그 아이의 이야기를 충분히 들어 주고 공감해 주었다.

고3이 되는 시점임에도 아이는 본인이 사회 문제를 해결하지 않으면 안 된다는 생각에 심취해 있었다. 그 아이가 생각한 방법은 중학생들을 대상으로 본인이 콘퍼런스를 운영하는 것이었다. 나는 당시 서리콘을 담당했던 A 팀장에게 이야기했다. 그리고 저작권 문제없이 그대로 B 학생이 사는 지역에서 콘퍼런스를 개최하도록 지원했다. 나는 그 아이에게 실제 멘토들이 했던 고민 그리고 운영상의 이슈들을 모두 코칭해 주었다. 그 아이는 중학생 대상으로 똑같이 문제를 정의하고 해결책을 내기 시작했다. 그렇게 고등학생임에도 30명의 단체를 이끄는 리더가 되었다.

지금은 20대 중반이 된 그 아이들을 축복한다. 그리고 응원한다. 어떤 형태로든 어떤 규모로든 사회에 분명히 좋은 영향을 끼치고 있을 것이다. 나는 다시 사회는 어떻게 변하느냐고 나에게 질문한다. 이제는 생각이 꽤 구체적으로 정리되었다.

10년 혹은 20년 뒤 사회 리더가 될 청소년들의 의식이 변해야 한다. 지금은 국가 간 경계가 사라진 글로벌 시대다. 그러므로 이제 우리나라의 청소년들만 변해서는 안 된다. 전 세계의 문제를 동시에 해결해야 한다. 나는 꿈꾼다. 전 세계 청소년 리더십 콘퍼런스를 개최하는 꿈을. 그리고 그들이 전 세계에 선한 영향력을 미치는 상상을 한다.

UN에서
평화 연설하기

    365와 56억. 이렇게 2개의 숫자만 보고 떠오르는 생각이 있는가? 24와 4,500만. 이 2개의 숫자를 보고 드는 느낌이 있는가? 눈치가 빠른 분들은 이 숫자들이 유튜브 조회 수라는 것을 알았을 것이다. 그리고 그 조회 수는 그룹 방탄소년단(BTS)과 관련된 숫자다. 365와 56억이라는 숫자들이 의미하는 것은 이렇다. 2017년 한 해 동안 BTS 모든 뮤직비디오의 조회 수가 56억이라고 한다.

    이 숫자들이 너무 커서 독자분들 대부분은 얼마나 많은 사람이 본 것인지 감이 안 올 것이다. 그래서 24와 4,500만이라는 숫자에 대해서 말해 보겠다. 2019년 어느 하루 24시간 동안 BTS 뮤직비디오의 유튜브 조회 수가 4,500만이었다고 한다. 이 숫자를 비교하자면, 하루에 대한민국 모든 국민이 한 번씩 영상을 본 것과 같다.

    혹시 BTS를 이전부터 알고 있었는가? 사실 나도 한 달 전까지만 해도 BTS가 누군지 몰랐다. 그리고 알고 싶지도 않았다. 그저 잠깐 뜨고 마는 아이돌이라고 생각했다. 그런데 어느 날 BTS가 UN에서 연설했다는 뉴스를 봤다. 그래서 갑자기 BTS에 관심이 생겼다. 왜냐하면 나의 마지막 꿈은 UN에서 평화연설을 하는 것이기 때문이다.

나는 문득 궁금해졌다. 도대체 BTS가 누구인지. 얼마나 성공한 아이돌인지. 도대체 BTS의 성공 요인은 무엇인지. 그래서 BTS의 성공 요인을 유튜브에서 찾아봤다. 누구는 콘텐츠가 성공 요인이라고 말한다. 여기서 콘텐츠는 퍼포먼스나 작품성을 말하는 것이 아니다. 그들은 음반을 내서 팔지 않고 무료로 나누어 준다. 왜 그럴까? 자신들이 하고 싶은 일을 하기 때문이다. BTS가 성공한 요인 중 하나는 자신들이 정말 좋아하는 일을 했다는 것이다.

또 누구는 소셜 커뮤니케이션이 성공 요인이라고 한다. 하지만 국내 대형 기획사인 SM, JYP, YG 출신 아이돌도 모두 소셜 커뮤니케이션을 하지만 BTS처럼 성공하지 못했다는 반문이 생긴다. 다시 말해 단순히 SNS를 잘해서 BTS가 성공한 것이 아닌 것이다. 그들이 성공한 진짜 이유는 진정성을 바탕으로 한 팬들과의 소통이다.

나는 〈실버아이TV〉의 '방탄소년단(BTS) 다른 아이돌과 다른 점? 성공비결!' 영상을 보고 그들의 진정성을 알게 되었다. 전 세계 투어를 끝내고 고척돔에서 리더 RM이 이런 말을 했다. 그가 한 말을 보면 정말 진정성 있게 팬들과 소통한다는 것을 알 수 있다.

그는 한 팬레터를 읽어 주고 대답했다. 팬레터의 주인공은 이렇게 적었다. BTS가 잘되어서 좋다. 하지만 본인은 아직도 제자리라 BTS가 멀리 가는 것 같다는 것이다. 같이 시작했는데 BTS가 멀리 가는 거 같아서 너무 좋지만 마음이 뒤숭숭하다는 것이다. 리더 RM은 이 내용에 대해 아래와 같이 말했다.

"저희 정말 처음엔 다들 꼬질꼬질하고 그랬어요. 그런 저희도 해냈습니다. 저희를 알아봐 주신 여러분들이라면 여러분의 꿈, 꿈이 아니더라도 여러분의 삶, 여러분의 인생에 언젠가 저희의 존재가! 저희의 음악이! 저희의 무대가! 저희의 사진, 영상이! 여러분한테 아주 조금이라도 힘이 될 수 있다면. 아픔이 100이라면 그 100을 99, 98, 97로 만들어 줄 수 있다면 그걸로 저희의 존재 가치는 충분합니다. 정말 사랑합니다."

정말 진정성이 느껴지지 않는가? 나는 그 영상을 보고 눈물을 흘렸다. 그 눈물은 감동의 눈물이었다. BTS의 성공 요인은 결국 두 가지로 요약된다. 하나는 내가 좋아하는 일을 해야 한다는 것이다. 다른 하나는 진정성 있게 사람들과 소통해야 한다는 것이다.

슬프지만 사회 문화적으로 보면 요즘 시대에 그만큼 이 두 가지가 결핍되어 있다는 것을 반증하는 것일지도 모른다. 대다수의 사람이 본인이 좋아하는 일을 하지 않는다는 것이다. 그리고 우리는 모두 사람들과 진정성 있게 소통하지 않는다는 것이다. 그래서 자신이 좋아하는 일을 하고 진정성 있게 소통하는 BTS를 그렇게 좋아하는지도 모르겠다.

나는 눈을 감고 BTS의 두 가지 성공 요인에 대해 생각해 본다. 과연 나는 내가 좋아하는 일을 해 왔는지, 주위 사람들과 진정성 있게 소통해 왔는지. 나는 아니었다고 생각한다. 직장생활, 군 생활, 대학생활, 고등학교, 중학교 그리고 초등학교 생활까지 거슬러 올라가 본다. 곰곰이 생각해 보면, 나름 내가 선택해서 모든 삶을 살아왔다고 생각했었다. 하지만 내가 선택했다고 생각한 그 선택들은 남들이 분류해 놓은 삶에 불과했다.

나는 초등학교 입학 전에 했었던 '윤 선생'이라는 영어공부법을 아직도 기억한다. 일주일에 한 번인가? 선생님 한 분이 찾아와서 매번 영어를 가르쳐 줬던 것으로 기억한다. 당연히 내가 원해서 한 것이 아니었다. 어머니께서 하라고 해서 그냥 아무 생각 없이 한 것이다. 초등학교에 올라가면서 나는 태권도를 하고 싶었다. 그래서 어머니께 떼를 썼다. 하지만 이것도 친구 따라 강남 가는 격이었다. 결코 내가 좋아서, 하고 싶어서 했던 것은 아니었다.

내가 초등학교 4학년 때로 기억한다. 당시 우리 어머니께서는 교육열이 높으셨다. 그래서 어머니께서는 나에게 재능교육, 구몬 학습지, 눈높이 교육 등 방문학습지 공부를 시키셨다. 당연히 난 아무 생각 없이 그냥 공부했다. 그런데 한번은 아버지께 크게 혼났었다. 나는 4개 과목의 학습지를 했다. 수학, 영어, 국어, 일본어. 너무 많은 학습지를 한 셈이다. 그래서 그중에 가장 재미없고 하기 싫었던 국어 학습지를 안 풀었다. 그리고 안 푼 학습지들을 신문지 사이사이에 끼워 넣었다. 어린 마음에 그런 행동을 해도 '걸리지 않겠지'라고 생각했던 것 같다. 그러던 어느 날 아버지께서 신문지 속에 내가 끼워 넣은 학습지들을 발견한 것이다. 그날 밤 나는 정말 죽도록 맞았다. 회초리로 몇 십 번을 맞았는지 모르겠다.

그리고 초등학교 6학년이 되었을 때가 기억난다. 당시 나는 어머니의 교육열에 힘입어 종로학원이라는 종합학원에 다니게 되었다. 나는 매일 학교 수업을 마치면 곧장 집으로 왔다. 그러곤 학원 버스를 타고 종로학원으로 가서 공부했다. 거기서도 온전히 공부만 하지는 않았다. 중간 중간 게임도 참 많이 했었다. 나는 〈삼국지〉 게임을 좋아했다. 그래서 공부하는 시간 외에 집에 부모님이 없으면 영걸전, 조조전, KOEI 등 〈삼국지〉 게임에 빠져 살았다. 그러면서 나는 중학교에 입학했다.

중학교에 가서도 나는 여전히 게임을 좋아했다. 나는 친구들과 〈바람의 나라〉라는 게임을 했다. 당시 온라인 게임을 하기 위해서는 정액제로 해야 했다. 아니면 전화선에 연결해서 해야 했다. 그러나 전화선을 연결해서 게임을 하면, 전화비가 그만큼 많이 나왔다. 중학생인 나는 돈이 없었다. 때문에 전화선에 연결해서 게임을 했다. 게임을 한 다음 달이었을까? 전화비가 10만 원이 나왔다. 그날도 나는 아버지께 죽도록 맞았다. 맞고 엄청나게 울었다. 다시는 게임을 안 하겠다고 울며불며 빌었다. 하지만 나는 중학교 2학년이 되어서도 여전히 게임을 했다.

한번은 이런 적도 있다. 나는 2박 3일 동안 한숨도 안 자고 물만 마시면서 게임을 했다. 그렇게도 공부하기가 싫었던 것이었을까? 그리고 3일째 되던 날 나는 의자에서 일어나 화장실로 갔다. 그러곤 기억이 없다. 나중에 알고 보니 내가 화장실에 들어가서 쓰러졌다고 했다. 당시 병원의 의사 선생님은 장시간 밥도 안 먹고 게임만 해서 그런 것이라고 했다.

그리고 고등학생 때는 어땠을까? 사실 나는 공부를 잘해서 좋은 대학에 합격했다. 하지만 정말 내가 공부를 좋아서 한 것은 아니었다. 대학교에 가서도 내가 좋아하는 일을 하지 못했다. 그저 놀러 다니고 술 마시기를 좋아하는 대학생이었다. 그런 와중에 조금씩 내가 무엇을 좋아하는지 알게 되었다.

그리고 장교로 군대에 갔다. 군대는 의무로 가는 거다. 당연히 내가 좋아서 갈 리가 만무하다. 제대 후 나는 운 좋게 삼성전자에 취업했다. 물론 내가 가고 싶었던 좋은 회사였다. 누구나 부러워하는 직장이었다. 하지만 내가 회사원이 되고 싶었던 것은 아니다. 그렇게 나는 내가 좋아하는 것이 뭔지도 모른 채 하루하루 월급에 의지하며 살아왔다.

이제 나는 내가 무엇을 좋아하는지 알게 되었다. 나는 성공할 수밖에 없다. 왜냐하면 〈한책협〉의 김태광 대표 코치님을 알게 되었기 때문이다. 나는 김태광 대표 코치님 덕택에 책을 쓰게 되었다. 책을 쓰면서 나를 알아 가고 있다. 내가 좋아하는 일이 무엇인지 알아 가고 있다. 그리고 결국 좋아하는 일을 하게 될 것이라 확신한다.

나는 진정성 있게 대중들과 대화하며 성공할 것이다. UN에서 평화 연설하기. 나는 전 세계 청소년들에게 꿈과 희망을 전달할 것이다.

PART 3

지속적인
경영을 추구하며
여유로운 노후 보내기

- 조현수

조현수 외식산업경영학 박사, 외래교수, 한국수 서초점 및 삼성RND점 대표

1993년부터 한식 전문 외식업체인 토방, 대장금에 이어 한국수 서초점 및 삼성RND점을 경영하고 있다. 또한 경기대학교 겸임 교수를 거쳐 동대학교 관광 전문 대학원 외래교수를 역임했다. 현재 외식업체의 지속적인 경영 방법을 연구하면서 지속 경영 전문가로서 메신저 활동을 준비 중이다.

100억 원대
자산가 되기

"지금 호명하는 학생은 책가방을 가지고 운동장으로 나오기 바랍니다…"

중학교 2학년 때의 일이다. 수업 중 갑자기 책가방을 가지고 나오라는 안내방송이 있었다. 보통은 여자 선생님이 방송하셨는데, 이번엔 목소리가 묵직한 남자 선생님이었다. 목소리의 주인공은 교감 선생님이었다. 교감 선생님이 호명하는 명단에는 내 이름도 있을 것이라고 생각은 하고 있었다. 대략 6,000원 정도 하는 육성회비를 못 냈기 때문이다. 나는 육성회비를 못 낸 것이 같은 반 친구들에게 알려지는 게 싫었다. 그래서 내 이름이 안 불렸으면 하고 바짝 긴장하고 있었다. 그러나 어김없이 내 이름도 불렸다.

내 이름이 불리는 순간, 같은 반 친구들은 일제히 나를 쳐다보았다. 온몸에 식은땀이 흘렀다. 가방을 챙겨 교실을 나올 때의 그 순간이 아직도 잊히지 않는다. 한 반에 60명 정도인 교실에서 육성회비를 못 낸 사람은 딱 1명, 그것이 나였다.

당시 나는 대한민국에서 가장 가난한 사람들이 산다고 하는 봉천동 달동네에서 살았다. 정말 못사는 사람들만 사는 곳이었다. 일할 곳이 없어 노는 사람들, 즉 실업자들이 많이 사는 동네였다.

대학교 겸임교수로 있을 때 미얀마를 다녀온 적이 있다. 마지막 남은 순수한 나라, 황금의 땅으로 알려진 미얀마는 더운 나라로 유명하다. 건기의 날씨는 이루 말할 수 없이 덥다. 그래서인지 남자들이 상의를 벗고 대낮에도 누워서 자고 있거나, 쪼그려 앉아 있는 것을 자주 보게 된다. 그 모습이 봉천동 달동네 풍경 같았다. 가이드의 설명에 의하면 우리나라의 1970년대 수준으로 일거리가 없어 남자들은 집에서 놀고 부인이나 딸들이 생계를 유지한다는 것이었다.

나는 동부이촌동에 있는 신용산중학교를 다녔다. 봉천동에도 중학교가 있었지만 추첨에 의해 신용산중학교에 배정된 것이다. 학교가 배정되는 날 나는 매우 설레었다.

학교까지는 버스를 두 번 타야 갈 수 있었다. 지금은 없어진 용산 시외버스터미널에서 내려 동부이촌동까지 가는 버스를 갈아타야 학교에 갈 수 있었다. 버스를 타고 학교에 간다는 것 자체가 설렌 이유다. 다만 차비가 많이 든다는 게 문제였다. 하루에 버스 네 번을 타야 했기 때문에 나에게는 호강을 넘어 낭비였다. 어쩔 수 없이 나는 용산 시외버스터미널에서 내려 학교까지 걸어 다녔다. 40분 정도 걸리는 거리였다.

지각하지 않기 위해선 빠르게 걸음을 재촉해야 했다. 한강변에 있는 동부이촌동은 대체로 시원했다. 그래도 여름에는 아스팔트에서 뿜어져 나오는 열기로 더웠다. 겨울이면 한강에서 불어오는 차가운 바람이 매서웠다. 나는 그런 거리를 걸어서 다녔다. 하지만 나와는 다르게 자가용으로 등하교하는 학생들도 있었다. 그런 모습들은 처음으로 '가난과 부'의 차이를 느끼게 만들었다.

동부이촌동은 봉천동과 달랐다. 부자들이 사는 동네였다. 아파트, 부자들이 산다는 맨션, 고급 자가용들 모두 처음으로 접하는 것들이었다. 그동안 내가 살아왔던 달동네와는 다른 세상이었다. 모든 것이 생소하기도 했지만 한편으로는 그들이 부러웠다. 처음으로 나는 내가 가난하다는 걸 느꼈다.

나는 육성회비 6,000원을 내지 못해 교감 선생님으로부터 호출을 받아야 했다. 운동장의 햇볕은 무척이나 따가웠다. 그곳에는 나처럼 호출을 받고 나온 10명 미만의 학생들이 있었다. 육성회비를 낼 때까지는 학교에 오지 말라는 교감 선생님의 말이 끝난 후 그들과 나는 아무 말 없이 교문을 나섰다.

아침에 빠르게 걸음을 재촉해 왔던 그 길을 나는 다시 되돌아갔다. 내가 가고 있는 길에 가방을 든 학생은 나 혼자였다. 마치 땡땡이를 친 모습이었다. 그러나 나는 무척 여유로웠다. 너무 일찍 집에 들어가면 걱정하실 어머님 모습에 걷기로 했다. 회수권도 아끼고, 가방에는 점심에 먹을 도시락도 있으니….

제1한강교라는 한강다리 중간에는 '중지도'라는 섬이 아닌 섬이 있었다. 동부이촌동을 빠져나와 한강다리를 향해 걸었다. 땡볕 여름인데 한강다리의 바람은 무척 시원했다. 수양버들이 늘어진 중지도는 나를 편안하게 만들었다. 차갑게 식은 도시락을 먹는데 동부이촌동에 있는 맨션이 눈에 들어왔다.

다리 건너편에는 난생처음으로 본 부자들이 살고 있었다. 내가 돌아가고 있는 곳은 가난한 사람들이 살고 있는 달동네. 부자 동네와 가난한 동네 사이에 있는 중지도에서 바라본 동부이촌동은 그때부터 부러움의 대상이 되었다. 그날 이후 나는 가난에서 벗어나는 꿈만 꾸었다. 다락방에 앉아 나의 미래를 그리곤 했다.

《알면서도 알지 못하는 것들》의 김승호 저자는 대학을 중퇴하고 미국으로 건너갔다. 그는 '미국 이민자 중 가장 성공한 10인' 중의 하나로 꼽힌다. 몇 번의 사업 실패를 하면서도 이루고 싶은 꿈을 매일 백 번씩 쓰고 외치며 꿈을 현실로 이룬 기업인이다.

그는 시간당 1,200만 원씩 버는 슈퍼리치(Super Rich)다. 자칭 김밥 파는 CEO라고 말하기도 한다. 연간 3,500억 원 매출에 직원

4,000여 명, 매장 1,300여 개를 보유한 성공한 기업인이다.

그는 생각의 힘을 믿는 사람으로서 생각을 바꾸라고 권면한다. 열 배의 소득을 얻기 위해서는 소득을 열 배로 늘리겠다는 구체적인 목표를 정하는 것이 돈 버는 일의 시작이라고 설파한다. 얼마까지를 벌 것인가? 성공한 모습은 어떤 모습인가? 직업의 형태는? 수입과 환경까지 명확하고 구체적인 목표를 정하고 매일 백 번씩 쓰고 외친 결과 4,000억 원의 재력가 되었다고 한다.

클레멘트 스톤의 《절대 실패하지 않는 성공 시스템》에서는 가난에서 벗어나는 힘은 내부에 있다고 했다. 즉, 마음의 태도가 중요하다는 것이다. 잠들어 있는 꿈을 깨우고 목표가 이루어지도록 동기유발 도구와 실행 스위치인 '지금 하라'를 활용하라는 것이다.

클레멘트 스톤이 던져 준 조언 중 나의 가슴에 깊이 와 닿은 내용이 있어 옮겨 본다.

1. 특정한 말을 반복함으로써 잠재의식에 영향을 끼칠 수 있다. 감정을 품은 채로 자기암시를 하면 잠재의식에 더 큰 영향을 줄 수 있다.
2. 인간이 가진 가장 큰 힘은 기도의 힘이다.

브렌든 버처드는 나의 멘토다. 메신저가 된 지 2년 만에 460만 달러를 번 그는 내게도 자신과 같은 메신저를 권유했다. 그는 힘들

때마다 나를 코칭한다. 멘토의 도움으로 나는 무한히 성장했고 성공한 메신저가 되었다. 정말 놀란 것은 그의 코칭대로 많은 돈을 벌고 있다는 것이다. 내게 돈을 주는 파이프라인 2개 모두 잘된다. 첫 번째 파이프라인은 내가 운영하고 있는 매장 120개다. 두 번째 파이프라인은 소상공인 및 외식업체, 대학 등에서 받는 강연비 및 코칭비다.

나는 멘토의 도움으로 가난에서 완전히 벗어났다. 그리고 더 이상 가난하지 않을 것이다. 오늘 나는 봉천동 달동네의 다락방에서 그렸던 꿈과 목표를 수정한다.

'매월 십일조로 1,000만 원씩 바칠 수 있을 정도의 자산가 되기'라고

1년 동안
해외여행하기

    1993년부터 우리 부부는 음식 장사를 했다. 개업 후 지금까지 문을 닫아 본 적이 없다. 쉬지 않고 일만 했다고 해도 과언이 아니다. 처음으로 장사를 시작한 우리 부부는 설렘과 긴장의 끈을 놓지 않고 오늘까지 온 것 같다. 지금도 설렘과 긴장 속에 살고 있다.

    문을 닫지 않았다는 것은 쉬는 날이나 특별한 휴가 없이 살아 왔다는 의미다. 쉬지 않은 것이 아니라 쉬지 못했다는 것이 맞는 것 같다. 가장 큰 이유는 마음에 여유가 없었기 때문이다. 하지만 또 다른 이유가 있다.

    음식 장사를 하기 전의 일이다. 그때는 직장인이었기 때문에 일요일이면 편안한 마음으로 여행을 가거나 '맛집'을 찾아다니기도 했다. 지금은 검색만 하면 전 세계의 모든 정보를 파악할 수 있다.

하지만 '삐삐'가 최고의 통신수단이었던 당시에는 특별한 검색수단
이 없었다. 그래서 택시기사에게 물어 '맛집'이 아닌, '맛있는 집'을
찾아다녔다.

그렇게 찾은 집들은 정말 다양했다. 춘천의 닭갈비집, 역삼동에
있는 코다리집, 연희동에 있는 순댓국밥집, 목동에 있는 뼈해장국
집 등등. 정말 맛있는 집들이었다.

그중 집 근처에 있는 목동의 뼈해장국집은 우리 부부의 입맛에
잘 맞아 자주 들른 집 중 하나다. 가격도 저렴하면서 잘 삶은 우거
지에 쩍쩍 들러붙는 국물의 맛. 돼지 뼈에 들러붙은 고기가 힘들이
지 않아도 쏙쏙 잘 발라지는 매력적인 집이었다.

마침 일요일이라 평소처럼 우리 부부는 뼈해장국을 먹기 위해
한 기사식당을 찾아갔다. 평소에는 주차하기도 어려운 집인데 그날
은 주차장이 한산한 느낌이었다. 쉬는 날이었던 것이다. 식당 유리
문에 "매월 2, 4주 일요일은 쉽니다."라는 글이 적혀 있었다.

이는 우리 부부가 음식 장사를 시작한 1993년부터 지금까지
쉬지 않은 계기가 되었다. 우거지가 듬뿍 들어 있는 뼈해장국을 먹
기 위해 갔다가 허탕 치고 돌아온 기억 때문이다.

강남에서 유명한 우리 음식점에는 주로 비즈니스 목적의 고객
들이 왔다. 외국 손님을 접대하거나 귀한 손님들에게 자랑하고 싶
은 식당 중 하나였다. 이민 갔다 잠시 들른 손님, 해외여행 갔다 공

항에서 직행해 온 손님….

귀한 나의 손님들이 헛걸음질하지 않도록 1년 365일 쉬지 않는 것을 원칙으로 했다. 1년을 365일이 아닌 730일처럼 살아왔다. 취미처럼 일을 했다. 그 결과 목동의 단칸방에서 시작한 우리 부부는 많은 변화를 겪었다. 요리 전문가, 외식 경영자라는 새로운 이름들도 얻었다.

지금까지 열심히만 살아온 우리 부부에게는 '쉼'이라는 여유가 없었다. 그런 만큼 아내에게 미안한 마음이 크다. 우리에게 여행은 메뉴 개발을 위해 지방을 순회하는 것이 전부다. 새벽에 출발해 새벽에 돌아와야 하는 빡빡한 스케줄에 하루를 바치는 것이다.

그래도 여행이라고 설렌다. 새벽에 출발해 오래된 집 위주로 일정을 짠다. 전주의 콩나물 해장국촌, 남원, 순천, 목포, 광주, 보성, 벌교에 들러 땅끝 마을까지 하루 여섯 끼를 먹는다. 스마트폰이 아닌 묵직한 카메라를 테이블 밑에 숨기고 음식이 나올 때마다 찍어대기 바쁘다. 먹는 것이 아닌 맛만 본다는 것이 맞을 게다.

그렇게 음식을 벤치마킹하러 다니는 우리 부부를 주변 사람들은 부러워하기도 했다. 안 가본 데 없이 전국의 맛있는 집을 찾아다니는 우리를 보고. 당연히 우리 부부도 같은 생각을 하며 살아왔다. 점심 영업이 끝나면 신문에 난 집을 찾아 맛보고, 저녁 영업이 끝나면 우리 부부는 다시 사냥꾼이 되어 또 다른 집을 찾아 나

선다.

한때 〈대장금〉이라는 드라마가 온 나라를 궁중음식 세계로 몰고 간 적이 있었다. 그중 '타락죽'이 이슈가 된 적이 있다. 임금님께서는 하루 여섯 끼를 든다 했다. 하지만 운동량이 부족해 음식들을 대부분 잘게 썰어 소화가 잘되게 했다는 이야기를 들은 적이 있다.

우리 부부는 임금님처럼 하루 여섯 끼를 맛보는 행복한 직업을 갖고 있다. 미식가처럼 맛있는 음식만 먹어야 하는 일이니 얼마나 행복한 직업인가?

그러나 우리의 여행에는 여유가 없었다. 이제는 여유로운 여행을 하고 싶다. 나와 살고 있는 아내에게 미안한 마음이다. 같이 출근하고, 같이 일하고, 같이 퇴근한 후에도 늘 새로운 음식으로 밥상을 차려 낸다.

나는 지금 하는 일들이 더 잘되어 매월 십일조를 1,000만 원씩 내게 해 달라는 투정 어린 기도를 매일 드린다. 우리는 바쁘게만 살아왔지 정작 스스로를 위해 살아 본 적이 없는 것 같다.

음식 장사를 하기 전에는 제법 여행을 다녔다. 일본의 나고야, 도쿄, 하와이를 가 본 적이 있다. 하지만 그 후로는 모임에서 대만에 가 본 것이 전부다.

스페인, 프랑스, 이탈리아, 독일, 스위스, 호주 등 정말 가 보고 싶은 나라가 많다. 스페인은 아내가 좋아하는 나라다. 우연히 아내와 내 생각이 일치한 나라가 스페인이다. 대학에서 '외식문화이해'라는 과목을 강의할 때부터 매력을 느낀 나라다. 실제 스페인은 프랑스를 제치고 미식가들의 예찬을 받는 미식의 나라다.

특별히 꼭 가 보고 싶은 곳이 있다. 미슐랭 가이드에서 별을 많이 받은 세계적 레스토랑 '엘 불리.' 그곳은 셰프 아드리아가 운영하고 있는 곳이다. 내가 이곳에 매력을 느끼는 것은, 셰프 아드리아는 나처럼 1년을 730일처럼 영업하지 않기 때문이다. 1년 중 6개월은 영업을 하고, 6개월은 문을 닫는다. 6개월 동안 쉬면서 그는 다음 6개월을 준비한단다. 굉장히 매력적이지 않은가?

우리 부부는 셰프 아드리아와 저녁을 먹게 될 것이다. 그리고 우리도 그와 같이 될 것이다. 그렇기 때문에 더욱 가 보고 싶은 곳이다.

프랑스 파리는 누구나 가고 싶어 하는 곳일 것이다. 에펠탑 앞에서 사진도 찍어 보고 미슐랭 3스타 중 후광이 빛나는 '피에르 가니에르'를 만날 것이다. 그의 레스토랑에서 프랑스 전문 요리를 먹을 것이다. 이후 프랑스에 이어 이탈리아, 독일, 스위스, 호주도 천천히 다녀올 계획이다.

바쁘게 살다 보니 우리 부부만의 시간이 없었던 것 같다. 우리는 아내가 가장 가고 싶어 하는 나라, 스페인을 시작으로 천천히 돌아볼 계획이다. 천천히 여유롭게. 우린 아무런 계획 없이 여행을 가 본 적이 있다. 야간열차를 타고 목적지를 정하지 않고 떠난 여행은 처음이었다. 야간열차를 타고 사랑하는 사람과 여행한다는 것 자체가 설렘이었다. 설렘만 가지고 출발했던 여행은 지금도 잊지 못할 추억으로 남아 있다.

그러나 이번에는 해외로 가고 싶다. 1년만이라도 아내가 편하게 쉬는 모습을 보고 싶다. 1년 동안 천천히 걸어 보고 싶다. 우리는 "빨리"라는 말에 절어 살아왔다. 하지만 이번 여행은 다르다. 빠름보다 느림이 좋다는 것을 느끼고 싶다. 스페인의 엘 불리 오너이자 셰프인 아드리아처럼.

역사에 남는
음식점 만들기

홍콩에 있는 점보식당에 가 본 적이 있다. 바다에 떠 있는 이 식당은 영화 촬영장으로도 유명하다. 이곳을 가려면 나룻배보다는 조금 더 큰 배를 타야 한다. 점보식당의 야경은 무척 멋있어 보인다. 관광객이 많이 오는 식당이라 그런지 입구에는 한국어로도 '점보식당'이라는 간판이 쓰여 있다.

한국에는 1만 평 규모의 음식점이 있다. 이 음식점은 6개월 전부터 예약해야 한다. 인천공항에 도착하는 관광객들은 제일 먼저 이 음식점을 찾는다. 이 음식점의 음식이 세계적으로 유명하기 때문이다.

나는 굉장히 오래전부터 이런 음식점을 꿈꾸어 왔다. 내가 운영하는 음식점에 와 보기 위해 한국을 찾는 관광객들. 연신 "브라

보!"를 외치며 탄성을 자아내게 되는 그런 음식점 말이다. 나는 외식업 경영에 관심이 많은 사람이다. 꼭 하고 싶은 일 중의 하나가 1만 평 규모의 음식점을 경영하는 것이다.

내가 이 생각을 하게 된 것은 《어떻게 지속성장할 것인가》라는 일본 교토식 상법을 소개한 책을 읽고 난 후부터다. 교토 시내에는 100년 이상 된 가게가 셀 수 없을 정도로 많다고 한다. 1,200년 이상 된 부채가게 마이센도를 비롯해 1,000년 이상 된 가게가 6개, 200년 이상 된 가게는 1,600개나 된다고 한다.

이 책을 통해 일본은 우리와는 너무 다른 점이 많다는 것을 알게 되었다. 장사의 목적은 돈을 버는 것이다. 나도 돈을 벌기 위해 장사를 시작했다. 나름 한 장소에서 오래했다고 자부한다. 하지만 교토 상인들은 차원이 다르다.

771년에 문을 연 겐다는 교토에서 가장 오래된 가게다. 무려 1,300년 동안 혼수용품만을 고집해 온 가게라는 점에 입이 쩍 벌어질 정도다. 겐다는 오랜 역사를 가진 가게이지만 아직도 기온거리에 있는 작은 가게 하나가 전부다.

겐다의 슬로건은 '교토 여인의 섬세한 손으로 만든 최고의 물건을 판다'다. 생각만 해도 너무 멋진 역사를 가진 가게다.

나는 오래전부터 겐다와 같은 가게를 하고 싶었다. 물론 규모도, 파는 물건도 다르지만 오랜 역사를 가진 음식점을 꿈꾸며 살고 있다. 오랜 역사를 만들어 가는 일은 쉽지만은 않을 것이다. 우리는 새로운 것을 좋아한다. 트렌드라는 말로 포장하며 늘 새로운 것을 원하고 따라다니기 바쁘다.

나는 우리에게도 오랜 역사를 가진 가게가 있음을 증명하고 싶다. 날이 갈수록 전통에 대한 관념이 희박해지고 있다. 전통은 왠지 뒤떨어진 것 같다. 구세대가 쓰는 말로 들릴 수도 있을 것이다.

그런 이유들로 우리는 역사를 지우거나, 허물며 살고 있다. 그러나 겐다가 1,300년이라는 역사를 지킨 힘은 다르다. 최고의 법도를 지키며 사는 최상류층 집안에서는 아직도 자식을 결혼시킬 때 엄격한 전통혼례를 고집한다. 이런 '메이저의 등뼈' 같은 다이묘, 즉 성주들이 여전히 있기 때문이다.

음식에도 역사가 있다. 《맛의 생리학》의 저자인 프랑스의 브리야 사바랭은 "네가 먹은 것이 무엇인지 말해 주면 네가 어떤 사람인지 말해 줄게."라고 말했다. 이 말의 의미는 먹는 것에 따라 몸이 반응하고 행동한다는 것이다. 즉, 채식주의자와 육식주의자는 성격이 다를 뿐 아니라 행동도 다르다는 것이다.

우리가 먹고 살고 있는 음식들은 전 세계에서 가장 좋은 음식이다. 채식만을 고집하거나 육식만을 고집하는 음식이 아니기 때문이다. 사람은 어릴 적 먹었던 음식을 기억한다. 몸으로 기억하거나 뇌에 기억된 맛을 즐겨 찾게 된다고 한다.

내가 운영하는 음식점은 일본의 겐다처럼 오랜 역사가 만들어지는 곳이다. 그리고 전통을 말하는 곳이 될 것이다. 그 이유는 한국 음식을 다루기 때문이다. 나는 한식 예찬론자다. 일본의 음식도 좋고, 중국의 음식, 이탈리아의 스파게티나 피자도 좋은 음식이다. 하지만 한국 음식은 그런 나라의 음식과는 비교가 안 된다.

1만 평의 음식점에 들어서면 잘 가꾸어진 정원이 이 집을 찾은 사람들을 제일 먼저 반기게 될 것이다. 소나무, 향나무, 은행나무 등의 노송들이 역사를 지키듯 웅장한 모습으로 서 있다. 탱자나무로 만들어진 미로공원이 한눈에 들어온다. 길가에는 들꽃들이 그림처럼 펼쳐져 있다. 들꽃 길을 지나면 산에서 내려오는 물로 만들어진 연못 길로 이어진다.

1만 평이라고 말하지만 실제로는 9,999평이다. 1평이 모자라는 1만 평이다. 굳이 1만 평을 고집하는 이유는 마지막 1평을 채우기 위해서다. 그 1평은 의미가 크다. 완벽함을 추구하기보다는 1% 부족함도 괜찮을 것 같아서다.

어떤 화가도 자기 그림에 만족하는 화가는 없다. 그러나 많은 사람들은 그 작품에 탄복한다. 이처럼 나는 나의 음식점에 역사를 그려 넣을 것이다.

대자연 속에 갇힌 9,999평의 음식점에는 99칸의 기와집이 있다. 99칸의 기와집은 풍성함을 주는 음식점이다. 그리고 여유로움이 있는 집이다. 바쁘게만 살아온 이들에게 여유로움을 주고 싶은 집이다. 이 집을 방문한 모든 이들이 지켜야 할 규칙이 있다.

첫째, 절대로 뛰어다니지 말 것.
둘째, 시계를 들여다보지 말 것.

99칸의 모든 칸이 음식점은 아니다. 그중 12칸만 음식점이다.
12칸의 음식점은 평생 잊을 수 없는 추억이 만들어지는 곳이다. 모든 음식들은 한식이다. 고급스러움보다는 정성과 촌스러움이 그릇마다 가득가득 담겨 나온다. 하지만 주목할 것은 정말 맛있다는 것이다.

모든 음식은 혹독하게 배운 12명의 후계자들이 조리해 내온다.
말 그대로 슬로푸드다. 12명의 후계자들은 철저하게 훈련받은 전문가들이다. 그리고 맛을 지키는 사람들이다. 이들은 절대 함부로 맛을 창조하지 않는다. 오직 숨어 있는 맛을 찾아내는 맛의 조련사들이다. 그것이 역사이기 때문이다.

그런 맛들은 1만 평의 땅에서 모두 찾아낸다. 99칸의 음식점 뒤에서 찾아낸 맛들이다. 99칸의 집 뒤에는 1,000여 개의 항아리가 있는 장독대와 유기농 농장이 있다. 모든 음식 재료는 뒷산에서 흐르는 천연수를 먹고 자란다. 건강하게 자란 채소들은 닭장에서 나온 닭 계분을 거름으로 사용한 덕분이다.

사계절 내내 모든 재료가 이곳에서 자란다. 봄에는 봄나물의 향을 맛으로 담아낸다. 여름이면 여름대로 계절에 따라 맛을 담아낸다.

맛을 내는 자랑거리는 장독대다. 1,000여 개의 항아리에서는 각각의 맛들이 숨을 쉬고 있다. 100년 된 간장이 주인공이다. 그 옆에는 된장, 고추장 그리고 장아찌들이 최고의 맛을 내고 있다.

맛있는 음식으로 가득한 상차림은 우리 문화이자 역사였다. 나는 그 역사를 나의 음식점에 그릴 것이다. 부채가게 겐다는 1,300년의 역사를 자랑한다. 그리고 먹는 것의 중요함을 일깨워 준 브리야 사바랭이 있다. 그들은 나에게 1만 평의 땅에 역사를 쓰리라 다짐하게 한 동기가 되었다.

행복한 모습으로 식사를 하는 모습. 연신 "브라보!"를 외치며 감탄하는 모습. 맛을 다시 찾은 우리들의 모습이 99칸의 기와집에서 시작될 것이다.

한식조리경영학교
설립하기

음식 장사를 처음 시작했을 때가 생각난다. 시작을 어떻게 해야 하는지, 메뉴는 무엇이 좋을지 등 물어볼 사람이 없었다. 주변에 음식 장사를 하는 사람이 전혀 없었기 때문이다.

지금 생각해 보니 무척 용감했다. '하면 된다'라는 생각만 가지고 건물 지하의 125평짜리 가게를 덜컥 계약했으니. 지금도 그때를 생각하면 식은땀이 날 정도다.

나는 '안 되는 것은 없다'라고 생각하며 산다. '사람이 하는 일은 무엇이든지 해결된다'라는 생각이다. 단지 노력에 따라 결과가 다를 뿐이지 안 되는 것은 없다. 어떤 사람이든지 좋은 결과를 꿈꾼다. 나도 그렇게 꿈꾸며 살아왔다.

공사를 하기 위해서는 설계도가 있어야 하는데, 우리에겐 설계도가 없었다. 고작 대학노트에 손으로 그린, 도면 같지 않은 도면이 전부였다. 얼마나 무식한 시작이었던가? 지금도 웃음이 난다. 그때 만난 목수는 우리에게는 구세주였다. 노련한 목수도 나의 대학노트에 그린 도면을 보고 웃었던 기억이 난다.

"혹시 어디서 식당을 해 보셨나요?"

"이게 설계도입니까?"

얼마나 한심해 보였을까? 이후로는 모든 것을 노련한 목수와 상의하고 결정했다. 내가 만난 첫 번째 멘토는 그 노련한 목수였다.

공사 첫날, 몇 대의 트럭에 실려 오는 나무들을 보고 있노라니 눈물이 났다. 텅 비었던 지하 공간에 나의 음식점이 만들어진다니. 우리가 생각하지 못했던 일들도 노련한 목수는 척척 해결해 주었다. 정말 감사한 분을 만난 것이다. 먼지가 나는 공사장에서는 매일 잔치가 벌어졌다. 이분들이 잘 먹어야 더 좋은 집이 만들어진다는 믿음 때문에 우리는 매일 다른 메뉴로 극진히 대접했다.

저녁이 되면 그들은 퇴근했다. 그러면 우리는 놓고 간 공구를 이용해 밑작업들을 시작했다. 그렇게 매일 밤 12시가 되어서야 우리도 퇴근했다. 목수들은 우리가 공구를 만지는 것을 싫어했다. 하지만 우리는 영락없이 밤이면 또 같은 일을 반복했다. 몇 번을 그렇게 하다 보니 목수들은 아예 작업 지시를 해 놓고 퇴근할 정도였다. 나는 나의 손재주를 믿었다.

그렇게 공사기간을 줄이려 노력했지만 날씨가 도와주지 않았다.

장마철이 시작되어 습기가 스며들자 점점 작업이 느려졌다. 얼마나 답답한 일인가? 이럴 줄 알았으면 봄이나 가을에 시작할 걸 하는 후회도 들었다.

공사기간이 늘어지니 공사비도 많아졌다. 걱정이 태산이었다. 특별한 담보도 없이 시작한 공사였다. 돈이 나올 구멍이 없는 우리는 여기저기서 돈을 만들어야 했다. 이런 우리를 보고 하나님이 돕기 시작했다. A 은행 박 지점장님, 무작정 담보를 제공해 주신 동서 형님이 손길을 내민 것이다. 지금도 절대 잊을 수 없는 분들이다.

이렇게 나는 어렵게 개업했다. 다음은 손님만 오면 되었다. 주변에 떡을 돌리고, 개업 선물도 준비하고, 전단지도 만들어 광고를 했다. 개업 첫날, 점심때가 되어 그렇게 기다렸던 손님들이 삼삼오오 짝을 지어 오시던 모습이 지금도 잊히지 않는다.

경험이 없었던 우리는 장사 첫날, 엉망으로 영업했다. 주문된 음식이 제대로 나오지도 않았다. 설상가상 조리된 음식은 식거나, 다른 테이블로 서빙 되었다가 다시 돌아오기 일쑤였다. "짜다, 맵다, 싱겁다" 등의 불만의 소리로 온통 난리였다. 쥐구멍을 찾고 싶을 정도로 창피한 날이었다. 한식은 손님들이 더 잘 안다. 심지어 조리법까지 지적한다. 다른 집들과 비교도 해 준다.

장사는 그럭저럭 잘된 편이었다. 매일 아침 가락시장에 들러 식자재를 사는 것부터 시작해 하루가 바빴다. 경험도 없이 시작한 음식 장사인데 정말 감사한 일이다. 하지만 문제는 돈이 없다는 것이었다. 매일 아침 시장을 가야 하는데 돈이 없었다. 이익이 남지 않는 장사를 하고 있었던 것이다. 매월 고정으로 나가는 돈이 많았다. 임대료, 관리비, 인건비 등 지불해야 할 날은 왜 그렇게 빨리 돌아오는지 한 달이 짧게 느껴질 정도였다.

직원 중 반찬을 만드는 찬모는 나보다 넉넉하게 사시는 분이었다. 월급을 주고 난 다음 날 나는 다시 그분에게 돈을 빌리곤 했다. 앞으로 남고 뒤로 밑지는 장사를 한 것이다.

앞서 언급한 도움의 손길 덕분에 나는 한자리에서 27년간 멋지게 장사를 해 왔다. 그동안 많은 사람들을 만나고 헤어졌다. 우리 가게를 거쳐 간 직원들은 대부분 다른 가게에서도 좋은 대접을 받고 있다. 나와 함께했던 직원들은 대부분 관리자로 승진해서 가거나 연구원으로 가기도 했다. 창업한 사람들도 꽤 있다.

나는 그들에게 한결같이 경영을 가르쳐 왔다. 숫자를 가르쳤다고 해도 과언이 아닐 정도다. 쓸데없이 많은 양념을 사용해 원재료의 맛을 가려선 안 된다는 것도 가르쳤다. 수돗물을 낭비하는 것, 전기를 아끼는 것 등 절약하는 것도 중요시했다.

스위스에는 호텔학교가 있다. 지금은 없어졌지만 경주에도 호텔학교가 있었다. 두 학교 출신들의 자부심은 굉장하다. 실제 두 학교 출신의 조리사들은 막강하게 활동하고 있다. 성공한 셰프들도 많지만, 후학들을 가르치는 대학교수들도 많다.

미래의 나의 1만 평 규모의 음식점에는 99칸의 기와집이 있을 것이다. 그중 12칸은 식당, 12칸은 조리실, 12칸은 저장고, 나머지는 후계자들이 머물고 연구하는 공간이 될 것이다. 그 공간은 나의 꿈인 한식조리경영학교가 위치해 있을 것이다. 내가 그린 한식조리경영학교는 다음과 같다.

이 학교는 입학 자격이 까다롭기로 유명하다. 입학도 까다롭지만 졸업은 더 어려운 학교다. 3년제로써 정원이 12명이다. 이 학교의 커리큘럼은 일반 대학이나 앞서 말한 두 호텔학교와는 완전히 다르다.

이곳은 나처럼 용감하게 창업하고 힘들어하는 작은 가게, 소상공인들을 위해 코칭하는 것이 기본 직무다. 학생들은 앞으로 남고 뒤로 밑지고 있는 음식점을 살리는 코칭을 받게 된다. 조리는 기본이고 누구도 따라할 수 없는 맛을 찾아낸다. 이 학교 출신자들은 특별한 경영기법을 가지고 막강한 인센티브를 받는다.

전국의 음식점이나 소상공인들에게 이들의 인기는 최고다. 가는 곳마다 안 되는 음식점이 없다. 이들이 일하는 동안 사장님은 유럽여행을 다녀온 후 한식조리경영학교 CEO 과정을 거쳐 후원자로서 살게 될 것이다.

지속경영 코칭
전문가로서 코칭하기

몇 년 전까지 나는 대박집을 꿈꾸었다. 대박집 앞에는 항상 많은 사람들이 줄 서 있다. 대기표는 기본이다. 한동안 대박집은 네이버의 한 페이지를 장식하기도 한다. '정말 맛있다'라고 댓글을 달아주고, 약간의 불편함도 용서해 준다.

오래전 춘천에 있는 닭갈비 가게에 간 적이 있다. 춘천역에서 약간 떨어진 곳에 있었던 것으로 기억한다. 비탈길에 있는 작은 집이었다. 그런데 손님이 너무 많아서인지 새로 온 손님은 거들떠보지도 않았다. 그래도 괜찮았다. 자리만 있으면 '땡큐'였으니까. 손님은 주로 등산객들이었다. 신발장이 없는 집이라 검정 비닐봉투에 신발을 넣어 들고 들어간 기억이 있다.

나는 서서 주문을 했다. 한참을 기다린 후에 주문한 닭갈비가 나왔다. 당시 닭갈비에서 풍기던 냄새를 아직도 기억한다. 굉장히 맛있었다. 그런 기억을 더듬어서 얼마 전 다시 찾아갔다. 하지만 웬걸. 그 가게가 없어진 상태였다.

청계산 줄기 밑 안양 근처에 옛날 보리밥집이 있다. 집 안에 우물이 있었던 것으로 기억한다. 안양대로에서 산길을 따라 올라가다 보면 허름한 식당이 보인다. 걸어서 가기에는 좀 먼 외진 곳이다. 식당 앞에는 미처 들어가지 못한 손님들이 구름처럼 서 있다. 여기는 대기표 없이 줄 서서 기다린다. 재미있는 것은 식사 중인 테이블 앞에서 기다리게 한다는 것이다. 바로 옆에서 다음 손님이 기다리니 여유 있게 식사를 못했던 기억이 있는 집이다. 아직도 이 집은 성황리로, 무척 장사가 잘된다.

한동안 대박처럼 왔다가 사라진 음식들이 있다. 대박의 예감이 있었는지는 몰라도 너도나도 가맹점 계약을 서둘렀다. 그렇게 시작하는 체인점들은 돈이 많이 든다. 그뿐만 아니라 그렇게 많았던 브랜드들은 지금은 다 없어졌다. 당연히 가맹점들은 큰 충격을 받고 문을 닫아야 했다.

우리나라는 유난히도 유행이 짧다. 휴대전화 신제품은 하루가 다르게 개발된다. 신제품도 사는 즉시 구형이 될 정도다. 한때 소형 카메라를 들고 다니는 것이 유행이었던 적이 있었다. 디지털카메라는 화소의 싸움이었다고 해도 과언이 아니다. 신제품들은 소비를 부추겼고, 또 다른 유행을 만들어 가고 있다.

마찬가지로 음식의 유행도 빠르게 변한다. 트렌드라는 속성은 새로운 소비를 불러일으킨다. 소상공인들도 여기에 발맞춰 돈을 쓰게 된다. 다행히 새롭게 시작한 사업들이 잘되는 경우도 있다. 하지만 대부분 새로운 트렌드에 다시 힘겨워하는 현상이 반복된다.

꺼져 가는 불씨를 다시 피우려 다시 돈을 쓴다. 광고비, 마케팅비, 컨설팅비 등으로 돈을 쓰거나 메뉴가 점점 늘어나게 된다. 추가된 메뉴를 살리기 위해 또다시 돈을 쓴다.

다람쥐 쳇바퀴를 도는 이유가 있다. 첫째, 언젠가는 쳇바퀴를 빠져나갈 수 있다는 기대감이 있어서. 둘째, 움직이지 않으면 살아 있는 것 같지 않아서라고 한다. 음식점 경영에서도 마찬가지다. 돈을 쓰면 쳇바퀴의 굴레에서 벗어날 것 같은 기대감을 갖는 것이다. 여러 가지 모양으로 발버둥을 치는 것이다. 발버둥 후에는 대부분 다시 쳇바퀴를 굴린다. 나 역시 그랬다.

나는 대전의 한 빵집을 좋아한다. 튀김 소보루도 맛있지만 경영이념을 좋아한다. 이 가게는 "모든 이가 좋게 여기는 일을 하도록 하십시오(로마서 12:17)"라는 가톨릭 정신을 바탕으로 1956년 대전역 앞에서 시작했다. 이 빵집의 역사는 60여 년이 되었다. 지금 이 빵집은 대전을 대표하는 향토 기업이다.

그동안 우여곡절도 많았으리라 생각된다. 그래도 잘 버텨 준 이 빵집이 고맙다. 현재는 60여 년의 역사를 가지고 있을 뿐이다. 하지만 조만간 100년을 넘어 일본의 부채가게 겐도처럼 1,300년의 역사를 이어 가길 바라는 마음이 크다.

나는 이 빵집과 같은 작은 가게들, 소상공인들이 많아지길 바라는 사람이 되었다. 오늘 문을 열고, 얼마 되지 않아 문을 닫는 이들을 보면 마음이 아프다. 많은 브랜드 제조사들에 의해 가게 문이 열리고 닫혀 왔다. 지금도 부채질을 하는 전략가들이 많다. 화려한 인테리어와 화사한 음식을 트렌드라는 명목 하에 내세운다. 문제는 오래가지 않는다는 것이다. 결국 많은 부채를 안고 어쩔 수 없이 문만 열고 있거나 이내 문을 닫는다.

얼마 전 50년 이상 된 음식점들에 대한 연구를 한 바 있다. 그나마 이들이 있어서 참 다행이란 생각을 했다. 한편 도시를 디자인한다는 시정에 의해 자리를 옮기거나 없어진 집들이 있기도 했다.

나는 지속적인 경영을 추구하기 위해 많은 연구를 해 왔다. 27년의 경험을 바탕으로 그 해답을 찾았다. 이제 나는 지속적인 경영을 추구하기 위해 코칭을 시작하려 한다.

그 첫 번째로 책을 쓰기 위해 준비하고 있다. 책을 통해 사람들이 안고 있는 현실적인 문제를 풀어 줄 것이다. 사탕을 던져 주는 말들은 과감히 제거할 것이다. 오직 현실을 말할 것이다. 내 책을 읽는다면 누구에게 물어보지 않아도 해답을 찾을 수 있을 것이다. 그동안 출간되었던 책들하고 비교할 필요가 없다. 지극히 현실적인 내용들이 담겨 있기 때문이다.

두 번째로는 〈지경소〉라는 연구소를 운영하게 될 것이다. 지경소는 〈지속경영연구소〉의 약자다. 이 연구소는 말 그대로 연구소다. 오래 유지할 수 있는 경영 방법을 연구하는 게 연구소가 할 일이다. 연구원들의 대부분은 경영자들이거나 예비 창업자가 될 것이다.

누구든지 성공하려고 사업을 시작한다. 나는 창업할 때 내 주변에 아무도 없어 시행착오를 겪었다. 하지만 이제 걱정할 일이 없다. 〈지경소〉가 있기 때문이다. 이를 통해 현실적인 창업을 돕게 될 것이고, 독점적인 창업 방법을 훈련시킬 것이다. 기존의 경영자들은 자체적으로 문제를 풀 수 있는 프로그램을 관리하면 되는 방식으로 돕게 될 것이다.

세 번째로는 〈지경소TV〉를 운영할 것이다. 획기적인 방송이 될 것이다. 특별히 출석하지 않아도 된다. 그러나 방송으로 경영자들을 학습시키는, 획기적인 프로그램을 진행하는 국내 유일한 방송이다. 안 보면 안 될 정도로 내용이 풍부한 방송이다.

이제 소상공인들과 음식점은 돈을 버는 데 아등바등하지 않아도 된다. 너무 쉬운 경영 방식을 두고 대박집만 꿈꿔 온 것이 낭비처럼 느껴지게 될 것이다. 자연적으로 손님은 올 것이다. 누구도 흉내 낼 수 없는 매력이 있기 때문이다.

나는 지속적인 경영을 코칭하게 될 것이다. 나의 코칭에 의해 많은 음식점들이 좋아질 것이다. 적자를 거듭했던 음식점들이 돈을 벌기 시작한다. 그로 인해 음식의 질도 좋아진다. 나에게 코칭받은 경영자들은 불경기를 두려워하지 않는다. 상권을 창조해 나가는 경영자들이 될 만큼의 마인드로 무장하고 있기 때문이다. 강한 트렌드의 바람은 이제 문제가 되지 않는다. 시장을 독점하는 경영을 하고 있기 때문이다.

나의 메신저 활동은 시장을 움직이기 시작한다. 그리고 나는 항상 그들의 멘토로서 존경받으며 살아간다. 나의 명함에는 새로운 직책을 쓰여있다. 바로 〈지경소〉 소장이다.

PART 4

스스로 만든
장벽을 허물고
제2의 삶 시작하기

- 양근영

양근영 간호사, 조산사, 마음공부 상담가, 생활 명상가, 자기계발 작가, 동기부여가

4년 차 분만실 간호사로 재직 중이다. 2008년 《시크릿》을 읽은 이후로 의식 성장을 이루어 끌어당김의 법칙에 대해 연구하고 있다. 꿈과 현실을 접목시키는 생활 명상법과 마음공부로 현대인의 길 잃은 마음을 교정하는 희망 메신저의 길을 가고 있다. 현재 '기적을 현실로 만드는 생각의 힘'을 주제로 개인저서 집필 중이다.

젊은 층이 선호하는
성공학 강사 되기

예전부터 나의 꿈은 유명한 성공학 강사가 되는 것이었다. 그래서 나는 온갖 성공학 책들을 섭렵했다. 활자 중독이기도 했다. 성공에 대한 욕망도 꽤 있는 편이었다. 그러나 그 욕망에 비해 나는 작심삼일을 밥 먹듯 하는 사람이었다. 흔히 말하는 실패자. 그런데 웃기는 것은 작심삼일치고는 의외로 노력파였다는 것이다.

나는 부모님께서 막대한 과외비를 투자했음에도 결국 지방대학 관광학과에 입학했다. 일본 유학을 하면서도 남들이 나의 반을 투자해 성공한 것을 겨우 턱걸이로 해냈다. 대학 졸업 후에는, 편입을 한다고 또 돈과 시간을 들이며 공부했다. 하지만 이번에는 체력이 문제가 되어서 골골대다가 흐지부지 끝났다.

그럼에도 불구하고 나는 여전히 성공학으로 크게 되고 싶었다.

책을 쓰고 강연도 다니고 싶었다. 하지만 내가 본 성공학 강사들은 모두 뭔가를 이룬 사람들이었다. 그들은 엄청난 극기를 통해 성공을 이루어 낸 사람들이었다. 그런 만큼 나는 '이제 불가능해'라며 어느 순간 포기했다. 그리고 현실에 안주하기 시작했다. 사실 남들이 "성공도 못하면서 무슨 성공학 강사가 된다고."라고 하는 말이 듣기 싫어 더 그랬다. 난 겁쟁이기도 했다.

그래서였을까. 그때부터 나는 성공학 책들을 서서히 멀리하기 시작했다. 작심삼일 의지박약치고는 그래도 제법 성실한 편에 속했던 나는 어느새 쾌락주의에 물들기 시작했다. 성공학 책을 보며 성공해야지 하는 마음을 먹곤 했었는데, 현실에서 도피해 판타지 소설에 빠지기 시작한 것이다. 정말 밤을 새워 판타지 소설을 읽었다. 소설에 몰입하다 보면 나는 어느새 그 주인공이 되어 세상을 호령하는 것 같았다. 뭐든 이룰 수 있을 것 같다는 착각에 빠졌다. 그러면서 현실을 점점 더 외면했다. 겨우 들어간 간호학과의 성적도 바닥권을 맴돌기 시작했다. 그렇다고 내가 집중과 노력을 안 한 것도 아니었다.

늦은 나이에 들어간 간호학과 공부는 매우 어려웠다. 보고 배운 것이 그래도 간호학이라 적응할 줄 알았는데, 나에게 맞는 옷은 아니었다. 젊은 아이들을 따라가기 힘들었다. 따라가기 힘드니 더더욱 공부하기가 싫어졌다. 그러다 다시 소설에 빠져들었다. 소설이 너무 재미있다 보니 또 밤을 새우고, 수업시간에는 자는 상황이 반복되었다. 당연히 성적이 좋을 수가 없었다.

어찌어찌 국가고시에 합격해 병원에 취직했지만 나에게 맞지 않는 옷을 입은 것처럼 답답했다. 그래도 간호학과에 입학했던 20대 후반만 해도 성공의 욕망이 있었다. 때문에 '그럼 이번에는 간호사로서 멋지게 성공해 보자. 외국 간호사로도 나가 보고!'라는 호기도 부려 봤다. 하지만 결국에는 다시 쾌락에 젖어 들었다. 남는 시간에는 소설을 보며 의미 없이 웃곤 했다.

3교대의 힘든 간호사 생활은 나의 체력을 갉아먹었다. 나는 점점 무기력해졌다. 그래서 아주 가끔 성공학 책을 읽었다. 《시크릿》과 같은 책을 읽으며 마음을 다잡기도 했다. 하지만 완전하게 잡지는 못했다. 그저 겉돌 뿐이었다. 쾌락주의가 점점 가속화되었다. 그러다 이제는 돈을 박박 긁어 주식에 투자했다. 그런데 아뿔싸! 폭삭 망해 본전도 못 찾았다. 이젠 진짜 기댈 곳이 없었다.

겉으로는 항상 긍정, 확신, 미래, 자기사랑, 성공을 말했지만 결국 나는 실패자였다. 당시 내가 가장 두려운 것은 나에 대한 부모님의 신뢰였다. 내가 간호사가 되어 밥벌이를 한다는 것을 매우 자랑스러워하시는 부모님이었다. 나는 이런 추락 때문에 부모님의 신뢰를 잃어버릴까 봐 너무 두려웠다.

나는 정말 죽지 않을 만큼만 버는, 그럴싸한 직업을 가진 개살

구였다. 어디에도 말할 수 없는 패배자였다. 그럼에도 불구하고 억지 긍정과 억지 확언, 억지 심상화를 했다. 그렇게 근근이 책, 유튜브를 보면서 언젠가 나에게도 빛이 오리라 되뇌었다.

나는 시사 프로그램이나 제3세계에 사는 나보다 어려운 사람들을 보면서 치사한 자기위안을 했다. '그래도 내가 저 사람들보다는 나아. 훨씬 괜찮아'라고. 그러나 실상 괜찮지 않았다. 나의 삶은 우울함으로 점철되었다.

그러다 우연하게 내가 진심으로 원했던 성공학 강사가 될 수 있는 길이 나에게 열렸음을 알게 되었다. 나는 내가 그 길을 끌어당긴 것이라 생각했다. 소소하게 생각해 보니 정말 그랬다. 옛날부터 나는 뭔가 크게 이루려고 한 것은 이루지 못했다. 반면에 작은 것은 꽤 잘되는 편이었다.

예를 들어, TV나 세탁기가 당첨되기를 원했는데 플레이스테이션에 당첨되었다든가. 로또 1등을 원했지만 번번이 4~5등만 되었다든가. 주차만 해도 황금 명당보단 어정쩡한 위치가 주어진다든가. 또한 간호학과에 들어가기 전에는 정말 바쁘게 움직이는 간호사의 모습을 심상화했다. 반면 인기가 있으면서 통역하는 간호사를 원하면, 다른 의미로 바쁜 간호사가 되는 식이었다.

나는 성공학과 끌어당김의 법칙이 내 곁에 있었지만 알아채지 못했다. 지금에서야 내가 주문을 조금 더 확실하게 걸었으면 좋지 않았을까 생각한다. 시선을 살짝 바꾸니 그것들이 보였다. 사실 성공해서 책을 쓰고 강연하는 사람도 있다. 하지만 반대로 책을 써서 강연하며 유명해진 경우도 제법 되었다. 대표적으로 국내에선 《꿈꾸는 다락방》의 이지성 작가가 있다. 외국에서는 잭 캔필드가 있다.

이지성 작가는 《여자라면 힐러리처럼》으로 베스트셀러 돌풍을 일으키기 전까지는 수십억 원의 빚을 진 초등학교 교사였다. 그는 책을 써서 지금과 같은 성을 쌓은 것이다. 또한 잭 캔필드는 《영혼을 위한 닭고기 수프》로 유명해지기 전까진 몇 번의 이혼을 겪은 평범한 미국인이었다. 정말 우리 시대 어디에나 있는 인간 군상 중 하나였던 것이다.

나는 여기에서 다시 희망을 얻었다. '연애, 결혼, 출산 이 세 가지를 포기한 세대라고 일컫는 3포 세대와 꿈도 희망도 없는 청소년과 20~30대의 청년층을 보듬어 주는 성공학 강사가 되자!'라고 말이다.

나 역시 3포 세대다. 여느 사람 못지않게 많은 경험을 한 나는 나와 비슷한 사람들이 다시 일어서고 포기하지 않도록 토닥여 주자고 결심했다. 기성세대가 흔히 언급하는 "노력도 안 하고"가 아닌 "노력하지만 힘들다.", "보이지 않는 사회의 벽을 넘기 힘들다.", "흙수저는 금수저가 못 된다." 등의 말을 내가 반전시키고 싶다. 이 같은 나의 미래의 길을 안내해 준 곳이 바로 〈한책협〉이었다. 그곳에서는 나 같은 사람도 책을 써서 이지성 작가나 잭 캔필드처럼 성공할 수 있다고 말했다.

〈한책협〉의 김태광 대표 코치님은 성공 신화다. 대표 코치님의 지도로 많은 사람들이 작가가 되어 새로운 삶을 살아가고 있다. 나도 그들처럼 빠르게 현재의 상황에서 벗어나 진짜 삶을 살 수 있다는 확신을 갖는다. 그들 대부분이 강력한 현실을 만들기 위해 심상화를 했다. 그리고 책 쓰기라는 행동을 실천해 여러 신화를 남기고 강연을 다니고 있다. 달라진 그들의 삶을 눈앞에서 보니 나 또한 할 수 있겠다는 용기를 가지게 되었다.

'성공학'이란 그리 멀리 있는 것이 아니었다. 내가 가진 지식을 알리고, 공유해 너도 나도 성공할 수 있는 방법이 성공학이었다. 나는 그것을 여태 모르고 있었던 것이다.

나는 결심하고 생생하게 상상한다. 이곳저곳에서 불러 주는 젊은 층을 가장 잘 이해해 주는 멘토라고. 그렇게 신문과 방송에서 이야기하는 나를 상상한다.

벤츠와 페라리,
펜트하우스 소유하기

'벤츠, 페라리, 펜트하우스.'

이 단어들을 보면 무엇이 떠오르는가? 나는 부유함이 먼저 떠오른다. 부자들, 이른바 잘사는 사람들이 향유하는 그것. 이것들은 나에게 늘 동경으로 다가왔다. 소설이나 드라마에서나 흔할 뿐. 내가 가지지 못한 이것들을 소유하고 누리는 사람들을 보면, 저들은 타고난 금수저이거나 나와는 다른 엘리트라고 생각했다.

사실 그것은 어느 정도는 맞는 말이기도 하다. 벤츠는 가격만 수천만 원이고, 페라리는 아예 수억 원으로 올라간다. 펜트하우스는 수십억 원이다. 평범한 직장인들이 일상적인 직장생활을 영위하면서는 절대 소유할 수 없는 가격대다. 로또에라도 당첨되지 않는 이상!

그래서였을까? 나는 일확천금을 꿈꾸며 로또를 많이 샀다. 사실 평범한 서민 직장인들이 돈을 많이 벌 수 있는 것으로는 주식, 가상 화폐, 로또가 대표적이다. 주식은 망했고, 가상 화폐는 시류를 놓쳤다. 결국 남은 것은 로또였다. 평범한 3교대 간호사인 내가 벤츠와 페라리, 펜트하우스를 살 수 있을 리가 만무했다. 부자인 배우자를 얻거나 어디선가 거액의 유산이 굴러 들어오지 않는 이상 말이다.

여기서 내가 시선을 돌린 부분은 바로 1인 창업이었다. 나는 절대 사업을 하지 않겠다고 한 사람이었다. 스스로 판단해도 장사를 할 유연성이 전혀 없었기 때문이다. 그래서 남들과 같이 편하게 남이 주는 돈, 월급을 받는 것이 최고라고 생각했었다. 그런 내가 1인 창업을 꿈꾸게 된 것이다. 내가 생각하는, 장사의 유연성이 필요 없는 분야였기 때문이다.

나는 책을 출간하고, 그것을 바탕으로 저서 강연을 하고, 필요한 컨설팅을 진행하는 1인 창업을 꿈꾼다. 수많은 파이프라인을 만들어 풍요를 끌어올리고 내 것으로 만들 것이다. 그래서 내가 꿈꾸었던 풍요의 상징, 벤츠와 페라리, 펜트하우스를 사는 것이다. 생각만 해도 너무 즐겁다.

나는 항상 욕심이 많았다. 외동의 이기심을 다 가졌다. 그래서 내가 소유하고자 하는 것은 어떻게 해서든지 소유했다. 하고자 했던 것은 공부와 다이어트를 제외하고는 거의 해냈던 것 같다. 내가 가지고 싶은 것을 가질 수 있는 활로가 열리자 환희가 몰려왔다. '아! 나도 부자의 상징을 가질 수도 있겠구나! 머지않은 미래에 이룰 수 있겠구나!' 하고 말이다.

그것들을 가질 수 있다고 생각하니 '어떻게 이용할까?' 하는 기쁜 상상이 자꾸 들었다. 먼저 벤츠는 데일리 카로 타고 다니고 싶다. 지금의 차량은 2012년형 스파크다. 경차로서는 매우 안정적인 차량이다. 하지만 경차의 한계를 극복하지 못한다. 지금의 내 상황에 딱 맞는 출퇴근용 차인 것이다. 그러나 안정적이고 크고 편한 벤츠를 탈 수 있다고 생각하니 이곳저곳을 더 다니고 싶어졌다.

나와 나의 부모님께서는 여행을 좋아하는 편이다. 당일이든 장기간이든 어딘가를 드라이브하는 것을 좋아한다. 그러나 지금의 경차로는 편하게 여행할 수 없었다. 내가 벤츠를 소유하고 운전하면 연세가 든 부모님께서는 보다 편하게 국내여행을 즐길 수 있겠다는 생각이 들었다. 그래서 나는 지금 벤츠 사진을 들여다보며 어떻게 꾸밀지 어디를 갈지를 시각화한다. 벤츠 내부의 사진을 들여다보고, 외부 사진도 보면서 말이다.

페라리. 나는 페라리하면 빨간 스포츠카가 떠오른다. 빨간 페라리는 멋진 스포츠카의 상징이기도 하다. 차를 하나도 모르는 사람도 떠올리는 가장 대중적인 슈퍼카이기도 하다. 심지어 나는 F1에서 페라리 팬이다. 그러니 오죽 가지고 싶을까! 할리우드 영화를 보면 여주인공이 페라리를 오픈한 채로 바닷가를 달리는 장면이 종종 나온다. 거기에 대입하니 아주 기분이 좋아졌다.

그리고 나는 어떠한 의미에서 꽤 베스트 드라이버로 불리는 속도광이기도 하다. 국내의 상황에 비추어 보면 도로를 시원하게 달리진 못할 수 있다. 하지만 한가한 지방의 고속도로는 어느 정도 멋지게 달릴 수 있지 않을까 하는 생각도 든다. 하다못해 국내 서킷이라도 달릴 수 있지 않을까.

또한 페라리를 타고 내리면서 주변 사람들의 선망의 시선도 받고 싶다. 내가 그 차를 보면서 느낀 선망을 받고 싶다. 그렇다. 난 과시욕이 있는 허세쟁이다. 시기나 선망은 내가 성공했음을 알려주는 또 다른 지표이기도 하다. 그걸 확실하게 보여 주는 수단으로서도 페라리를 가지고 싶다. 그 아름다운 자태가 눈앞에 선명하게 떠오른다.

펜트하우스는 넓고 멋진 전망을 가진 집이다. 아버지와 나는 책을 매우 좋아하는 편이다. 아버지는 배움을 낙으로 아시는 선비와 같은 분인지라 늘 책을 가까이하신다. 그 영향을 받은 나도 책을 끼고 산다. 그러다 보니 어떠한 종류의 책이든 방에 가득 꽂혀 있다. 문제는 집이 매우 좁다 보니 책이 들어갈 공간이 없다는 것이다. 바닥에도 책상에도 힘겹게 겹쳐져 있다는 것이다. 그렇기 때문에 나는 항상 넓은 집을 꿈꿨다.

나만의 커다란 서재를 꾸밀 수 있는 넓은 집. 책이 수천 권은 들어갈 수 있어야 만족할 것 같다. 그러면서 내가 좋아하는 가구나 가전제품으로 집을 꾸민다고 생각하니 어찌 좋지 않을까. 그게 아니라도 인간은 누구나 넓고 쾌적한 집을 꿈꾼다. 나만의 공간을 가지고, 나만의 서재를 가지고, 부모님과 쾌적하게 살 수 있는 넓은 집. 그 정점에 있는 것이 펜트하우스다.

넓은 집에서 편찮으신 어머니가 좀 더 편하게 지내실 수 있게 해 드리고 싶다. 도와드릴 가정부도 모셔오고 싶다. 자신만의 공간에서 배움을 즐기시는 아버지에게도 넓은 서재를 선물해 드리고 싶다.

그래서 나는 입주하고 싶은 펜트하우스의 도면과 외부 사진, 인테리어가 된 내부 사진을 구해서 수시로 시각화하고 있다. 내가 그 집에 입주한다면 이렇게 꾸밀 것이고, 동선은 저렇게 될 것이고, 부모님과 내 방은 어디로 배치할 것인지 등을 말이다. 입주하는 날이 되면 매우 행복할 것 같다. 기뻐하는 부모님의 모습을 상상하니 무척 기쁘다. 분명 나는 그 집에서 여유로운 생활을 하며 가족과 즐거움을 나눌 것이라 확신한다.

내가 이 세 가지를 모두 가진다면 분명 그 시점의 나는 최고의 인생을 살고 있을 것이라 굳게 믿는다. 지금은 솔직히 말하면 꿈만 가지고 있다. 나를 모르는 사람이 본다면, 아니 지인이 볼지라도 치기 어린 공수표라고 생각할지도 모른다.

그러나 미래를 확신하고 행한다면 그 미래는 어느새 현실에서 나타나리라 굳게 믿고 있다. 사람은 상상의 동물이라고 한다. 그리고 확신하며 반드시 이루는 상상을 미래라고 한다. 나는 내가 쥐고자 하는 미래를 강하게 그리고 있다.

나는 벤츠와 페라리를 사고 부모님으로부터 이런 말씀을 듣고 싶다. "네 덕에 이런 차도 타 보는구나!" 그리고 펜트하우스에서 살면서 행복해하시는 부모님의 이런 말씀도 듣고 싶다. "네 덕에 이런 집에서 살아 보기도 하는구나!"

이런 말은 어느 누가 들어도 뿌듯하지 않겠는가? 벌써 생생하게 들리는 듯하다.

부모님과 크루즈로
세계 일주하기

나와 부모님은 모두 여행을 좋아한다. 어릴 때, 우리 가족은 국내여행을 수시로 다녔다. 특히 아버지께서는 학자와 같으신 분으로 여행을 다닐 때도 테마를 기획해서 다니셨다. 여행지를 갈 때는 유적지를 우선으로 갔다. 뭔가 얻을 배움이 있다고 생각하신 것이다. 나는 역사를 매우 좋아했다. 나의 어머니는 경치 보는 것을 좋아하셨다. 때문에 아버지가 기획하시는 여행은 우리 둘을 만족시킬 수 있었다.

그렇게 여행을 좋아하던 우리 가족이 내가 대학을 간 이후로 거의 가족여행을 간 적이 없었다. 어머니가 편찮아지시기도 했고, 아버지의 은퇴와 맞물려 집안은 한층 더 우울해졌다. 때문에 여행은 엄두를 내지 못했다.

나는 취직을 했지만 3교대로 근무했다. 내 어머니 또한 간호사이시며 3교대로 근무하신다. 때문에 시간이 맞지 않았다. 특히 간호사라는 내 직업의 특성상 길게 휴가를 쓸 수 없었다. 나의 부모님은 내 취직을 즐거워하셨다. 하지만 내가 당신들과 함께 여행을 가지 못하는 것을 매우 아쉬워하셨다.

우리 가족은 여행 프로그램을 즐겨 봤다. 특히 경관이 좋은 곳이 나올 때마다 어머니는 "이곳을 가 보자, 저곳을 가 보자"라고 노래를 하셨다. 그러나 현재 돈도 시간도 없는 나는 그저 입으로만 "꼭 가요!"라고 말할 뿐이었다. 이러한 상황이 슬펐다.

어머니가 가고 싶어 하시는 스위스, 프랑스, 노르웨이. 그리고 아버지가 가고 싶어 하시는 독립운동의 흔적이 있는 곳. 중국 상하이나 하얼빈 또는 시베리아. 나는 이곳들을 꼭 가족과 함께 가고 싶다.

부모님께서는 종종 호화 여행도 말씀하셨다. 사실 호화 여행하면 떠오르는 것이 크루즈 여행, 호텔 여행 그리고 클럽메드다.

나는 관광학도 시절 클럽메드에 취직하고 싶었다. 아름다운 휴양지에서 일한다니. 그곳은 관광학도들의 로망이었다. 그것이 아니라도 관광객으로서 클럽메드는 매우 매력적인 곳이다. 호화 리조트에서 마음대로 즐기거나 쉴 수 있고, 고급 뷔페와 술도 마음껏 먹을 수 있다. 당연히 그만큼 리조트 이용가격도 비싸다.

클럽메드는 우리 가족의 니즈를 모두 충족시킬 수 있는 곳이다.

그곳은 편하게 휴양을 즐기길 원하는 나와 어머니, 그리고 스포츠를 즐기고 싶어 하는 아버지 같은 사람들이 많이 방문한다.

또한 크루즈 여행은 부모님이 한 번쯤 꿈꿔 오시던 것이다. 나도 마찬가지다. 이곳저곳의 항구에 내려서 잠깐씩 관광도 즐기니 최고다. 특히 다리가 불편하셔서 오랜 기간 좁은 비행기에 있기 힘든 어머니에게 최적화된 여행이다. 탐험하시길 좋아하시는 호기심 많은 아버지께도 최적이다.

보통 사람들은 크루즈 여행을 가려면 몇천만 원씩 든다고 생각한다. 나도 마찬가지였다. 그러나 나는 유튜브 채널 〈권마담TV〉를 통해서 저렴한 가격으로도 얼마든지 갈 수 있다는 것을 알게 되었다. 물론 내 근무 스케줄을 보면 무리이긴 하다. 이 역시 내가 1인 창업을 하고 난 다음에나 가능하다. 때문에 인크루즈 멤버십에 가입만 했다. 너무 좋은 프로그램인지라 내 지인들에게도 소개했다.

이따금씩 부모님께서는, 특히 어머니께서는 정말 마음잡고 세계여행을 장기간 가고 싶다고 하셨다. 어머니께서는 아름다운 건물이 많은 유럽을 좋아하신다. 그곳은 사연이 있는 유적지를 좋아하는 아버지께도 최적의 장소일 것이다. 나 또한 한때는 유럽 건축사를 따로 공부할 정도로 유럽의 관광지에 관심이 많았다. 그랬던지라 나에게 시간과 돈이 있다면 꼭 가고 싶은 곳이기도 하다.

경치가 아름다운 스위스, 노르웨이, 핀란드, 스웨덴. 유명한 건물과 볼거리로 가득한 도시가 즐비한 영국, 프랑스, 체코, 이탈리아. 따듯함과 도시를 한껏 맛볼 수 있는 포르투갈, 스페인. 나와 내 부모님은 이런 유럽을 상당히 동경한다. 때문에 꼭 가고 싶다.

연세가 있으신 아버지와 다리가 불편하신 어머니를 모시고 편안한 여행을 다녀오고 싶다. 이제 두 분 다 연세도 있고 몸도 서서히 불편해지시는 때가 다가오고 있다. 우리 가족의 여행 기록은 15년 전에 머물러 있다. 이제 두 분과의 추억을 쌓을 시기도 얼마 남지 않았다. 우리 가족 모두 건강할 때 추억을 쌓는 여행을 다녀와야 할 듯싶다.

'시간이 없어서, 돈이 없어서.' 이러한 이유는 지금까지의 나에게만 해당하는 것이라 생각한다. 이제부터 나는 작가로서 1인 창업해 여러 파이프라인을 구축할 것이다. 그렇게 수익을 창출할 것이기 때문에 앞선 걱정은 더 이상 하지 않을 것이다.

현재의 비관적인 상황에 머물러 "안 돼", "못 해", "무리야"라는 말은 하지 않을 것이다. 방법을 알았으니 당장 시행해서 적극적으로 성공을 이끌어 낼 것이다. 여행 또한 마찬가지다. 나는 부모님께 항상 "돈이 생기면 가요.", "시간이 되면 가요."라고 했다. 하지만 이제 나는 곧 반전될 것을 안다. 때문에 얼마 지나지 않아 부모님께 자신 있게 이야기할 것이다. "언제 갈까요?", "어디로 갈까요?", "얼마나 갈까요?"라고. 그러면 아마 부모님께서는 즐겁게 웃으시며 여행 계획을 이야기하지 않으실까?

영어권 문화를 익히고
능숙하게 영어하기

나에게 영어는 항상 큰 걸림돌이었다. 사실 영어만 그럴까? 모든 외국어가 그랬다. 하지만 영어가 공용어인 글로벌 시대에 영어는 더욱 그러했다.

먼저 영어는 유치원 때 윤선생 테이프 듣기로 시작했다. 그리고 초등학교 6학년 때 알파벳을 공부했다. 중학교 때는 문법에서 헤매다가 고등학교 때는 과외까지 했다. 그렇지만 나는 겨우 영어를 읽고, 말은 한마디조차 못한다. 듣는 것 또한 몇 마디 못 알아듣는다. 하다못해 어려운 단어가 나오면 "아이고야!" 하고 머리를 짚으며 깊은 신음을 내뱉었다.

영화를 보거나 미국 드라마, 영국 드라마를 보면 자막 보기에 바빠 인물들의 표정을 읽는 것은 어불성설이었다. 그런 주제에 영미권 여행은 어찌나 가고 싶던지. 그래서 나의 목표 중 하나는 '영미권의 나라에 유학해 영어를 능숙하게 배워 오자'다.

패기가 가득하던 20대에는 '미국에 가서 미국 간호사를 하자!', '캐나다 간호사가 되자!'였다. 하지만 지금은 영어 시험도 못 치는데 무슨 소리인가 하며 고개부터 흔든다. 흔히 내가 대는 핑계는 '시간이 없다, 피곤하다, 어떻게 영어를 공부해야 할지 감이 안 잡힌다'는 것이다.

영어를 보면 단어부터 외워야 할 것 같고, 문법을 알아야 할 것 같았다. 사실 그 방법 외에는 언어를 공부하는 방법을 알지 못한다. 그래도 영어를 공부해야겠다는 생각이 강하게 들지만 막상 시도할 엄두를 못 낸다.

이제는 무엇을 하려 해도 영어를 잘 모르면 시대에 뒤처진다는 소리를 듣는다. 내가 일하는 분만실에는 의외로 외국인 산모들이 많이 온다. 이들 중 반수는 영어만 알아도 어느 정도 해결이 되는 나라의 사람들이다. 그럴 때마다 영어를 능숙하게 사용하며 산모를 케어하는 병원 선생님들을 본다. 그럴 때면 눈을 반짝거리며 동경심을 갖게 되는 것은 어쩔 수 없다. 한편으로는 그런 것을 보며 난 대체 언제 영어를 잘하나 자괴감이 들기도 한다.

내 꿈 중의 하나가 영어로 소설과 자기계발서를 써서 영미권 국가에서 출판하는 것이다. 그러려면 영어를 능숙하게 읽고 쓰고 말할 수 있어야 할 것이다. 영미권 국가의 문화에도 익숙해야 할 것이다. 그래서 재정적, 시간적 여유가 되면 영미권의 나라들에 가서 문화도 제대로 익히고 영어도 능숙하게 배우는 것이 나의 목표다.

능숙한 영어로 여행도 가고 외국의 정보도 많이 익히고 싶다. 그렇지만 큰 목표 중 하나는 앞서 말했듯 영어로 소설과 자기계발서를 써서 출판하는 것이다. 사실 우리나라에서 출판해서 저작권을 수출하는 방법도 있다. 그러나 세계적인 돌풍을 일으키는 책들을 보면 영미권의 나라에서 출판했기 때문에 가능했던 부분도 간과할 수 없다. 아직까진 똑같은 내용이더라도 미국과 같은 나라에서 출판하는 것과 국내에서 첫 출판하는 것은 천지차이다.

만약 조앤 롤링의 《해리 포터》 시리즈가 우리나라에서 첫 출판되었다면 그저 그런 판타지 소설이 되었을지도 모른다. 그렇게 우리나라에서 끝났을지도 모른다. 그 소설이 큰 인기를 끈 것은 내용도 내용이지만 영어권 국가에서 출판된 것과 영어권 문화가 녹아 있는 것이 비결이었을 것이다.

또한 잭 캔필드의 《영혼을 위한 닭고기 수프》도 영어권 국가인 미국이 아닌 우리나라에서 출판되었다면 《꿈꾸는 다락방》 그 이상으로 성공하기 힘들었을 것이다. 지금과 같은 거대한 자기계발 프로그램으로 자리 잡기도 힘들었을 것이다.

번역을 거치는 것이 아닌, 내가 능숙하게 체화해서 제대로 된 글로 영미권 국가에서 책을 내고 싶다. 그래서 우리나라뿐만 아니라 세계적으로 이름을 날리고 싶다. 그러려면 내가 영어를 제대로 해야 하고 이야기를 영어로 제대로 풀어낼 수 있어야 한다.

나는 여행을 좋아한다. 대부분의 국가에서는 영어만 할 줄 알면 여행하는 데 아무 문제가 없다. 크게 당황할 일도 없다. 어떠한 상황이 발생해도 유연하게 대처할 수 있다. 예전에 가고 싶었던 여행 프로그램이 있었다. '컨티키 투어'라는 것이었다.

컨티키 투어는 만 20~35세까지의 성인들만 이용할 수 있는, 영어로 진행하는 패키지여행이다. 이 투어의 가장 큰 특징은 가이드가 영어로 통솔한다는 것이다. 각 나라별로 2~3명씩 모아서 대략 50명 미만의 사람을 이끌고 여행하는 것이다. 그런 만큼 영어를 안다면 큰 즐거움을 가지고 여행을 즐길 수 있게 되는 것이다. 나는 컨티키 투어를 하고 싶었다. 하지만 영어를 못했기 때문에 눈으로만 구경하고 갈 생각조차 하지 못했다. 물론 영어를 한마디도 못함에도 즐겁게 다녀왔다는 후기도 있었다. 하지만 난 흔히 말하는 아웃사이더였다. 때문에 도전조차 하지 못했다. 만약 내가 영어를 더 잘했다면 한 번쯤은 그 여행에 도전하지 않았을까 싶다.

국내에서만 꿍하면서 살 것이 아니라면 영어는 정말 세계 공용어가 된 것 같다. 내 친구들도 영어를 잘하지만 나는 여전히 제자리에 머물고 있다. 이런 나 자신이 매우 한심하지만 이제는 바뀌고 싶다. 나는 영어를 잘할 것이다. 이제는 조금 더 다른 방법으로 영어에 접근할 것이다.

공부만이 목적이 아닌, 내가 정말 즐겁게 정보를 얻기 위해 영어를 배우고 싶다. 영어를 더 이상 공부가 아닌 놀이로 인식하며 사용하고 싶다. 그래서 지금과는 달리 재미있게 영어를 사용하고 싶다. 영어로 글을 써서 여행도 가고 싶다. 영어로 된 나만의 책도 영미권 국가에서 출판해서 보다 유명한 사람으로 거듭나고 싶다.

나에게 영어는 거대한 장벽이었다. 하지만 지금은 베를린 장벽도 무너진 세상이고, 우주에서나 보인다던 만리장성도 수시로 뚫렸다. 이런 상황에 고작 언어의 장벽조차 못 넘는다는 것은 말이 되질 않는다. 나는 스스로 세운 유리벽 안에 갇혀 있었던 것이다. 나스스로 설정한 영어라는 장벽을 서서히 거둬 내고 영어라는 즐거운 장난감을 가지고 놀 것이다. 그것으로 재미있는 성을 쌓아서 다른 이들과 즐겁게 즐기고 싶다.

해외에
저작권 수출하기

　나의 꿈은 작가다. 그것도 자기계발 전문 작가이고 싶다. 그리고 또 하나, 소설가가 되고 싶다.《영혼을 위한 닭고기 수프》의 잭 캔필드,《시크릿》의 론다 번,《해리 포터》시리즈의 조앤 롤링은 나의 롤모델이다. 이들은 자신만의 성공의 탑을 높이 쌓아서 그것을 전 세계에 널리 알린 사람들이다. 전 세계에 저작권을 수출하고, 그들만의 프로그램으로 세상을 바꾸고 이끌었다.

　먼저 나는 끌어당김의 법칙으로 자기계발서를 써서 나만의 프로그램을 만들고 싶다. 책을 쓰고 그 내용을 바탕으로 강연과 컨설팅을 진행하는 것이다. 나만의 프로그램을 만들어 크게 성공하고 싶다. 그러나 그 성공이 우리나라에만 국한되게 하고 싶지는 않다. 앞에서 언급한 잭 캔필드와 론다 번처럼 나만의 독창적인 성공개발 프로그램을 같이 수출하고 싶은 것이다. 한국에 있는 나에게 강연과 프로그램 캠프를 들으러 오거나 각 나라에 있는 지부에 프로그램 신청도 하고 말이다. 대부분의 나라에서 내가 만든 자기계발 프로그램의 비전을 보고 따라 했으면 하는 바람이 크다.

사실 잭 캔필드와 론다 번의 시작은 매우 미미했다. 어디에나 있는 평범한 사람들, 빚이 가득한 사람들이었다. 나 또한 실패자의 삶을 살았고, 어디에서나 볼 수 있는 평범한 간호사다. 그렇기 때문에 나 또한 그들처럼 수출이 가능한 프로그램을 만들 수 있다는 자신감이 솟는다.

누군가는 말한다. 뭔가 제대로 이뤄 놓고, 써 놓고 그런 말을 하라고. 그러나 지금부터 시작하면 되는 것이다. 시작이 반이다. 사실 어떻게 방법을 갖춰야 할지는 아직 감이 안 잡힌다. 그러나 내가 내 책을 쓰고 차근차근 1인 창업의 길을 밟아 나간다면 그들처럼 못할 것은 없다고 생각한다.

내가 집필한 자기계발 도서가 세상에 큰 반향을 일으켰으면 좋겠다. 국내뿐만 아니라 이 나라 저 나라에서 앞다퉈 저작권을 계약하겠다고 연락이 왔으면 좋겠다.

또한 내가 쓰고 싶은 소설이 있다. 바로 도교 세계관을 바탕으로 한 동양식 판타지 소설이다. 마법사가 등장하는 서양 판타지와 달리 선녀와 신선이 등장하는 판타지 말이다. 서양 사람들이 조금 더 동양에 대해 신비감을 가졌으면 좋겠다. 그들과는 다른 판타지 문화가 있음을 보여 주고 싶다. 다른 동양 사람들에게도 이 점을 일깨워 주고 싶다.

서양식 세계관에 익숙한 사람들은 이야기한다. 동양적인 것이 언제 크게 뜬 적이 있냐고 말이다. 그러나 나는 이야기하고 싶다. 서양 사람들에게 아직까지 동양은 오리엔탈 판타지라고. 신비하게 동양적인 것일수록 더 먹힐 것이란 생각은 하지 않느냐고. 왜 항상 서양에 맞춰야 하는가. 어찌 되었건 나의 정체성은 동양인이다. 익숙하지 않기 때문에 서양 사람들에게 더 신비하게 다가가지 않을까.

나는 동양식 판타지 소설도 쓰고 싶지만, 서양 문화를 익혀서 서양식 판타지 소설도 쓰고 싶다. 사실 예전부터 생각해 온 것이 있다. 그런데 자료 조사가 부족하고 영어를 잘 못해서 크게 진행시키지 못했다. 내가 조금 더 시간적 여유가 있고 자료도 더 조사한 상태에서 영어를 능숙하게 구사할 수 있게 된다고 가정하자. 그러면 서양식 소설도 쓸 수 있지 않을까. 물론 국내 출판이 아닌 국외 출판으로 말이다.

한국어로도 쓰고 싶고, 영어를 능숙하게 깨우쳐서 영어로도 소설을 쓰고 싶다. 어느 쪽이든 좋다. 나는 반드시 세계에 내 책의 저작권을 수출할 것이다. 그것이 드라마나 영화로도 만들어졌으면 좋겠다. 사람들이 내 이름을 이야기할 때 그 소설이 떠오를 정도가 되었으면 좋겠다. 가장 크게 이루고 싶은 시나리오는 국외 출판을 해서 국내로 역수출하는 것이다.

나의 목표는 단순하다. 소설과 자기계발 두 분야에서 내 이름을 이야기하면 내 책들이 떠오르고, 내 책들을 이야기하면 내 이름이 자동적으로 떠오르게 하는 것이다. 외국의 방송매체에서 나에게 인터뷰를 해 왔으면 좋겠다. 국내 방송에서 외국에서의 내 책의 행진들을 열심히 보여 주었으면 좋겠다.

다른 사람들은 그럴지도 모른다. 서양인들이 동양의 여자가 쓴 소설과 프로그램들에 얼마나 관심을 가지겠느냐고. 하지만 난 말하고 싶다. 왜? 뭐가 문제지? 오프라 윈프리는 다음과 같이 말했다.

"흑인에, 여자에 미혼모, 심지어 비만! 그러나 왜? 뭐가 문제지?"

나도 마찬가지다. 난 '동양인에 여자, 평범한 간호사'다. 그런 내가 세상을 밝히는 글을 써서 저작권을 수출하는 게 왜 불가능할까?

불가능하다고 단정짓는 것은 결국 나 스스로가 만든 유리천장일 뿐이다. 나는 진짜 목표를 세우고 진심으로 믿음을 가지고 내 꿈을 진행할 수 있다. 그렇다면 국내 출판을 해서 저작권을 국외로 수출하든, 국외 출판을 해서 국내로 역수출하든 못 할 것이 없다고 생각한다.

나의 시작은 매우 작다. 3교대의 시간에 쫓기고, 몸은 허약하고,

빚은 가득하고 심지어 써 놓은 책조차 없다. 그러나 나는 지금 시작하고 있다. 3교대에 치이지만 시간을 쪼개어 책을 쓰고 있다. 몸은 허약하지만 보강하기 위해 운동을 하고 있다. 빚이 가득하지만 그것을 해소하기 위해 절약하고 1인 창업을 차근차근 준비하고 있다. 1년 뒤 나는 말할 것이다. 그때의 나는 매우 힘들었다. 그러나 그것을 극복했기 때문에 지금의 나는 여유롭고 보다 더 멋진 미래를 꿈꿀 수 있다고. 그래서 지금의 내가 있다고 말이다.

눈을 감으면 생생하게 떠오른다. 외국에 나가 강연을 하는 내 모습이. 팬 사인회를 여는 내 모습이. 내 자기계발 도서들이 프로그램화되고 소설이 영화로 바뀌는 모습이. 그 미래가 그리 머지않음을 알고 있다. 우주는 내가 강하게 믿는 것들을 가져다준다. 내가 그것에 대해 한 치의 의심도 갖지 않는다면 말이다. 나는 그날을 여유롭게 기다려 본다.

PART 5

사람들에게
영향을 미치는
강연가 되기

- 서동희

서동희   **책 쓰는 직장인, 일본어 코치, 직장인 일본어 멘토, 자기계발 작가, 동기부여 강연가**

〈한국책쓰기1인창업코칭협회〉에서 근무하면서 1인 창업을 준비 중이다. 사람들이 재미있게 일본어를 배울 수 있도록 맞춤 프로그램을 개발하고 있으며, 앞으로는 일본어에 한정되는 것이 아닌 제2외국어를 재미있게 배울 수 있도록 도와주는 코치로 활동할 예정이다. 저서로는 《히라가나도 모르던 일알못은 어떻게 90일 만에 일본어 천재가 되었을까》가 있다.

최대한 많은
언어 정복하기

영어 6등급. 나의 수능 등급이다. 도저히 이해할 수 없는 소리와 글들이 언제나 나의 머리를 마비시켰다. 그런 내가 관광학과에 진학했다. 외국어가 중요한 전공임에도 신경 쓰지 않았다. 눈앞에 닥치지 않았기 때문이다. 하지만 2학년이 되자 상황은 달라졌다. 영어로만 이루어진 수업들이 생기기 시작했다. 아무리 집중해도 알아들을 수가 없었다.

어느 날, 프레젠테이션을 영어로 한다는 소식을 교수님으로부터 들었다. 나는 두려움에 휩싸였다. 발표 날이 다가오지 않기만을 빌었다. 의미도 모른 채 대본을 외우고 또 외우고, 연습하고 또 연습했다. 나는 그냥 외운 대로 발표했다. 그러곤 나름 잘 끝냈다며 안도했다. 그렇지만 친구들은 웃으며 나를 쳐다보고 있었다. 나는 영문을 몰라서 당황했다. 그때 한 친구가 나에게 말했다. "동희야, 근데 네 영어 발음 완전 일본 사람의 발음 같아."라고.

그렇다. 내 발음 때문이었다. 한국어를 읽는 듯한 나의 발음에 모두가 웃음이 터진 것이다. 난 정말로 창피했다. 화도 났다. 하지만 당시 나는 자존감이 높았다. 그래서 위축되기보다는 오히려 나중에 영어를 보란 듯이 잘하는 모습을 보여 주겠다고 다짐했다.

몇 개월 후, 나는 군대를 가게 되었다. 하지만 여전히 내 마음속에는 영어에 대한 응어리가 맺혀 있었다. 나는 복학하면 영어를 잘하는 모습을 보여 줄 거라고 다짐하고 또 다짐했다.

군 복무 시절, 나는 운 좋게 독서를 시작했다. 많은 책들을 읽다가 《영어 천재가 된 홍 대리》라는 책을 접했다. 나는 운명의 책을 만난 듯 그 책에 빠져들었다. 책에서 소개하는 방법처럼 영어공부를 하고 싶다는 생각이 들었다.

나는 저자를 찾아보았다. 그러곤 저자가 운영하는 〈박코치어학원〉을 발견했다. 나는 부산에서 대학을 다녔는데 다행히 학원이 서울과 부산에 있었다. 나는 전역 전부터 '이 학원에 가서 영어를 마스터해야 겠다!'고 다짐했다.

전역 후, 나는 〈박코치어학원〉에 등록했고, 모든 과정을 수료했다. 특히 발음에 한이 맺혀서인지 발음 연습을 독하게 했다. 그러자 모든 사람들이 외국에서 유학을 왔냐고 나에게 물어봤다. 이러한 칭찬들 덕분에 더 열심히 영어공부를 했는지도 모르겠다.

영어는 나의 인생에 변화를 주었다. 영어권 문화를 배우고, 그들과 소통함으로써 나의 사고방식이 깨지기 시작했다. 이러한 즐거움은 내게 다른 언어에 대한 호기심도 가지게 해 주었다. 영어 과정이 끝나고, 나는 일본어를 시작했다. 여행을 가기 위해 취미 삼아 시작했다. 하지만 일본어의 매력에 빠져 배운 지 일주일 만에 유학을 결정했다. 왜냐하면 현지에서 빠르게 일본어를 마스터하고 싶었기 때문이다. 직접 외국에 나가 보고 싶기도 했다.

유학생활 내내 나는 일본어 회화에만 집중했다. 주말에는 외국인들을 만나러 다녔다. 가끔 여러 외국인들이 모이면 내가 중간에서 통역을 해 주며 같이 어울려 노는 놀라운 경험도 했다.

이런 이야기를 주위 사람들에게 하면 요즘 성능 좋은 번역기가 나오는 데다 앞으로는 더 발전할 테니 외국어를 배울 필요 없다고 말한다. 나는 그런 사람들을 보면 안타깝다. 외국어를 그저 대화의 수단으로만 생각하기 때문이다.

플로아 루이스(Flora Lewis)는 다음과 같이 말했다.

"다른 언어를 배우는 것은 같은 뜻을 가진 다른 단어들을 배울 뿐 아니라 다른 방법으로 생각하는 법을 배우는 것이다."

그렇다. 다른 언어를 배우는 것은 단지 한국말로 하고 싶은 말을 외국어로 말하는 것이 아니다. 그들의 사고방식과 문화를 배움으로써 다른 방법으로 생각하는 법을 익히는 것이다. 외국어를 배우면서 나는 우리가 당연시했던 것들이 당연하지 않다는 것을 깨달았다.

이러한 변화는 나에게 세상을 바라보는 다른 시각을 선사했다. 고정관념을 깨고, 남들과 다르게 생각하기 시작한 것이 외국어 때문이 아닐까란 생각이 든다. 그런 만큼 외국어 공부는 정말로 매력적인 분야다.

언어를 배움으로써 그들의 역사와 문화를 같이 느낄 수 있다. 왜 이런 단어가 생겼는지, 이런 뜻을 가지고 있는지. 마치 독서할 때 느끼고 깨닫는 것과 비슷하지 않나 생각한다.

3개 국어, 4개 국어. 천재들만 할 수 있다고 생각했던 놀라운 일이 내게 펼쳐지고 있다. 여러 개의 외국어를 구사한다니…. 이 얼마나 멋진 일인가. 나는 외국어 공부에 심취했다. 그리고 이는 더 많은 외국어 공부에 도전하고 싶다는 생각으로 커져 갔다.

불행히도 지금은 복학과 취업 준비로 인해 잠시 꿈을 미뤄 두고 있다. 하지만 나는 여전히 꿈꾼다. 많은 언어들을 배우고 있는 나의 모습을. 강사, 작가로 성공한 나는 자유롭게 해외를 다닌다. 여러 외국어로 강의하고 소통하면서 세계에 선한 영향력을 끼친다. 나는 세계인들이 나의 강연을 듣고, 영상을 보고, 희망을 얻고, 변화를 이루는 모습을 꿈꾼다.

선한 영향력을 끼치는
베스트셀러 작가 되기

지금 나는 20대 끝에 서 있는 사회초년생이다. 지금 돌아보면 나의 20대는 멋진 여행이었다. 당시 나는 한없이 두려웠다. 과연 내가 맞는 선택을 하고 있는 것인지, 원하는 목표를 향해 잘 나아가고 있는 것인지. 그저 고민과 갈등의 연속이었다.

하지만 나는 나의 20대를 후회하지 않는다. 왜냐하면 끊임없는 도전을 통해 나를 성장시켜 왔기 때문이다. 그렇게 두려움을 이기고 도전해 온 나 자신을 칭찬해 주고 싶다.

20대 초반, 나는 사회와 부모님이 원하는 사람이 되지 않기 위해 발버둥 쳤다. 부모님은 항상 내가 공무원 같은 안정적인 직업을 가지길 원하셨다. 안정적이고 정년이 보장된 삶. 그것이 진정한 행복이라고 말씀하셨다. 하지만 나는 꿈 없는 나의 삶에는 내가 없다는 사실을 알고 있었다. '나중에 후회하면 누가 내 인생을 책임져 주는가?' 결국 내 인생은 내가 책임질 수밖에 없는 것이다.

나는 주체적으로 살기 위해 항상 내 안의 두려움을 이겨 내려고 노력했다. 비록 실패하더라도 내가 선택한 인생인 만큼 후회하지 않으리라 다짐했다. 그래서 나는 항상 내가 하고 싶은 일을 하기 위해 부모님을 직접 설득했다. 마치 투자를 받는 사업가인 것처럼 자료들을 준비했다. 정확한 기간을 설정하고 이 안에 성과를 보여 드리겠다고 프레젠테이션을 했다. 왜냐하면 내가 잘 모른 채 막연하게 이야기해서는 부모님을 이해시킬 수 없을 것이라고 생각했기 때문이다.

이러한 나의 준비는 부모님을 이해시키기에 충분했다. 또한 많은 지원을 받을 수 있었다. 물론, 결과적으로 내가 약속한 목표들은 다 이루어 냈다.

이렇게 살아온 만큼 나는 지금 20대를 살아가는 청년들에게 사회가 요구하는 틀에 자신을 맞춰 살지 말라는 메시지를 전하고 싶다. 자신이 좋아하는 일과 도전이 없는 인생에는 자기 자신이 존재하지 않는다. 그냥 후회만 남을 뿐이다. 그리고 결국에는 자신이 무엇을 좋아하고 어떤 사람인지도 알지 못한다. 도전해 본 적 없는 사람은 실패를 두려워하게 된다. 평생 사회가 요구하는 틀에서 벗어나지 못한 채 그렇게 그냥 살아가게 된다.

아직도 대부분의 청년들은 사회에서 요구하는 취업과 스펙에만 몰두하고 있다. 내가 이것들이 중요하지 않다고 말하는 것은 아니다. 분명 취업은 중요하다. 나 또한 짧지만 취업 준비 과정을 거쳤다. 그렇지만 나는 많은 청년들이 중요한 점을 놓치고 있다고 생각한다. 바로 자신이 누구인지를 모르며 알아 가려고 생각하지도 않는다는 것이다. 그냥 무턱대고 남들이 좋다고 말하는 직업을 갖길 원하는 것이다.

취업을 준비하던 시절, 나는 나를 파악하는 데 세 달 이상을 소비했었다. 끊임없이 나에 대해 정리하고, 스스로에게 많은 질문을 던졌다. 또한 많은 직종들을 조사해 나의 성향과 맞는지 비교해 보았다. 그 과정을 통해 나는 내가 '외국어를 쓸 수 있는 직종을 가장 원하고 그것이 나에게 적합하다'라는 사실을 발견할 수 있었다. 그리고 그 위에서 나의 성격에 맞는 영업직이나 역사 관련 쪽을 연계해 짝을 맞추기 시작했다.

이후 나는 직접 발로 뛰면서 현직자들을 만나 직종에 관한 이야기를 들어 보았다. 그렇게 다양한 정보들을 수집했다. 이 과정 속에서 나는 나를 객관적으로 알아 갈 수 있었다. 어떤 일이 나에게 맞는지 깨달을 수 있었다.

이처럼 자신을 알아 가는 과정은 직업이든 미래든 내가 무엇을 진정으로 원하는지 알 수 있게 한다. 그럼에도 불구하고 나는 주위에서 점심밥 고르듯이 자신의 미래를 결정하는 사람들을 많이 만났었다. 내가 항상 "너는 왜 그 일을 하고 싶은 거야?"라고 질문을 던지면 그 사람들 대부분은 "그냥 돈을 많이 준대서.", "이 직종이 편하고, 정년이 보장된다고 하더라고."라는 대답을 했다.

나는 그들을 이해할 수 없었다. '왜 자신의 인생에 큰 영향력을 끼치는 선택을 이런 식으로 결정할까?'라는 의구심이 들었다.

그러면서도 나는 씁쓸한 감정을 느꼈다. 이것이 지금 우리 청년들의 현실이기 때문이다. 왜 대학을 가야 하는지, 왜 공부를 해야 하는지도 모른 채 그저 사회에서 요구하는 대로 살아가고 있기 때문이다.

니체는 이렇게 말했다.

"지금 이 인생을 다시 한 번 완전히 똑같이 살아도 좋다는 마음으로 살아라."

과연 우리 청년들은 이러한 마음으로 살아가고 있을까? 그저 남들이 말하는 좋은 길이라는 것이 자신의 인생에 있어 정답이라고 생각하며 살아가고 있는 것은 아닐까?

행복한 삶은 자신이 삶의 주인이 되어 주체적으로 살아갈 때만 이루어지는 것이다. 다른 사람들의 말을 듣고 한 회사에 들어간 사람들을 본다. 그들을 만나 보면 자신이 생각했던 것과 너무 달라 회의감을 느끼고, 고통 속에서 살아가고 있음을 알 수 있다.

이런 주위 상황들을 보면서 나는 주체적으로 도전하며 살아온 나의 경험들을 20대 청년들과 공유하고 싶다는 생각이 들었다.

나는 내 삶의 경험들을 많은 청년들에게 들려줄 수 있는 베스트셀러 작가가 되고 싶다. 모든 청년들이 좋은 회사, 많은 돈이 아닌, 자신이 진정으로 원하는 가치를 찾고 꿈을 향해 살아가기를 원하기 때문이다. 이러한 사람들이 많아지면 많아질수록 우리 사회는 바뀌게 될 것이다. 많은 청년들이 행복해질 것이다. 나는 그렇게 굳게 믿는다.

20대를 위한 역사공부
강의 프로그램 만들기

중·고등학교 시절, 역사시험이 끝나면 많은 친구들이 나에게 달려왔다. "동희야! 2번 답이 뭐야?", "4번 맞아? 맞지?" 그렇게 많은 친구들이 나에게 답을 물었다. 그러면 나는 거만하게 "야야, 천천히 불러 줄게. 기다려 봐."라고 귀찮은 듯이 대답했다.

나는 학교에서 역사 고수로 통했다. 반에서 1등이어야지만 일어날 수 있는 일들이 나에게 일어나고 있었다.

고등학교 시절, 나는 역사 선생님들로부터 많은 관심과 사랑을 받았다. 선생님들은 나를 위해 심화수업을 해 주셨다. 나를 특별한 재능을 가진 사람으로 대해 주셨다. 그래서인지는 몰라도 나는 역사를 더 사랑하게 되었다. 이 분야만큼은 내가 재능을 가지고 있는 분야라고 생각했을지도 모른다. 살면서 무언가 뛰어난 적이 나에게는 없었다. 그런 나에게 모두가 인정해 주었다. 나는 그런 나를 자랑스러워했다.

어릴 적 나의 꿈은 역사학자였다. 왜냐하면 역사공부를 통해 과거를 알고 현재를 다르게 바라볼 수 있는 통찰력을 가질 수 있었기 때문이다.

이러한 점들은 나에게 매력적으로 다가왔다. 고등학교 시절, 나는 다양한 역사책들을 읽기 시작했다. 쉬는 시간마다 역사책에 빠져들었다. 심지어 수업시간에도 책들을 읽어 나갔다. 나는 다양한 역사책들을 통해 세상을 바라보는 다양한 관점을 가질 수 있었다. 나는 역사학자의 꿈을 키워 나갔다. 이는 마치 운명처럼 느껴졌었다.

하지만 나는 결국 사학과를 선택하지 않았다. 숙명처럼 느껴졌다면서 왜 선택하지 않았을까? 사실 사회의 시선과 기준에 부합하기 위해 나는 나를 버렸다. 선생님과 주위 사람들의 말들에 흔들리기 시작했다. 비전이 없는 전공을 선택하기가 너무나도 두려웠다. 결국 다른 과에 진학했다. 하지만 내 마음 한구석에는 후회와 함께 꿈이 남아 있었다. 그러던 와중에 군대에서 많은 책들을 읽기 시작했다.

그렇게 독서를 통해 나는 다시 내 꿈에 대한 열정을 되살렸다. 그래서 전역 후에 복수전공을 활용해 역사공부를 이어 나가기로 결심했다.

전역 후, 나는 복수전공의 꿈을 실천했다. 주위에서 "왜 굳이 그런 과를 들으려고 하는 거야?", "비전도 없는데 그냥 경영학과, 경제학과 수업을 들어."라고 말려도 신경 쓰지 않았다. 다른 사람들의 말에 휘둘려 내 꿈을 포기하는 짓은 한 번이면 족하다고 생각했기 때문이다. 결국 나는 3학년부터 역사를 전공하기 시작했다.

나는 다시 꿈을 꾸던 그 시절의 나로 돌아가 공부에 심취했다. 대학에서 진짜 학문을 하고 있다고 생각했다. 토론수업이 일상이었다. 나는 끊임없이 사색하고 생각할 기회를 얻을 수 있었다. 더 많은 책들을 읽고, 분석하고 생각을 짜내었다. 지금 생각해 보면 이때의 2년 동안 내 사고의 수준이 예전과 비교할 수 없을 만큼 올라간 것 같다.

이때부터 나는 역사공부가 우리가 인생을 살아가는 데 얼마나 많은 교훈과 가르침을 주는지 깨달았다. 역사 고전을 통해 우리는 흥망성쇠의 이치를 알 수 있다. 예를 들어, 헤로도토스의 《역사》와 투키디데스의 《펠로폰네소스 전쟁사》를 읽으면 고대 그리스의 흥망성쇠의 원인을 파악할 수 있다. 사마천의 《사기》를 읽으면서는 유방의 성공 원인과 항우의 실패 원인을 분석할 수 있다.

그리고 역사 인물들의 삶을 보면서 교훈을 얻을 수 있고, 이를 자신의 삶에 적용해 볼 수도 있다. 역사를 공부하지 않는다면 우리는 우리의 인생을 다 살아 봐야 교훈을 얻을 수 있다. 하지만 역사를 공부하게 되면, 살아 보지 않았지만 인생의 가치와 교훈들을 알 수 있다. 이는 청춘을 살아가는 우리들에게 정말로 필요한 공부가 아닐까?

하지만 우리나라 사람들은 역사공부란 그저 암기하는 공부라고 생각한다. 사건의 순서를 외우고, 연도를 기억해야 하는 학문. 그것이 역사라는 학문이라고 생각한다. 이해한다. 왜냐하면 학교에서 그렇게 가르쳤기 때문이다. 우리는 사색하고 생각해 보는 수업이 아닌, 지식의 양을 시험하는 역사 수업에 집중했었다.

하지만 이제는 바뀌어야 한다. 이제는 아무리 많이 외운다고 해도 기계를 이길 수 없다. 우리 청년들이 역사공부를 통해 인생의 깨달음을 얻고 사색을 통해 생각의 폭을 넓혀 가야 하는 이유다.

20대를 살아오면서 나는 역사에서 얻은 많은 교훈들을 내 인생에 적용해 생각하고 행동해 왔다. '위대한 위인들은 이러한 상황에서 어떤 결정을 내렸을까?', '그저 스펙만 쌓는 현재 우리나라의 상황은 과거 조선의 과거제도와 똑같은 것이 아닐까?', '근대화의 변화를 거부하고 그저 좁은 시야에 갇혀 있었던 것은 아닐까?'라는 생각들을 해 왔다.

4차 산업 혁명이 시작되고 있는 현재, 우리는 과연 그 변화의 흐름에 맞춰 변화해 가고 있을까? 나는 아니라고 생각한다. 우리는 여전히 과거에 갇혀 살고 있다. 나는 '우리의 교육은 과거 조선후기 선조들이 반복했던 똑같은 실수가 아닐까?'라고 생각한다. 앞으로 정년은 보장되지 않을 것이다. 이것의 의미는 실력이 우선되는 시대가 다가온다는 뜻이다. 그런데 '우리는 진정 실력을 기르고 있는가? 그저 취업을 위한 보여 주기식 스펙을 쌓고 있는 것은 아닌가?' 하는 생각들이 들었고, 이내 나를 변화하게 만들었다.

20대 후반이 된 나는 역사공부의 중요성을 깨닫고 있다. 그리고 모든 청년들에게 역사공부가 필요하다고 생각한다. 그것은 그저 암기하는 것이 아닌 과거로부터 교훈을 얻고 삶을 지혜롭게 살아가는 방법이기 때문이다.

그래서 나는 20대를 살아가는 청년들을 위한 역사공부 강의를 만들고 싶다. 역사공부를 통해 다양한 삶의 지혜를 터득하고 교훈을 얻을 수 있게 도와주고 싶다. 모든 청년들이 역사를 달달 외우는 학문이 아닌, 과거의 사람들과 만나고 삶의 지혜를 얻는 즐거운 학문이라는 사실을 알길 바란다.

외국어 공부 입문자들을
위한 메신저 되기

　누구나 학창 시절 제2외국어를 배운다. 나도 영어와 일본어를 배웠다. 영어는 거의 평생을 함께한 외국어였지만 단어조차 잘 알아듣지 못했다. 일본어도 2년 동안 학교에서 배웠지만 히라가나조차 잘 알지 못했다. 그렇게 나는 20대가 되었고, 외국어란 천재들만 하는 대단한 재능으로만 생각했었다.

　나는 관광학을 전공했다. 때문에 외국어가 중요했다. 그래서 나는 어쩔 수 없이 영어를 배우기로 마음먹었다. 토익보다는 실전 회화가 중요하다고 생각했기 때문이다. 군대에서 나는 〈박코치어학원〉을 알게 되었다. 그러곤 전역 후 바로 수업을 신청했다.

　아직도 첫 수업의 모습이 눈앞에 생생하다. 코치들은 마치 아이들에게 언어를 가르쳐 주듯이 영어를 알려 주었다. 실전에서 말하듯이 감정을 표현하면서 따라 하라고 강조했다.

"자, 여러분! 연기를 하듯이 천천히 따라 해 보세요!"

"I can do it."

"민망해하지 말고 다 같이 GO!"

코치들이 "GO"라는 신호를 주면 반 전체 사람들은 자신만의 스피드로 한 글자씩 감정과 의미를 담아 문장을 따라 하기 시작했다. 처음에 나는 '여기 뭐야, 사이비 같은데?'라고 생각했다. 태어나서 그렇게 외국어를 배운 적이 처음이었기 때문이다.

"자, 여러분! 단어는 스펠링 하나하나 발음을 연습할 거예요. 따라 해 보세요."

"R!R!R! GO!"

우리는 신호에 따라 알파벳 하나하나의 발음을 연습하기 시작했다. 그렇게 시작된 첫 수업은 완전 충격이었다. 하지만 흥미롭고 재미를 느꼈다. 지금껏 나에게 외국어란 암기할 것과 어려운 문법들뿐이었다. 하지만 여기는 달랐다. 연기를 통해 따라 하고 연습하기 때문에 그 상황에 빠져들었다. 학원에서는 문법이나 형식 따위는 강조하지 않았다.

"여러분! 형식과 문법 따윈 신경 쓰지 마세요! 말도 못하시면서 무슨 문법이고 형식입니까? 일단 단어부터 뱉으시고 순서를 익히세요."

그렇게 나는 20년 동안 배워 왔던 공부법을 버리고 새롭게 외국어를 시작했다.

그 효과는 정말로 놀라웠다. 하루 한 시간의 수업이었지만, 몇 달 사이에 내 발음은 엄청나게 달라졌다. 영어가 들리기 시작했다. 나는 더욱더 영어에 빠져들었다. '잘하고 싶다'라는 욕심이 커져서 나는 하루 12시간 이상 학원에서 영어를 배우고 활용했다.

집중한 지 3~4개월. 나는 외국인과 대화를 시도했다. 처음에는 너무 무서웠다. '내가 과연 외국인과 대화를 나눌 수 있을까?' 하고 의심했다. 그런 두려움을 이겨 내고 나는 외국인들과 간단하게 인사를 주고받았다.

처음에는 긴장해서 거의 듣기만 했다. 그런데 시간이 흐르면서 '이게 말이 되는가?'라며 대화의 흐름을 파악할 수 있었다. 나는 고개를 끄덕임으로써 대화의 흐름을 따라갔다. 점점 자신감이 생겼다. 그리고 하고 싶은 말들이 생기기 시작했다. 나는 입을 떼기 시작했다. "You… know 음… I am glad to meet you."

그렇게 천천히 대화를 이어 갔다. 대화가 계속될수록 긴장감은 사라졌다. 나는 더 자연스럽게 영어로 일상의 대화를 나누게 되었다.

'이게 말이 되는가? 20년을 공부했는데도 기초도 모르던 내가 영어로 대화를 나누고 있다니!'

집에 돌아가는 길에 내가 느낀 감동은 말로 표현할 수 없다. 스스로 생각했던 나의 한계를 깨 버린 것이다. 천재들의 능력이라고 생각해 왔던 내가 그 능력을 가지게 되다니. 나는 더 잘하기를 원했고, 외국인들과 더 소통하길 갈망했다. 그러고는 더 발전하기 위해 트레이너로 변신했다. 다른 사람들에게 알려 주려면 내가 더 많이 공부해야 하기 때문에 내린 결정이었다. 새롭게 언어를 배우는 사람들에게 나만의 공부법을 알려 주었다. 그리고 그들이 지속적으로 나아갈 수 있게 고민도 들어 주고 조언도 해 주었다. 그들이 중간에 포기하지 않고 계속 나아갈 수 있게 메신저가 되어 주었다.

이 과정 속에서 나는 외국어에 자신감이 붙었다. 그래서 다음 목표로 일본어에 도전했다. 왜냐하면 평소에 혼자 일본을 여행하는 것을 좋아했기 때문이다. 복학하자마자 바로 일본어 공부를 시작했다. 나는 일본어 공부를 시작한 지 일주일 만에 다시 일본어에 매료되었다. 빠르게 잘하고 싶은 마음에 바로 유학을 결정했다. 나는 유학을 떠나기 전에 남은 시간 동안 문법과 단어를 암기하면서 다가오는 유학을 대비했다.

그렇게 나는 도쿄로 향했다. 외국생활은 처음인지라 두렵고 설레었다. 유학원에 도착했고 반을 정하기 위해 테스트를 받았다. 암기를 잘해 놓은 덕분에 나는 중급반에 배정되었다. 시험이 끝난 후, 일본인 선생님과 면담했다. 그때 나는 선생님께서 말씀하시는 일본어를 하나도 알아들을 수가 없었다. 심지어 말도 전혀 하지 못했다. 분명 아는 말들이었지만 글로만 배웠기 때문에 회화를 인지하지 못했다. 일본인 선생님은 당황했다. 중급반 정도의 실력을 가진 내가 말을 못 알아들으니 당연한 반응이었다.

그렇게 나는 비참한 기분으로 초급반부터 시작했다. 그때 나는 왜 내가 알아듣지 못하는지 분석하기 시작했다. 그리고 잘못된 공부법으로 일본어를 공부해 왔다는 사실을 깨달았다. 사실 나는 드라마와 노래로 일본어를 공부하고 싶었다. 하지만 아직 한국에서는 그런 것들을 찾아보기 힘들었다. 그래서 그냥 암기만 해 왔기 때문에 이런 상황이 발생한 것이다.

그때부터 나는 수업을 듣기시간이라고 생각하고 들었다. 수업이 끝난 후에는 바로 집으로 가서 하루 종일 일본 드라마만 보았다. 영어공부를 할 때 내가 썼던 노하우를 적용시켜 일본어 회화공부를 시작했다. 중간 중간 시행착오도 있었지만 나만의 공부법을 완성했다. 그리고 같은 외국어이지만 영어와 일본어의 공부법은 달라야 한다는 사실을 깨달았다. 또한 놀라운 분석력도 얻을 수 있었다.

그렇게 3개월이 지나고 나는 실제로 현지인을 만나 나의 일본어 실력을 테스트해 보기로 마음먹었다. 친한 한국 친구와 함께 바에 가서 일본인들과 대화를 시도했다. 그 결과는 놀라웠다. 실제 드라마를 통해 배운 대로 나는 자연스러운 회화체를 구사했다. 많은 일본인들이 일본어를 배운 지 3개월밖에 안 되었다는 나의 말을 믿지 않았다. 심지어 3개월 전에는 일본어를 한마디도 못했다는 사실에 더욱 놀라워했다. 나는 어느새 현지인들과 술잔을 기울이며 자유롭게 이야기를 나눌 수 있게 되었다.

놀라웠다. 영어를 시작한 지 1년 반 만에 2개의 외국어로 외국인들과 대화가 가능하게 되었다. 여러 외국인들이 모여 놀면 내가 3자 통역도 해 주었다. 세계인들의 중심에 서게 된 것이다. 나는 내가 똑똑해서 해냈다고 생각하지 않는다. 한 가지 노력한 게 있다면, 나는 나에게 맞는 최고의 공부법을 찾기 위해 계속 고민했다는 것이다. 그리고 깨달았다. 사람마다 자신에게 맞는 외국어 공부법이 있다는 사실을 말이다.

영어공부를 하던 시기, 코치들은 주로 드라마와 뉴스를 통해 영어를 가르쳐 주었다. 하지만 나는 원래 노래를 좋아했기 때문에 팝송을 가장 많이 활용했다. 전체 시간의 반 이상을 투자했다. 그 결과, 나는 즐겁고 빠르게 영어에 빠져들 수 있었다. 1등으로 과정을 끝내는 성과를 보여 줄 수 있었다.

일본어도 마찬가지다. 내가 좋아하는 드라마와 분야들로만 공부하려고 했다. 아무리 효과적이라고 해도 내가 재미를 잃으면 언어에 대한 흥미를 잃기 때문이다. 나는 개인마다 다른 외국어 공부법을 적용해야 한다고 생각한다. 그들의 관심 분야는 무엇인지, 성향은 어떤지. 이러한 것들을 고려해서 커리큘럼을 짜야 한다고 생각한다.

그래서 나는 개개인에게 맞는 외국어 공부법을 제공할 수 있는 언어 코치가 되고 싶다. 세상에 나보다 언어를 잘하는 사람들은 많다. 하지만 내가 겪어 온 나만의 공부법을 찾는 노력은 그 누구보다도 자신 있다. 이런 경험을 살려 외국어 공부에 입문하는 많은 사람들에게 공부가 즐거운 여정이 될 수 있도록 도와주고 싶다. 나는 언어 코치로서 외국어 공부를 시작하는 사람들에게 길을 안내하는 메신저가 될 것이다.

부모님께 크루즈 여행
선물해 드리기

나는 행운아다. 세상에서 가장 좋은 부모님을 만났기 때문이다. 어린 시절부터 나는 내가 하고 싶은 것들을 다 하면서 살아왔다. "엄마, 태권도를 배우고 싶어."라고 말하면 "그래, 태권도 도장에 다니자!"라고 말씀해 주셨고, "엄마, 미술을 배우고 싶어."라고 말하면 "그래, 한번 해 봐."라고 대답해 주셨다.

부모님은 항상 나에게 무언가를 강요하지 않으셨다. 그저 묵묵히 응원만 보내 주셨다. 공부에 대해서도 별말 하시지 않으셨다. 그래서 나는 오히려 거부감을 느끼지 않고 공부할 수 있었다.

나는 모든 친구들이 나처럼 자유롭게 살아가는 줄 알았다. 부모님의 강요도 없고, 자신의 미래는 자신이 선택할 수 있는 자유가 주어지는 줄 알았다. 하지만 성인이 되어 많은 친구들과 이야기를 나눠 보니 그게 아니라는 사실을 깨달았다.

같이 술을 마시다가도 "미안, 나 통금이 있어서 지금 가 봐야 겠어."라고 말하는 친구들을 많이 만났다. 그뿐만이 아니었다. 직접 생활비를 벌어 생활하는 친구들도 있었다. 당시 나는 모든 생활비를 부모님께 받았기 때문에 자유롭게 대학생활을 즐길 수 있었다.

그때부터 나는 우리 부모님이 대단한 부모님이라고 느꼈다. 그리고 당연한 것이 아닌 감사한 사실이라는 것을 알았다.

스무 살 때부터 나는 독립을 시작했다. 하지만 부모님은 언제나 모든 생활비를 지원해 주셨다. 필요한 게 있다면 직접 부산으로 가져다주셨고, 배우고 싶은 게 있으면 모든 해 보라고 말씀해 주셨다. 그래서 나는 아르바이트를 해 본 경험이 많이 없다. 그저 내가 더 필요하거나 일해 보고 싶을 때만 아르바이트를 했었다.

군대를 전역한 후에는 하고 싶은 것들이 많아졌다. 보통 전역 후에는 취직 준비를 하는 것이 당연하다고들 생각했다. 하지만 나는 댄스동아리 회장을 맡기로 결정했다. 혹여나 부모님이 반대할까 봐 걱정했다. 하지만 부모님께서는 "한번 해 봐라!"라고 말씀해 주셨다. "큰아들이 결정한 거면 믿을 수 있지."라며 응원도 해 주셨다.

'나는 진짜로 좋은 부모님을 만났구나'라고 생각했다. 주말에 아르바이트를 하긴 했지만, 필요한 모든 돈들은 부모님께서 충당해 주셨다. 덕분에 나는 1년 동안 마음껏 리더의 임무를 수행할 수 있었다.

그리고 회장의 역할을 마칠 무렵, 나는 영어회화를 배우고 싶다는 열정으로 가득 차 있었다. 1년 동안 휴학하고 오직 영어에만 미쳐 보고 싶었다. 또 다른 나의 도전이었다. 나는 이 계획을 부모님께 말씀드렸다. 얼마의 돈이 필요한지 이야기해 드렸다. 그것을 지원해 달라고 말씀드렸다. 아버지는 내 이야기를 다 들으시더니 "그래, 열심히 해 보자, 아들아."라고 하시고는 방으로 들어가셨다. 이 한마디에 나는 아버지가 얼마나 나를 신뢰하고 계신지 느낄 수 있었다. 그래서 나는 부모님께 믿어 주신 만큼 꼭 해내는 모습을 보여 드리고 싶었다.

나는 미친 듯이 공부하기 시작했다. 스스로 재미있었던 것도 있었지만, 나를 무한 신뢰해 주시는 부모님께 해내는 모습을 꼭 보여 드리고 싶었다. 그분들의 믿음은 옳은 것이었다고.

결국 나는 모든 과정을 수료했다. 나는 영어로 스피치하는 모습을 부모님께 보여 드렸다. 믿어 주시고 응원해 주신 만큼 보여 드리고 싶었다. 다행히도 부모님은 나를 자랑스러워해 주셨다. "우리 아들 멋지네."라고 말씀해 주셨다.

지금의 아버지는 나에게 편하고 든든한 존재다. 하지만 어릴 적 나에게 아버지는 어렵고 커 보이는 존재였다. 과묵하시고 이야기도 많이 나누지 않는 아버지가 이해가 안 된 적도 많았다. 20대 초반에 나는 아버지처럼 소통 없이 지내는 가족을 꾸리지 않을 것이라 다짐했다. 부산에서는 활발한 내가 고향에 돌아가면 10대의 나로 돌아온 것 같아서 너무나도 싫었다. 하지만 시간이 흘러 나는 20대 후반이 되었다. 지금 나에게 아버지는 항상 감사하고 의지가 되는 고마우신 분이시다. 항상 말없이 믿음을 주시고, 자신의 본분에 충실하신 분이시다.

이다음에 내가 자식을 가지게 된다면 아버지처럼 자식에게 해 주고 싶다. 한결같이 나무처럼 옆에서 지켜봐 주는 그런 아버지가 되어 주고 싶다. 너무 대단하신 분이라 '내가 과연 똑같이 해 줄 수 있을까?'라는 생각이 든다.

어머니는 사랑이 많으신 분이다. 너무 많아 받기가 버거울 정도다. 언제나 아들을 생각해 주시고, 걱정해 주신다. 아버지와는 정반대로 표현을 잘 하신다. 또한 지금까지도 회사를 다니시면서 열정적으로 사시는 모습을 보면 존경스럽다. 책 쓰기를 시작한다고 말씀드렸을 때, 나는 사실 어머니가 걱정되었다. 심하게 반대하실 거라 생각했기 때문이다. 하지만 오히려 많은 이야기를 들려주시면서 나의 생각에 공감해 주셨다.

다른 사람들은 책 쓰기를 시작하면서 부모님이나 친구들의 많은 반대에 부딪쳤다고 한다. 그런데 나는 모든 사람들로부터 응원만 받고 있다. 요즘 나는 '내 주위에는 정말 나의 편이 많구나'라고 새삼 깨닫는다. 이러한 무조건적인 응원에 보답하기 위해 나는 꼭 해내야겠다고 결심했다.

내 나이 스물여덟 살. 아직 20대다. 아직 젊다. 하지만 부모님은 젊지 않다. 부모님은 언제까지나 기다려 주시지 않는다. 그래서 나는 빨리 성공할 것이다.

나는 항상 "나무가 고요하고자 하나 바람이 그치지 않고, 자식이 봉양하고자 하나 부모는 기다려 주지 않는다."라는 말을 명심하고 있다. '나중에 부모님께 효도해야지'라는 생각은 이루어지지 않을 가능성이 높다고 생각한다. 부모님이 살아 계실 때, 성공한 모습을 보여 드릴 것이다. 부모님이 조금이라도 더 젊으실 때 많은 것들을 해 드릴 것이다. 나는 지금껏 그저 가족과 배낭여행을 떠나 가이드의 역할만 해 드렸다.

하지만 이제는 그렇게 하지 않을 것이다. 부모님께 크루즈 여행을 선물해 드릴 것이다. 내가 직접 가이드와 통역을 하며 부모님이 편하게 휴양을 즐길 수 있게 해 드릴 것이다. 크루즈로 편하게 세계여행을 시켜 드릴 것이다. 나는 지금의 나를 있게 해 주신 분들이 부모님이라는 사실을 잘 알고 있다. 돈으로만 효도할 수 있는 것은 아니지만, 돈이 없으면 무엇을 해 드리지 못한다. 내가 받은 사랑은 행동으로도, 돈으로도 다 갚을 수 없다는 것을 안다. 하지만 아예 하지 못하고 후회하는 짓은 절대 하지 않을 거다.

지금부터 5년, 나는 나의 꿈과 성공을 향해 달려 나갈 것이다.

그리고 원하는 바를 이룰 것이다. 부모님이 어딜 가시든 자랑할 수 있는 아들이 될 것이다. 부모님이 원하는 것들을 모두 해 줄 수 있는 아들이 될 것이다. 나중에 '부모님이 살아 계실 때, 더 잘해 드렸어야 했는데'라는 후회 따위는 하고 싶지 않다. 세상에서 제일 행복하신 부모님으로 만들어 드릴 것이다.

PART 6

빚 청산하고
인생 2막 시작하기

- 박종혁

박종혁 자동차 매매업자, 자기계발 작가

대학 시절 돈을 벌고 싶은 마음에 휴학을 하고 중고차 사업에 뛰어들었다. 24세 어린 나이에 시작한 사업으로 남들이 1년 동안 열심히 일해야 버는 돈을 한 달 만에 벌어들였다. 그러나 이후 여러 고난을 겪고 보통 직장인이 평생을 갚아도 못 갚을 많은 빚을 지게 되었다. 현재 좌절하거나 개인 파산을 하지 않고 묵묵히 갚아 나가고 있으며, 앞으로 많은 채무자들에게 희망이 되기 위해 책을 쓰고자 한다.

막다른 길에 몰린 사람들을
돕는 메신저 되기

어릴 적 나는 호기심 많고 하고 싶은 일은 꼭 해야만 직성이 풀리는 아이였다. 어릴 적부터 어머니는 항상 내가 갖고 싶어 하거나 하고 싶어 하는 걸 들어주셨다. 그래서인지 나는 너무 인생을 겁 없이 살아온 것 같다.

그러다 나는 어머니가 사 주신 SM5 차량을 팔다 알게 된 중고차 중개인과 인연을 맺게 되었다. 평소 나는 무슨 일이든 열심히 배운다. 특히 시간 강박이 있어 출근시간 30분이나 1시간 전에 미리 가 있어야 마음이 편했다. 그 모습을 지켜본 중개인으로부터 중고차 일을 배워 보라는 말을 들었다. 하지만 나는 차에 대해 아는 것도 없고 '내가 영업을 할 수 있을까?'라는 의구심에 수많은 생각을 했다. 그러다 지금의 일보다 돈을 더 벌 수 있다는 말에 나는 결심하고 중고차 일을 배우러 갔다.

중고차 시장에 가니 수입차가 많이 전시되어 있었다. 나는 내가 탈 수 없는 비싼 차들에 시동을 걸어 보고 시운전도 해 보았다. 너무 즐겁고 신났다. 그러다 '이 차를 어디에다, 누구한테 팔아야지?' 하는 걱정이 들었다. 내 친구들은 다 스물네 살인 돈 없는 학생이고 이제 갓 사회생활을 하거나 군대에 가 있었다.

그래서 나는 카페를 만들어서 차 사진을 찍어 올리며 일을 시작했다. 그렇게 문의가 오면 차를 팔면서 판매를 배웠다. 한번은 같이 일하시는 분들과 저녁을 먹고 있었다. 그런데 그분들이 나 보고 차를 사 와서 직접 팔면 돈을 더 버는데 할 생각이 없느냐고 했다. 그 말에 욕심이 나 하고 싶다고 했다.

그래서 친구들 어머니께 부탁해 돈을 끌어모아 새롭게 일을 시작했다. 차를 200만 원에 사 와서 300만 원 넘게 팔리는 게 너무 신기했다. 한 달 아르바이트비로 차 한 대를 사 와 팔아서 벌게 되는 것이었다. 나는 이 일에 계속 빠져들었다.

돈이 더 있으면 더 많이 벌 수 있겠다는 생각에 450만 원의 이자를 내면서 1억 원을 빌렸다. 그렇게 본격적으로 장사를 시작했다. 큰돈이 생기니까 비싼 차를 사 올 수 있어서 너무 좋았다. 당연히 수입은 그전보다 더 나아졌다. 수입이 좋아지니까 이것저것 사고 싶은 것들도 생겼다. 영업사원들과 어울려 술을 마시며 잘 지냈다.

나는 돈이 돈을 버는구나 싶었다. 이자를 주고도 돈을 더 벌었으니까. 그래서 은행에 적금도 들고 너무 신났다. 그렇게 자신만만

하고 건방져졌다.

그러던 중 한 친구가 보험회사에서 사고 처리된 차를 사서 수리 해서 팔면 어떻겠느냐고 물어 왔다. 그 분야는 내가 모르는 방식이 라 나는 그 친구의 이야기에 귀를 기울였다. 듣고 보니 사고 난 차 를 보험회사로부터 헐값에 매입해 수입차 공장에 판다는 것이었다. 수리는 자신들이 아는 공장에서 하면 된다고 했다. 그렇게 판매하 는 게 돈이 더 많이 된다고, 자신도 그렇게 해 왔고 돈도 더 벌었다 고 했다. 나는 나도 한번 그렇게 해 보기로 했다.

친구가 말한 차는 렉서스 RX350이었다. 이 차량이 당시에는 인 기가 많았다. 3,500만 원을 주면 이 차를 공장에서 수리까지 다 해 서 전달해 준다고 했다. 그 당시 친구의 말대로라면 수입은 몇 배 가 되는 거였다. 나는 해 보자며 돈을 보내 줬다. 그 후 사무실에서 친구를 볼 때마다 "혹시 렉서스 차는 수리가 언제쯤 될까?"라고 물어보게 되었다.

내 물음에 친구는 "부품을 구하고 있으니 시간이 좀 걸릴 거 야."라고 답을 주곤 기다리라고 했다. 그런데 한 달이 지나도 차는 계속 수리 중이라고 했다. 내가 '자꾸 귀찮게 물어보면 친구가 불편 해하지 않을까' 하는 생각에 기다려 보기로 했다. 그렇게 한 달, 두 달이 되도록 수리 중이라는 말뿐 해결책은 없었다.

그러다 5개월이 지나서야 수리가 다 끝났다고 했다. 그 말에 나 는 마음을 놓을 수 있었다. 나는 사무실에서 차를 기다렸다. 수리가 다 된 차가 내 앞에 나타났다. 그런데 차에서 이상한 소리가 났다. 아직 차에 대해 전문가도 아닌 내가 봐도 뭔가 이상했다. 차가 정상이 아니었다. 그래서 가까운 수입차 정비센터에 차를 끌고 가 물어보았다. 그러자 이 차는 엔진 미션부터 바꿔야 된다고 했다.

나는 눈앞이 캄캄했다. 수리비용도 만만치 않았다. 이때 보험회사에서 나오는 차를 취급하면 안 된다는 걸 알았다. 돈을 까먹으면서 처음으로 배운 경험이었다. 문제는 그때의 그 후유증으로 일도 손에 잘 잡히지 않는다는 것이었다. 하지만 나는 다시 마음을 다잡았다. 다시 열심히 일해서 돈을 벌기로 결심했다.

신차 영업소에는 고객들이 타던 벤츠나 BMW, 아우디, 폭스바겐 등 4개 브랜드의 중고차를 중고 딜러들과 협약을 맺어 견적을 주는 방식이 있었다. 괜찮은 것 같아 나도 도전해 보았다. 미니쿠퍼, 폭스바겐 골프 등등 좋은 차들에 대해 문의가 올 때면 너무 좋았다. 하지만 시간이 지나자 처음과는 다르게 물어보기만 하고 거래까지 성사가 잘 안 되었다. 그래서 한번은 벤츠 신차 영업소 과장님께 물어봤다. 고객님들한테 문의는 많이 오는데 성사가 잘 안 된다고. 그랬더니 중고차 매입 금액이 낮아 그렇다고 말씀하셨다. 그래서 다른 곳보다 몇십만 원 더 얹어 주며 영업을 해 왔다.

수입차 시장하고 거래하며 빌린 돈 1억 원 중에서 손해 본 돈을 빼고 나니 8,000만 원이 남았다. 하지만 이 돈으로 차를 매입하기에는 부족했다. 그래서 나는 돈을 더 끌어모으려고 이전처럼 450만 원의 이자를 내고 1억 원을 빌렸다. 처음에는 장사가 잘되어서 이자가 큰 걸 모르고 일했다. 그러나 겨울철 입학식이나 졸업식, 명절이 되자 다시 장사가 잘 안 되었다.

그렇게 세월이 지났다. 나는 중고차 판매 일을 계속하고 있었다. 그러던 중 벤츠 KCC에 있는 한 영업사원이 벤츠 GLK과 ML 차량을 매입하게 해 줄 수 있다고 했다. 회사 계좌로 먼저 선입금을 해 달라면서. 나는 '벤츠가 큰 회사인데 문제없겠지…' 하고 1억 원을 보냈다. 그리고 차가 나오기만을 기다렸다. 그런데 연락이 안 되어서 불안한 마음에 전시장으로 찾아가 봤다. 거기에는 나처럼 일하는 분들이 와 있었다. 그래서 이야기를 나누게 되었다. 그러던 중에 그 영업사원이 회사 통장을 불법으로 바꿔 만들어 여러 사람과 거래한 것을 알게 되었다. 알고 보니 그는 인터넷 도박을 하느라 돈을 끌어 쓰려고 했던 것이었다.

그때 머릿속에 수만 가지 생각이 들었다. 이러한 상황 속에도 참 신기하게 돈을 빌려준 친구가 돈이 급히 필요하니 일단 절반만 보내 달라고 했다. 덕분에 빌린 돈의 이자는 반으로 줄었다. 그러나 내 머릿속에서는 사라진 1억 원이 잊히지 않았다. 영 머릿속이 복잡했다.

때문에 일도 손에 잡히지 않았다. 해결책은 없어 보였다. 이자를 지급해야 하는 날이 오면 나는 돈을 빌려 해결했다. 이때부터 내 인생이 꼬이기 시작했다. 내 사정을 누구한테도 털어놓을 수 없었다. 나는 이때부터 문제가 생기면 혼자 해결하는 법을 배웠다.

다른 사람들이 보기에 나는 열심히 일하고 이자도 많이 주는 사람이었다. 그런 소문을 듣고 돈 필요할 때 내 돈 써도 된다고 다가오는 사람도 있었다. 그 당시에는 사람들이 내가 돈을 잘 버는 걸로 알고 쉽게 나에게 돈을 빌려준다고 했다. 상황은 이상한 방향으로 흘러갔지만 나는 이대로 무너질 수 없었다.

그래서 돈을 더 빌려 자동차 일 외에 모자가게를 하게 되었다. 나는 돈만 대주고 관리는 동대문 장사 경험이 있는 선배 형이 하게 되었다. 그렇게 부평역 지하상가에 1호점, 2호점, 3호점을 내고 시작했다.

처음에는 이제 막 오픈해서 그런지 장사가 잘되었다. 자동차 일이 끝나고 항상 부평 지하상가에 가서 일을 도왔다. 그러나 모자가게도 두 달이 지나자 손님이 뚝 끊겼다. 나는 '모자의 질이 좋지 않아서 장사가 안 되는 건가?' 하고 생각했다. 그래서 모자와 향수를 다시 들여오고 보조 배터리까지 진열해서 장사를 시작했다.

몇 주는 손님들이 다시 모였지만, 이내 또 발길이 끊겼다. 그런데도 직원 월급과 월세는 나가야 했다. 자동차 일로 버는 돈으로는 이자와 월세, 직원 월급을 충당하기에는 너무 감당이 안 되었다. 힘드니까 같이 일하는 선배와도 사이가 멀어졌다. 처음에는 선배를 원망했다. 그러나 따지고 보면 모두 내가 잘못한 거였다. 좀 더 알아보지 않고 시작한 내 잘못이었다.

그렇게 내가 모든 걸 잃고 포기하려 할 때 힘이 되어 준 사람들이 있었다. 한 명은 지금 만나는 내 여자친구다. 늘 나를 보면 반겨주는 강아지도 있다. 그 외에도 내가 힘들 때 나를 믿어 주고 다시 기회를 준 사람들이 몇 명 더 있다.

그분들은 늘 나에게 "밥은 먹었느냐?"라고 물어보신다. "밥은 먹고 다녀라"라는 그 말 한마디가 얼어붙은 내 마음을 녹여 주는 듯했다. 어느 날 길에서 리어카를 끌고 다니면서 고물을 줍는 아저씨의 모습을 보았다. 그 아저씬 매일 같은 시간 같은 장소를 돌아다니신다. 나는 그 아저씨를 보면서 '저렇게 하면 얼마를 벌까? 힘들어 보이는데…'라는 생각을 했다. 그러다가 갑자기 '나도 나이 먹어서 저렇게 되면 어떻게 하지?'라는 생각이 들었다.

나는 다시 한 번 정신을 차리고 생각했다. 내가 지금 가장 돈을 많이 벌 수 있는 일을 생각했다. 그런데 아무리 생각해 봐도 자동차 일이었다. 그래서 나는 자존심을 내려놓고 예전에 일했던 사장님들한테 찾아갔다. 도와달라고 요청하고 다시 일을 시작했다. 그리고 돈을 빌려준 사람들한테 돈을 버는 대로 나눠서 갚을 테니까 나를 믿어 달라고 부탁했다. 나는 일주일 중 하루도 쉬지 않고 아침 7시부터 새벽 2시까지 일해 돈을 갚아 왔다.

그리고 일하면서 〈한책협〉의 김태광 대표 코치님을 알게 되었다. 처음 사무실에 갔을 때 마블(MARVEL)로 장식한 인테리어를 보고 놀라웠다. '나도 나중에 저렇게 해야지'라고도 생각했다.

그렇게 김태광 대표 코치님이 직접 타던 차를 정리해 주는 업무를 끝내고 그의 책을 읽게 되었다. 그러다 "성공해서 책을 쓰는 게 아니라, 책을 써야 성공한다"라는 문구를 보게 되었다. 처음에 나는 '말도 안 돼'라는 생각에 시간만 흘려보냈다. 그러다 김태광 대표 코치님에게 메시지를 보내게 되었다.

"대표님, 정말 책을 쓰면 성공할 수 있나요? 저는 책을 써 본 적도, 책을 자주 읽는 편도 아닌데요."

내 문자에 김태광 대표 코치님은 자신을 믿고 책을 써 보라고 했다. 그래서 나는 대표 코치님의 강의를 들으러 갔고, 나의 지금의 상황을 설명했다. 김태광 대표 코치님도 힘든 시기를 거쳐 지금의 위치에 올라오신 이야기를 해 주셨다. 그의 이야기를 듣고 '정말 대단하다'는 생각이 들었다. 존경스럽고 부럽기까지 했다.

나는 김태광 대표 코치님께서 과제로 내주신 숙제를 하면서 나에 대해 다시 한 번 반성하게 되었다.

'나는 지금 무얼 위해 사는가. 지금 빚을 갚으며 나이만 먹고 있는데 억울하지 않은가?'

그리고 나는 김태광 대표 코치님과 〈한책협〉을 만나 한 가지 결심을 했다.

나같이 갈 곳 없고 막다른 길에 몰린, 빚진 사람들을 위해 희망이 되리라는 결심. 그들에게 새 출발하는 방법을 알려 주고 싶다는 결심이다. 죽고 싶고 포기하고 싶으면 죽을 각오로 책을 써 보고 그 후에도 변화되지 않으면 죽으라고 할 것이다. 나는 지금 죽을 각오로 이 글을 쓰고 있다.

나는 책을 써 본 적도 없고 쓰는 법도 모른다. 그저 머릿속에, 마음속에 떠오르는 걸 있는 그대로 쓸 뿐이다.

나는 38년을 살아오면서 수많은 고통과 비난, 시련을 겪었다. 그렇게 지옥 같은 일들을 겪어 보니 나에게 책을 쓰는 건 어려운 게 아니라고 생각했다. 단지 책 쓰는 법을 모를 뿐이라고 생각했다. 그리고 막상 써 보니 책 쓰는 것은 세상에서 가장 쉬운 일이라는 것을 알게 되었다. 이제는 시도 쓰고 싶어진다.

3년 안에
빚 청산하기

나는 빚쟁이다. 스물네 살 때부터 지금까지 빚을 갚고 있다. 정말 지옥 같고 어떨 때는 다 포기하고 싶다. 하지만 여태껏 잘 견뎌왔다. 빚 갚기가 반복되는 생활 속에 잘 적응해 살고 있다.

나는 20대 어린 나이에 돈에 눈이 멀어 사업을 시작했다. 사회 경험도 부족했던 나에겐 큰 실수였다.

남의 돈을 빌려 높은 이자를 주고 시작한 사업이 하루하루 노예로 살아가는 길인지 몰랐다. 돈의 무서움을 모르고 겁도 없이, 생각도 없이 살아온 나의 지난날들. 다시 돌이킬 수는 없다. 하지만 돌아보면 그때의 잘못된 판단으로 인해 이런 고통을 겪는 벌을 받는 거 같다.

나는 하루하루, 24시간 동안 수없는 생각과 고민을 반복한다.

그중 첫 번째는 '내가 왜 이런 거지같고 지옥 같은 길을 걷고 있는 걸까?'라는 것이다. 하지만 나는 안다. 그 근원이 바로 나라는 것을. 돈의 무서움을 몰랐기 때문이다. 남의 돈을 쉽게 생각하고 높은 이자도 우습게 생각했기 때문이다. 그렇게 잘못된 판단으로 상황이 악화됨에도 혼자 끙끙 앓으며 '어떻게든 해결되겠지' 하고 생각한 탓이다.

그렇게 시간을 끌다 하루하루 늘어나는 이자와 원금을 감당할 수 없게 되었다. 그 당시에는 내 사정을 말할 수 있는 상대가 없었다. 아니 말하는 게 겁났다. 늘 초조하게 하루하루를 버티며 지냈다. 그렇게 지금의 상황까지 온 것이다.

두 번째는 '남들은 개인회생에 파산신청을 하면서 뻔뻔하게 돈 안 갚고 잘 사는데 나는 왜 그걸 못할까?'라는 것이다. 사람들은 나에게 말한다. 파산신청 하라고. 네가 일해서 갚을 수 있는 돈이 아니라고. 평생 일해도 갚지 못한다고. 나는 이런 말들이 너무 듣기 싫었다. 나를 걱정해서 해 주는 말인지는 안다. 그런데 어떨 때는 나를 무시하는 것 같아 싫었다. 왜 내가 평생 이 돈을 못 갚아. 나는 큰돈도 벌어 봤다. 너희들은 이런 큰돈을 빌릴 수나 있었겠느냐? 그렇게 속으로 말하곤 했다.

TV에서 빚 때문에 자살하거나 파산하거나 막무가내로 버티다 감옥에 가는 사람들을 봤다. 나는 그런 사람들을 보면서 한심하다고 생각했다. 책임감도 없이 이 세상을 어떻게 살아갈 수 있을까. 저렇게 의지가 약해 무얼 할 수 있을까. 그렇게 나는 TV를 보며 그들이 한심하다고 생각했다.

그런데 파산신청을 한 사람들은 말한다. 파산신청이 때론 정답일 수도 있다고. 하지만 나에게는 그런 말이 들리지 않았다. 나는 열심히 빚을 갚아 나가기로 마음먹었다. 나 스스로의 능력을 믿었기 때문이다.

세 번째는 '이제 시간이 지나 나이를 한두 살 더 먹다 보니 몸이 지치고 예전 같지 않다'는 것이다. 없던 새치도 생겨난다. 스트레스로 인한 뇌수막염으로 큰 병원에 두 번이나 입원해 골수도 뽑았다. 뇌수막염은 면역력이 떨어져 뇌에 물이 차는 병이라고 한다. 어린아이들이나 성인에게 발병하는 흔한 병이라고 한다.

그리고 스트레스로 인해 기억력이 좋던 내가 치매에 걸린 것처럼 자주 까먹곤 한다. 어떨 땐 주차한 곳이 생각이 안 나 사진을 찍어 기억하곤 한다. 평소에 즐기던 운동도 이제는 할 시간조차 없다. 마음의 여유도 없다. 정신적으로도 지치고 힘들다. 일 끝나면 누워서 내일은 또 어떻게 살아갈지 하루하루를 걱정하며 잠을 청할 뿐이다.

네 번째, '경기가 왜 이렇게 안 좋아질까?'라는 고민이다. 나는 지금도 갈 길이 멀다. 갚아야 할 빚이 많이 남아 있다. 그런데 경기 침체라는 말이 뉴스나 신문에서 나오곤 한다. 나는 경기가 안 좋다는 말이 세상에서 제일 듣기 싫은 말이고 핑계라고 생각했었다. 물가는 오르는데 삶은 점점 팍팍해지는 것이다.

돈 있는 사람들은 이런 말을 하지 않는다. 나는 이런 상황에 대한 돌파구가 필요했다. 돈이 있는 부자 고객들을 더 많이 만나서 시너지 효과를 얻으려 했다. 빚을 다 갚고 그들처럼 사는 모습을 상상하며 하루하루를 지내 왔다. 부자들과 대화하고 밥을 먹고 나면 나 자신이 너무 초라하다. 하지만 나는 부자가 될 것이라는 생각에 포기하지 않고 오늘도 달리는 것이다.

다섯 번째, 내가 그동안 이자와 수익을 준 사람들이 나를 더 비난하고 욕한다는 것이다. 생각할수록 괘씸하다는 생각이 든다. 내가 돈을 공짜로 빌린 것도 아니고 몇 년 동안 이자와 수익을 줬는데. 내가 망하고 나니까 사기꾼이라는 소리에 온갖 비난을 해 대며 여지저기 소문내고 다니는 사람들. 하루도 나를 가만두지 않고 괴롭히는 사람들. 그들을 보며 나는 속으로 다짐했다. 이 지옥의 고통 속에서 벗어나 꼭 성공하겠다고. 너희들 면전에서 웃어 주겠다고.

그렇게 나는 다짐하고 또 다짐한다. 가식적이고 자기밖에 모르는 사람들. 나를 위해 주는 척 연기하는 사람들. 나는 이 악 물고 내가 힘을 얻을 때까지, 성공할 때까지 죽은 사람처럼 살기로 했다.

감정도, 느낌도 없는 사람처럼 살기로 했다.

나는 앞의 생각들을 머릿속에 항상 간직하며 살아간다. 어차피 지난 일이다. 나 스스로 잘못 판단해 저지른 일이다. 누구를 원망하며 어디다 하소연하겠는가.

나는 음악 듣는 거, 쇼핑하는 거, 운동하는 거를 모두 좋아한다. 하지만 이제 이 모든 것은 나에게 사치다. 지금의 내 상황에는 어울리지 않는 것들이다. 보통 사람들이 흔히 할 수 있는 것들이 지금 나에게는 꿈만 같은 일이다. 오로지 머릿속에는 빚을 갚아야 된다는 생각뿐. 아무런 재미도 없다. 웃음마저 잃어버린 채 살아왔다. 나는 빨리 이 지옥 같은 고통 속에서 탈출하고 싶다. 그래서 남들처럼 신나는 음악도 따라 부르고 춤도 추고 옷도 사고 내 몸도 관리해 몸짱도 되고 싶다.

나는 빚 청산 목표 기한으로 3년을 잡았다. 너무 짧게 잡으면 해내지 못할 때의 허탈함이 싫을 것 같았다. 너무 길게 잡자니 이 지옥 같은 상황에서 일분일초라도 빨리 탈출하고 싶었다. 그래서 3년 안에 지금의 채무를 다 갚을 생각이다. 그래서 나도 다른 사람들처럼 잠도 푹 자고 무언가에 쫓기듯 하루하루를 보내지 않고 싶다. 내가 하고 싶은 일에 더 집중하고 싶다.

책에서 이런 말을 읽었다. "평소에 무슨 말을 하는가에 따라 인생이 바뀌고, 소원이 이루어진다."는 말이었다. 그래서 나는 속는

셈치고 '빚을 하루빨리 갚게 해 주세요!'라고 주문을 외워 볼 생각이다. '나는 빚을 다 갚고 행복해지고 싶습니다!'라고.

　나는 해낼 것이다. 지금 나는 책을 쓰고 있다. "성공해서 책을 쓰는 게 아니라 책을 써야 성공한다"는 말이 너무 좋다. 빚을 다 갚고 나는 이 말을 크게 외칠 것이다.

어머니께
효도하기

내가 제일 힘들 때 늘 무엇이든 해 주신 분은 어머니였다. 나는 어릴 때부터 어머니와 다투기도 많이 다퉜다. 그러다 뒤돌아서면 미안해하고 또 싸우면서 지내 왔다. 그래도 마음속에서는 어머니를 사랑한다. 하지만 단 한 번도 사랑한단 표현을 못했다. 해 본 적이 없어서 그런지 더더욱 낯설고 못하겠다. 내 친구들이 자신들의 어머니한테 사랑한다는 말을 아무 거리낌 없이 하는 걸 보면 참 신기하다.

나는 서울 영등포구 여의도에서 태어났다. 잘난 아버지와 힘들게 가출해 서울에서 간호대학을 나온 어머니 사이에서 태어났다. 나는 아버지에 대한 기억이 없다. 늘 집에 오지 않으셨기 때문이다. 그런 만큼 어머니가 우리 형제를 키워 주셨다. 어머니는 나와 내 동생이 아버지가 없다는 무시를 당하지 않게 늘 아버지 역할까지 해 주셨다. 우리가 원하는 건 뭐든 해 주셨다.

우리 어머니는 산부인과 간호사다. 어머니는 3교대 근무를 하셨다. 아침 근무, 오후 근무, 저녁 근무. 저녁 근무가 있는 날이면 무서워하는 날 위해 어머니는 일하는 병원 기숙사에 우리를 데리고 가셨다. 그리고 항상 조립식 로봇을 사 주셨다. 나는 어릴 때부터 만드는 걸 좋아했다. 그래서 늘 집에 있는 물건들을 부수어 어머니한테 혼나곤 했다.

우리 어머니는 나와 내 동생을 키우시면서 평생 병원에서 일하셨다. 이리저리 병원을 옮겨 다니면서 힘든 내색도 안 하셨다. 집에 오시면 청소와 밥을 하셨다. 그때는 어머니가 우리를 위해 희생하신다는 것을 몰랐다.

나는 늘 어머니와 다투고 화내고 투정을 부렸다. 지금 와서 생각해 보니 우리 어머니는 혼자서 온갖 고생을 다하신 것 같다. 밖에서는 환자들 돌보느라 스트레스를 받았을 것이다. 원장님한테 혼나기도 했을 것이다. 분만실에서 애기가 태어날 때 잘못되면 책임추궁도 당하셨을 것이다. 그러면서도 집에 와서는 청소, 빨래 등등 하시고…. 그렇게 힘들게 일하시면서 나와 내 동생을 키워 주신 것이다. 얼마나 힘들고 외로웠을까? 지금 생각해 보면 어머니는 참 대단한 것 같다.

어머니는 쉬는 날이면 코를 크게 골면서 잠을 잤다. 그때 나는 이해를 못했다. 얼마나 피곤했으면 그리 코를 골며 자는지. 나는 어머니한테 너무 불효만 저지른 것 같다. 내가 어머니에게 잘못한 일들을 생각해 보면 다음과 같은 일들이 떠오른다.

첫 번째, 어릴 때 나는 나이가 많고 흰머리가 있는 어머니가 창피해 학교에 오지 말라고 했다. 우리 어머니는 늦게 결혼하셨다. 그래서 내가 학교에 다닐 때 친구들 엄마 중에서 나이가 가장 많았다. 어떤 날은 도시락을 안 가지고 학교에 온 나를 위해 어머니가 도시락을 가져다주셨다. 그것을 본 반 친구가 나에게 "종혁아, 할머니 오셨다!"라고 외쳤다.

나는 어머니한테서 도시락을 낚아채듯 받고서 빨리 가라고 했다. 고맙다는 말도 하지 않고. 나를 위해 도시락을 싸 오신 어머니를 나는 왜 그때 흰머리가 있다고 창피해했는지. 후회가 된다. 나는 도시락을 받고 어머니를 할머니라고 부른 친구하고 싸웠다.

두 번째, 나는 어머니한테 단 한 번도 따뜻한 말을 해 본 적이 없다. 중학생이 되면서 나는 어머니를 따라다니며 병원에서 자는 게 싫었다. 그래서 밤에 근무하시는 날에는 동생하고 집에서 잠을 잤다. 그렇게 늘 바쁘게 일하시는 어머니인데, 나는 어릴 때부터 먼저 따뜻한 말을 해 본 적이 단 한 번도 없었다. 심지어 어버이날에도 카네이션을 사서 주고 나왔을 뿐이다. 그런데도 어머니는 내가 준 카네이션을 정성껏 걸어 두셨다. 지금도 어버이날 내가 사 준 선물과 편지를 고이 간직하고 계신다. 내가 해 드린 게 이것밖에 없어서 한심하고 후회가 된다.

세 번째, 나는 엄마가 힘들게 일해 번 재산을 한 번의 실수로 날려 버렸다. 나는 어린 나이 돈에 눈이 멀어 사업을 해 보겠다고 나섰다. 그러다 남의 돈을 우습게 여기며 큰 빚을 지게 되었다. "돈이 없으면 없는 대로 살아."라고 하시던 어머니의 말을 무시했다. 그러곤 내 방식대로 내가 하고 싶은 대로 살아왔다.

어머니는 늘 나에게 "회사에 다니며 월급 받는 일을 해라."라고 하셨다. 그렇게 수십 번, 수백 번 이야기하셨다. 하지만 나는 내가 열심히 일한 만큼 돈을 버는 일을 하고 싶었다. 그래서 배운 것이 중고차 일이었다.

지금 생각해 보면 천천히 일해 돈을 모아서 사업할 수도 있었다. 그런데 왜 처음부터 욕심을 부렸는지. 왜 무언가에 홀린 듯 있는 돈 없는 돈을 다 끌어모았는지. 그것도 부족해 왜 남의 돈까지 높은 이자를 주고 빌려 왔는지. 결국 나는 빚쟁이가 되었다. 그리고 그 과정에 내가 열심히 번 돈 그리고 어머니가 힘들게 모으신 재산마저 한순간에 잿더미로 만들어 버렸다. 그때 어머니는 사람한테 피해를 주면 안 된다고 하셨다. 그러시면서 집을 팔고 하나씩 정리하자고 하셨다.

나는 그때 너무 죄송하고 미안했다. 그 상황이 너무 끔찍했다. 억울하고 왜 상황을 이렇게까지 만들었는지 후회되었다. 결국 어머니는 집을 부동산에 내놓고 적금도 깨어 빚을 갚아 주셨다. 하지만 아직 다 처리가 되지 않았다. 어머니는 자신하고 같이 일해 빚을 갚자고 하셨다. 지금껏 나 때문에 쉬지도 못하시고 요양원에서 환자들을 돌보시고 계신다.

지금 어머니의 연세가 75세다. 힘들어하시는 모습을 볼 때마다 가슴이 찢어지게 아프다. 나는 철들기 먼 것 같다. 우리 어머니는 정말 대단하신 분이다.

네 번째, 나는 너무 늦게 어머니의 소중함과 마음을 이해했다. 나는 나쁜 자식이다. 그런데도 우리 어머니는 늘 나를 아끼시고 아직도 어린애처럼 대하신다.

어릴 때부터 우리 형제를 위해 여자의 일생을 포기하고 일만 하신 어머니. 왜 그땐 그걸 몰랐을까. 왜 그때는 부모니까 당연하다고 생각했을까. 내 나이 서른일곱 살이 되면서 하나하나 어머니를 이해해 보려고 노력한다.

이젠 내가 돈을 벌어 어머니한테 효도해야 되는데, 편하게 해 드려야 되는데 그러지 못하는 나 자신을 보면 답답하고 한심하다. 어머니는 제주도에 가는 게 소원이라고 하신다. 나는 빚을 다 갚고 성공해 집도 사고 어머니를 쉬게 해 드리고 제주도도 모시고 갈 거다. 하루빨리 이 지옥 같은 고통 속에서 탈출해 어머니와 동생한테 좋은 집, 좋은 음식, 좋은 옷, 좋은 곳 등을 선물해 주고 싶다.

"어머니, 죄송합니다. 단 한 번도 따뜻한 말 건네지 않고 늘 사고만 치는 이 못난 자식을 아들이라고 감싸 주시는 어머니. 아직도 저를 위해 고생하시는 어머니께 사죄드립니다."

내 집
마련하기

나는 이제 서른일곱 살이다. 학교를 남들보다 일찍 가서 친구들보다 나이가 한 살 어리다. 옛날에는 나이가 한 살 어린 게 좋은 점도 있었다. 하지만 지금 나에겐 아무런 의미가 없다. 단지 지금 내 나이가 30대 후반이라는 게 너무 끔찍할 뿐이다.

지금 내 친구들은 다 결혼해 집을 사고 아기도 낳고 잘 살고 있다. 그런데 지금 나의 모습은 너무 초라하고 비참하다. 남들 다 있는 집 한 채 없어 결혼을 못한다. 거기에 빚까지 있으니 기가 막힐 노릇이다. 다른 사람들은 나에게 묻는다. 그렇게 쉬지 않고 일하는 이유가 뭐냐고. 열심히 일하는 만큼 돈도 많이 벌어 놓지 않았느냐고.

하지만 그 사람들은 나에 대해 모르는 사람들이다. 내가 빚이 있는지도, 내가 왜 이렇게 쉬지 못하고 살아가는지도 모른다. 어느 순간부터 나는 사람들을 경계하곤 했다. 나에 대해 아무런 말도 하지 않았다. 나는 지금 내세울 것이 없는 빚쟁이일 뿐이다. 나에 대해 말하면 그들은 나를 피할 것이다. 아니면 나를 불쌍하게 바라볼 것이다. 나는 나를 바라보는 그 눈빛이 싫다. 그래서 어느 순간부터 나라는 사람은 죽었다고 생각하며 지내 왔다.

가끔 강남 한복판이나 큰 도로를 걸어갈 때마다 나는 높은 건물들을 보며 생각한다. 이 많은 건물과 집 중에 왜 내 거는 하나도 없을까? 과연 이 건물은 누구의 것일까? 부러운 마음으로 건물을 한참 쳐다보며 나는 생각한다. '나도 꼭 죽기 전에 내 건물을 사야겠다!' 그러고는 '건물 이름을 내 이름의 약자 JH 빌딩으로 해야지' 라고 다짐하곤 한다.

도대체 저 건물은 시세가 얼마나 될까? 또 저 집은 얼마일까? 내가 빚을 갚아 가는 동안 부동산은 계속 오를 텐데. 나는 언제 이런 집을 사지. 갑자기 의욕이 사라진다. 내가 빚만 안 졌어도, 남의 돈만 안 빌리고 일했어도 지금 강남의 건물 하나를 샀을 텐데. 그러면 부동산이 올라 돈을 많이 벌었을 텐데.

이미 지난 일인데 자꾸 후회가 된다. 지나간 일에 집착하게 된다. 그리고 시간이 지나면 다시 노예처럼 일하고 그 생각은 다시 잊는다. 나도 내 집을 갖고 싶다. 빨리 돈을 벌어 빚을 갚아야지. 어머니가 나 때문에 판 집도 다시 사 드려야지. 그렇게 생각하다 보면 지금 당장 할 수 없는 일인지라 또 기운이 빠진다. 일 마치고 집으로 가는 발걸음이 무겁다.

지금 내가 사는 곳은 처량한 곳이다. 나 때문에 우리 가족들이 이런 집에서 지내는 걸 보는 게 싫어 집에 들어가기가 싫다. 집도 없어 길에서, 지하철역에서 자는 사람들도 허다한데. 지금 내가 불평하는 게 틀린 걸까? 나는 다시 생각한다. 그리고 다시 한 번 다짐한다. 꼭 내 집을 사서 어머니에게 드릴 거라고. 그러자 하루라도 빨리 내 집을 갖고 싶은 마음이 샘솟는다. 그래서 나는 이렇게 마음을 다잡는다.

첫 번째, 내가 살고 싶은 집을 목표로 정하고 꼭 살 것이라고 상상한다.

두 번째, 내가 지금 힘들고 지쳐도 우리 가족들을 생각해 참고 더 강해져야 한다.

세 번째, 나는 지금까지 잘해 왔다. 그리고 앞으로 더 노력하면 남들처럼 평범하게 살 수 있다.

네 번째, 나는 돈을 벌어 봤다. 그런 만큼 부동산을 제대로 배워 집을 한 채 두 채 늘려 갈 것이다.

이렇게 마음을 다잡으며 나는 희망을 갖고 포기하지 않고 살아간다. 가끔 빚 때문에 자살하는 사람들을 보곤 한다. 그 사람들은 왜 죽음이라는 극단적인 선택을 했을까? 이해가 가지만 나는 자살하지 못했다.

나는 20대에 친한 친구를 잃었다. 그 친구는 속에 있는 이야기를 서슴없이 털어놓을 수 있었던 초등학교 동창이다. 땀을 흘리며 운동을 하고, 운동 후에는 맥주도 한잔하면서 지냈었다. 그런데 어느 날 이 친구는 황산칼륨을 먹고 자살했다. 그것도 스물세 살이라는 한창 젊은 나이에.

지금 나는 정신없을 정도로 시간과 빚에 쫓겨 친구의 죽음도 잊고 지내곤 한다. 하지만 가끔 정말 죽고 싶을 정도로 힘들 때 그 친구를 떠올린다. 하지만 지금 나는 살아 있다. 죽을 용기가 없어 하루하루 겨우 숨 쉬고 노예처럼 일만 하며 살고 있다.

이제 나는 노예의 삶에서 탈출해 진정한 자유를 얻고 싶다. 시간과 돈에 쫓기지 않고 나만의 시간을 갖기 위해 나는 오늘도 내일도 열심히 달려갈 거다. 그리고 나는 내 집과 내 건물을 사고 제2의 삶을 시작할 것이다.

시간과 돈에 쫓기지 않고
진정한 자유 얻기

오늘도 나는 눈을 뜬다. 다른 사람들은 아침에 일어나 눈을 뜨면 어떤 기분일까? 눈을 뜨는 순간 걱정과 근심과 불안으로 내 머릿속은 또 무거워진다. 오늘 하루는 또 어떻게 버티지. 오늘은 어떤 욕을 들어야 하지. 오늘은 또 어떤 변명을 해야 하지. 나는 스스로 각본을 써 본다.

그렇게 아침 9시가 된다. 모든 금융기관들이 업무를 시작하는 시간. 나는 이때부터 불안해진다. 오늘은 또 어떤 사람한테서 먼저 전화가 올까? 휴대전화를 만지작거린다. 기분 좋게 일을 시작해야 되는데. 오늘은 일거리가 많이 생겨서 돈을 많이 벌었으면 하는 바람으로 일을 시작한다.

나는 휴대전화를 항상 진동으로 해 놓는다. 언제 돈 갚으라는 협박 전화와 욕하는 메시지들이 올지 몰라서다. 전화를 받으면 온

갖 욕설과 비난을 들어야 한다. 그렇게 10분, 20분 이야기를 듣고 나면 내 머릿속은 또 깜깜해진다. 터질 듯한 두통을 달고 하루를 지낸다. 두통약도 많이 먹다 보니 두 알을 먹어야 버틸 수 있다. 밥 먹는 시간에도 연락이 올까 봐 불안한 마음으로 급히 먹고 나간다. 이렇게 버티는 삶이 지속되고 있다.

사람들은 전화통화를 하고 나면 내 얼굴이 어둡게 변한다고 했다. 죽어 가는 사람 같다고도 했다. 그러면서 왜 그러냐고 물어보곤 한다. 그때마다 나는 늘 아무 일도 아니라고 말했다. 솔직히 말하면 나 스스로를 깎아 내리는 것 같기 때문이다. 그리고 사람들이 나를 멀리할까 봐 고민이 있어도 늘 혼자 끙끙대면서 지내 왔다.

수많은 생각으로 머릿속은 복잡하고 어떻게 살아가야 할지 도무지 답이 안 나왔다. 오직 열심히 쉬지 않고 잠자는 시간 줄여 가며 일하는 방법 외에는 없었다. 나는 내 장기라도 팔아서 돈을 벌고 싶었다. 그리고 일하다 로또 판매점을 보면 늘 로또를 사곤 했다. 로또에 당첨되는 사람들은 어떤 사람들일까? 나는 왜 당첨이 안 되는 걸까? 전생에 무슨 죄를 지었길래 이렇게 고통 속에서 살아가는 걸까? 그렇게 생각하며 줄곧 로또를 샀다.

월요일에 로또를 사면 토요일 추첨 시간 전까지 희망이 생겼다. 혹시나 당첨될 것 같은 기분이랄까? 그러다 토요일 추첨 결과를 보고 나면 다시 좌절과 막막함이 밀려왔다. 로또 결과를 보고 아쉬워 한숨만 내쉬었다.

나는 금요일 저녁이 제일 좋다. 그다음 날은 토요일과 일요일이기 때문이다. 주말이 되면 내 휴대전화가 그나마 조용해졌다. 빚 독촉 전화도 적게 왔다. 그 시간만큼은 내가 유일하게 행복하게 보낼수 있는 시간이다. 나는 영화를 좋아한다. 내가 좋아하는 영화는수없이 봐도 질리지 않는다. 영화를 볼 때는 그 시간만큼은 영화에집중할 수 있어서 좋다. 그 시간 동안 너무 행복하다.

영화를 보면서 아쉬운 점은 시간이 훌쩍 지나가 버린다는 것이다. 나에게 유일하게 행복한 시간이. '오늘은 어떻게 보람 있게 지낼까?' 이런 생각을 하면서도 '다시 일을 해야 돼!'라고 지시를 내린다. 맞다. 나에게는 한가하게 여유를 부릴 시간이 없다. 이 시간에도 나가서 돈을 벌어야 한다.

나에게는 여유시간도 사치다. 정말 불행한 내 인생. 나는 다시일을 하러 나간다. 시간은 참 빠르게 지나간다. 한 살 한 살 나이를먹을수록 시간은 더 빨리 지나가는 것 같다. 너무 두렵다. 시간마저 빨리 지나가다니. 내 나이 이제 서른일곱 살. 나는 있는 집도 팔아먹고 미친 듯이 일만 해야 한다. 그런 불평불만도 잠시, 나는 다시 현실에 적응해 일한다.

"하느님 보고 있나요? 저한테도 다시 한 번 기회를 주세요."

나는 늘 이렇게 기도한다. 나쁜 사람들은 당당하게 잘살고 부지런히 일하는 사람들은 늘 같은 자리를 맴돈다. 진짜 한심한 나라다. 우리나라는 돈이 있어야 잘 먹고 즐겁게 살 수 있다. 물가도 비싸 1,000원 한 장 들고서는 컵라면도 사 먹지 못한다. 내가 돈 잘 벌 때, 빚이 없었을 때는 느끼지 못한 걸 지금에 와서 느낀다.

1,000원짜리 한 장에 벌벌 떨다니…. 이런 나 자신이 너무 비참하다. 돈이 없으니까 먹고 싶은 건 더 많다. 그러다가 마트에 가서 '라면이나 사서 밥 말아 먹어야지'라고 생각하는 경우가 있다. 이럴 경우에 나는 집에 가서 라면을 끓여 밥을 말아 배가 터지게 먹는다. 그러고 나면 먹고 싶었던 것들이 머릿속에서 사라져 버린다.

나는 '이렇게 살면 안 되겠다'라고 곰곰이 생각했다. '나를 도와줄 사람을 찾자. 다시 내가 잘할 수 있는 일, 돈을 많이 버는 일을 해야겠다'라고 생각했다. 나는 다시 자동차 시장에 갔다. 다시는 오기 싫었던 곳이었다. 내가 잘될 때는 사람들이 나한테 알랑거리면서 형제나 가족처럼 대해 줬던 곳이었다. 그러나 내가 빚지고 망하니까 냉정하게 나를 피한 곳이었다. 그러곤 사기꾼이라 비난하고 온갖 수모를 준 곳이었다.

그래도 나를 좋게 봐 주신 사장님들이 있다. 나는 그들을 찾아가 정중하게 부탁했다. "저는 지금 알다시피 가진 거 하나 없고 빚만 잔뜩 있습니다. 그러나 저는 그 누구보다 더 열심히 뛰어야 하는 이유와 목표가 있습니다. 빚을 갚을 수 있게 저를 도와주세요."

라고.

몇 명의 사장님들은 내 기분이 상하지 않게 거절하시기도 했다. 그중 한 명의 사장님이 같이 일해 보자고 했다. 나는 그 말이 정말 고마웠다. 그리고 그다음 날부터 새벽 일찍 일어나 전단지를 뿌리고 영업소에 가서 영업도 했다. 수단과 방법을 가리지 않고 열심히 일했다.

우리의 일은 이렇다. 손님들이 타던 차를 사 오는 거다. 어디서 사 오나? 다양한 루트가 있다. 현대, 삼성, 기아, BMW, 벤츠, 아우디 등등 길에 나가면 큰 전시장을 본 적이 있을 것이다. 우리는 전시장에서 영업하는 딜러분들과 함께 일하며 공생하는 관계다.

고객님이 바꾸고 싶어 하는 브랜드를 접수하면, 우리는 해당 전시장에 가서 담당 딜러분에게 "지금 타고 있는 차를 처분하고 이 브랜드 차로 바꾸고 싶은데 얼마나 받을 수 있을까요?"라고 물어본다. 그러면 그 고객의 차량정보, 연식, 색상, 뛴 킬로미터 수, 옵션 등등 정보를 파악한다. 그렇게 우리는 중고차를 사 와서 깨끗하게 새 차처럼 만든다. 그러고는 광고를 올려 비싸게 되파는 일을 하는 것이다.

나는 다시 내가 가장 잘할 수 있는 이 일을 다시 시작했다. 그리고 열심히 돈을 벌어 빚을 갚아 나가고 있다. 나는 부지런히 일해서 빚 청산을 하루빨리 당기고 있는 중이다. 그리고 시간과 돈에 쫓기지 않고 진정한 자유를 얻기 위해 한발자국씩 걸어가고 있다. 나의 제2의 인생이 시작될 날이 머지않았음을 확신한다!

PART 7

귀농 부자가 되어
행복한 삶 꾸리기

– 김인환

김인환 귀농 창업 코치, 농업경영 CEO, 청소년 멘토, 《한국귀농창업코칭협회》 대표, 자기계발 강연가, 동기부여가

다양한 전공을 활용해서 20년 이상 NGO 활동을 해왔으며 교육부에 등록되어 있는 비영리교육시민단체인 한자인성교육연구소의 소장으로 활발하게 활동 중이다. 3박 4일 만에 영어성경을 통독하는 프로그램을 개발하여 셈영어훈련원(SEM)을 통해 영어성경통독 운동도 전개해 오고 있다. 또한 창의적인 농업경영의 모델링을 하고 있으며 저서로는 《마가복음영어 7일 완전정복》, 《마가복음영어암송노트》, 《잠언영어암송노트》 등이 있다. 현재 '귀농 부자로 사는 법'을 주제로 개인저서를 집필 중이다.

대한민국 최고의
귀농 코치 되기

나는 갑작스럽게 귀농한 사람 중의 하나다. 내 인생의 후반을 생각하면서 새로운 기회를 찾기 위해 귀농을 선택했다. 물론, 귀농에 대해 7년 이상을 탐색했다. 꾸준히 귀농에 대한 정보를 수집하고 관심을 가져 왔다. 30년간의 서울 중심의 생활을 접고 연고도 없는 곳으로 삶의 모든 축을 옮긴 것은 목표가 있었기 때문이었다.

내 나이는 쉰 살이다. 귀농하기에 결코 빠르거나 늦은 나이가 아니다. 관점에 따라 다르게 평가될 뿐이다. 농촌에서는 굉장히 젊은 축에 속한다. 내가 처음 귀농해 왔을 때 어르신들이 한결같이 한 말씀이 있다. 젊은 사람이 촌에는 뭐 하러 왔느냐. 젊은 사람이 촌에 들어오니까 우리 마을에는 좋은 일이지만 너무 아깝다. 고생하지 말고 돌아가라. 농사 아무나 하는 거 아니다. 농사는 돈 안 된다. 몸을 보니 힘도 없을 텐데 어떻게 농사짓겠느냐. 농사는 해 본 적이 있느냐 등등.

심지어는 나보다 한참 연배가 낮은 사람들조차 왜 힘들게 농사하러 왔느냐. 오지 않았으면 더 좋았을 텐데. 지금이라도 서울로 올라가라. 서울에 가고 싶어도 갈 수 없어서 동경하는데 선택을 잘못했다 등등의 말을 했다. 그 외에도 농정 일선에서 일하는 전문가들조차도 1년에 1,000평을 농사지어도 200만 원을 벌기 어렵다. 농사에는 답이 없다. 농사해서 먹고사는 것은 보통 어려운 일이 아니다.

나는 농사를 지으러 귀농했다. 내가 농사한다는 것은 농촌에서 농사지으며 살아왔던 사람들이 생각하거나 도시에서 농부들을 생각할 때 떠올리게 되는 그런 유의 것이 아니다. 도시에서 사람들이 다르게 살아가듯이 농촌에도 얼마나 다양한 삶이 있는지 사람들은 잘 모른다.

나는 농사를 배우면서 농사를 짓는다. 귀농한 사람들이 의무적으로 받아야 하는 신규 농업인 교육이나 농기계 안전교육, 농기계 정비교육, 스마트 팜, 농업기계기술인력 양성교육, 약초 및 작물 교육 등 갖가지 농사에 필요한 교육들을 받았다. 사람들이 지방이나 농촌을 떠나 서울 등 대도시로 옮겨 가는 이유가 되는 교육과 문화에 관련된 교육도 받았다. 그 외에도 권정생 문화 해설사, 슬로리딩 지도사, 하브루타 지도사, 이야기꾼 양성 등 서울에서는 받기 어려웠던 교육 과정도 받았다.

비록 민간자격이지만 소정의 과정을 거쳐서 지역에 빠르게 정착하기 위해 다방면으로 노력했다. 다양한 교육들을 받는 동안 많은 사람들, 특히 지역 토착민과 나처럼 귀농했거나 귀향, 귀촌한 사람들을 폭넓게 사귀게 되었다. 그렇게 나는 새로운 인간관계를 형성하면서 이 지역에서 어우러져 살아갈 토대를 마련했다.

나는 농사가 서투르다. 농사는 내가 해 오던 분야가 아니다. 그래서 끊임없이 공부하면서 배운다. 도서관에서 책도 빌려 본다. 인터넷으로 책을 구입해서 읽기도 한다. 농사 잘 짓는다고 소문난 농가를 방문해 묻기도 한다. 이웃 어르신들에게 훈수를 받아 가면서 농사를 배우기도 한다.

누구나 초보부터 시작하지 않는가. 비록 지금 나는 초보 농사꾼이지만 곧 전문 농업인이 될 것이다. 사람들이 농사가 어렵고 힘들다고 말할 때 나는 언제나 똑같이 대답한다. 세상에 힘들지 않은 일이 어디 있는가. 성공한 사람들은 모두 그 힘든 과정을 거쳤기 때문에 성공할 수 있었다는 것을 누구나 안다.

농사는 몸으로 하는 일이다. 그러면 몸을 쓸 수 없는 사람은 농사를 지을 수 없는가. 세상에는 수많은 농학 박사들이 있다. 그들 중에는 농사는 짓지 않으면서도 농사에 대해 많은 것을 아는 경우가 있다. 또는 농사에 대한 지식을 가르치며 돈을 버는 사람도 있다. 이들 모두는 몸을 쓰지 않고 농사하는 사람들이다. 하지만 이러한 농사는 가짜다. 마치 이론과 주제는 있는데 그것을 뒷받침할 콘텐츠가 없는 것과 같다.

나는 처음부터 농부가 좋았다. 천성적으로 몸을 쓰며 활동하는 것을 좋아한다. 학교에 다닐 때부터 다양한 클럽활동에 참여했다. 스포츠도 앉아서 관람하는 쪽보다는 운동장에서 직접 몸으로 부딪치며 뛰는 것을 더 좋아한다. 잘 모르는 일에도 관심을 가지고 적극적으로 배우며 실험해 보는 것을 좋아한다. 그래서 몸을 쓰며 밭을 갈고 땀을 흘리며 허리를 두드리는 것이 매우 즐겁다.

나는 생명을 사랑한다. 작물들이 싹을 내거나 꽃을 피우고 열매를 맺는 모습이 너무 좋다. 아름답고 신비롭고 경이롭다. 봄에 뿌린 씨앗이 가을에 열매를 안겨다 주어, 수확할 때의 그 기쁨은 돈과는 바꿀 수 없을 만큼 크다. 기다림을 배울 수 있고 희망을 가질 수 있고 자연의 일부가 될 수 있는 것이 농사다. 농사는 나의 적성에 딱 맞는 일이다. 내가 좋아하는 일을 하면서 살 수 있다는 것은 큰 행복이며 축복이다. 나는 귀농해서 축복을 받았다. 하지만 사람들은 이렇게 말할 것이다. "그래서 얼마나 버는데?"

나는 책을 쓰기 위해서 귀농했다. 귀농은 시대적 흐름이다. 사회나 국가적으로 귀농을 부추기고, 언론에서는 귀농해서 대박을 치는 사람들이 많은 것처럼 포장하고 과장해 말한다. 하지만 실상은 정반대다. 대박이 아니라 쪽박을 차는 사람이 더 많다. 대부분의 사람들은 현상 유지도 못한다.

그러나 나는 언론에서는 좋은 쪽을 말해 주는 것이 더 좋다고 생각한다. 농사는 농업활동의 기초적인 행위다. 즉, 농사도 사업이다. 그중에서 농부는 일당 노동자에 해당한다. 사람들은 농부로 살기 위해 귀농한다.

귀농하면 농부로 살아야 하는 것은 맞다. 하지만 농부도 도시에서 살아가는 사람들과 똑같다. 땅을 파고 논밭을 갈고 나무를 심는 것이 다를 뿐이다. 먹고 자고 살아가기 위해 일하는 삶의 기본 욕구는 똑같다. 포장할 것도 과장할 것도 감출 것도 없다. 귀농을 통해서 얻을 수 있는 가치와 만족의 차이를 믿고 귀농하는 것이다.

도시에서도 얻을 수 있는 가치와 만족이라면 절대로 귀농해서는 안 된다. 도시와 농촌은 각각의 강점과 약점, 기회와 위험을 안고 있다. 삶이 선택의 연속이듯이 귀농생활도 끊임없이 선택하고 결정해야 한다. 농사는 사업이므로 경영 마인드로 임해야 한다. 사업에는 밑천이 들게 마련이다. 밑천이 안 드는 사업은 없다. 또한 하루아침에 벼락같은 성공을 안겨다 주는 그런 말랑한 사업도 없다.

모든 성공한 기업가들은 숱한 역경과 시련을 이겨 내며 인내하는 시간을 거친 사람들이다. 귀농해서 성공하기 위해서도 같은 시간을 보내야 한다. 농사를 사업으로 생각하는 사람은 농업 경영인이다. 나는 귀농할 때 농사를 내가 창업할 아이템으로 생각했다. 나는 귀농을 통해서 농사의 실전 경험을 쌓고 싶었다. 귀농의 현실을 직시하고 새로운 관점으로 대안을 찾고 싶었다. 그렇게 해서 이미 귀농한 사람들이나 앞으로 귀농하고자 하는 사람들 그리고 관행농업으로 평생을 농부로만 살고 있는 사람들에게 도움이 되는 책을 쓰고 싶었다.

그러기 위해서는 나에게 주어진 농사에서 성공해야 한다고 굳게 믿고 있었다. 그러나 김태광 대표 코치를 만나면서 나의 생각이 잘못되었다는 것을 알았다. 전문가가 되어서 책을 쓰는 것이 아니라 책을 쓰면 전문가가 된다는 것을 알게 되었다. 성공해서 책을 쓰는 것이 아니라 책을 써야 성공하게 된다는 것을 확실하게 깨달았다.

지금은 너무 바쁜 농사철이다. 나는 주경야독하며 책을 쓰고 있다. 혼자서 북 치고 장구 치는 법을 배워 가고 있다. 나의 이러한 경험들이 농사로 생계를 이어 가는 사람들이나 귀농해 애쓰고 있는 사람들에게 도움을 줄 수 있을 것이다. 또한 귀농에 대해 고민하고 귀농을 계획하고 있는 사람들에게 도움을 줄 수 있을 거라 생각한다.

나는 귀농을 꿈꾸는 사람들에게 도움을 주는 귀농 코치가 되기로 결심했다. 이미 귀농 컨설팅을 하거나 상담을 하는 사람들이 있을 것이다. 하지만 나는 나만의 관점과 아이디어와 콘텐츠로 귀농하는 사람들의 꿈이 이루어지게 할 것이다. 꿈이 현실에서 이루어지도록 목숨 걸고 도와주는 대한민국 최고의 귀농 코치가 될 것이다.

요즈음 나는 농사보다 책 쓰기를 우선순위에 두고 있다. 그렇다고 내가 농사를 뒷전에 두고 소홀히 하고 있다는 말은 아니다. 나는 내가 할 수 있는 최선을 다해 그 어느 때보다 더 치열하게 목숨 걸고 농사를 짓고 있다.

나는 100세까지 살게 될 가능성이 많다. 그런 만큼 나이 쉰 살에 귀농을 선택한 것은 참으로 잘한 일이라고 생각한다. 사람들은 자신이 원하지 않아도 오래 살아야 되는 시대에 살고 있다. 그중에는 인생의 후반전에 귀농해서 새로운 꿈을 꾸며 살고자 하는 사람들도 있을 것이다. 나는 이런 사람들의 꿈을 실현시키는 대한민국 최고의 귀농 코치가 될 것이다.

TV에 출연해
동기부여 강연하기

　내가 중·고등학교에 다닐 당시에는 남학생이 여학교에 자유롭게 들어갈 수 있는 기간이 있었다. 바로 시화전을 할 때였다. 중학교 2학년 때로 기억한다. 어느 여학교였는지는 기억나지 않는다. 나는 카메라를 어깨에 메고 시화전을 구경하러 갔었다. 마침 라디오 방송국에서 취재를 나왔는데 인터뷰 대상을 찾던 중 나에게 인터뷰를 요청했다. 내 생에 처음으로 방송을 타게 된 사건이었다.

　그 후 고등학교 1학년 때 새로 오신 국어 선생님이 창립 멤버로 참여한 〈경남민속문화연구회〉라는 단체가 설립되었다. 그때 나도 학생 회원 자격으로 창립 기념 모임에 가게 되었다. 그런데 그곳에서도 방송국에서 취재를 위해 나와 있었다. 그리고 그 취재에 내가 인터뷰를 하게 되어 두 번째로 방송을 타게 되었다. 이 일은 내게 방송국에 대한 동경심을 갖게 한 기분 좋은 경험이었다.

대학교 1학년 때는 당시 한양대학교의 교목실장이었던 김장환 목사님이 극동방송 프로그램 안에 대학생을 위한 옴니버스 방식의 대담 프로그램을 제안했다. 프로그램 진행자 중 한 명으로 내가 뽑혀서 방송을 진행했던 일이 있었다. 여전히 방송국 안테나를 볼 때마다 그때의 일이 떠오른다.

요즘에는 방송매체가 일반 대중에게까지 폭넓게 개방되어 있다. 방송국 PD와 작가들은 새롭고 흥미 있는 소재를 찾기 위해 늘 촉을 세우고 있다. 그래서인지 이전에는 상상도 할 수 없었던 색다른 포맷의 프로그램들이 방영된다. 그리고 그 안에는 유명 연예인이나 방송인뿐만 아니라 우리 주변의 평범한 사람들도 등장한다.

특히 어떤 일에 전문적인 식견이나 특별한 재주를 가진 사람들이 단골로 출연한다. 그래서 시청자들의 호기심과 궁금증을 해결해 주기도 하고 볼거리를 제공하고 있다. 또한 공중파뿐만 아니라 종편이나 지역 케이블 등에서도 보통 사람들이 등장하는 다양한 프로그램을 편성하고 있다. 그렇다고 해서 아무나 방송에 출연하지는 못한다.

나는 아침 방송이나 강연 프로그램을 볼 때마다 새로운 정보를 얻거나 동기부여를 많이 받는다. 그런 프로그램에 출연하는 사람들은 자신만의 독특한 경험이나 지식들을 소개하면서 시청자들에게 감동을 주거나 생활의 지혜를 제공한다.

나는 사회의 저명인사들이나 유명인들이 출연해 시련을 극복하고 성공을 이루기까지의 자신의 경험을 들려주며 용기를 주는 TV 프로그램을 특히 좋아한다. 그런 성공 스토리를 접할 때마다 강한 동기부여를 받는다. 〈세상을 바꾸는 시간, 15분(이하 세바시)〉과 같은 짧은 방송 프로그램도 좋아하는데, 그 모토가 마음에 들어서다. 나는 〈세바시〉를 볼 때마다 내가 그 무대에 서서 이야기를 들려주는 상상을 하곤 했다.

나는 얼마 전에 읽었던 《백만장자 메신저》를 통해서 모든 사람이 자신의 이야기로 메신저가 될 수 있다는 강렬한 메시지를 받았다. 누가 나의 이야기에 귀 기울여 줄까? 내가 만약 TV에 출연한다면 무슨 이야기를 해야 사람들에게 감동과 동기부여를 해 줄 수 있을까? 내가 가지고 있는 특별한 메시지는 무엇일까? 이런 고민들이 한 번에 사라지는 기분이었다.

'나도 누군가의 메신저가 될 수 있구나!' 하는 생각과 함께 자신감과 자존감 그리고 확신을 얻게 되었다. 그러므로 이제 나도 꿈꾼다. 내가 TV에 출연한다면 그 누구와 비교할 수 없는 나만의 존재감, 나만의 메시지로 사람들에게 동기를 부여하는 메신저가 될 것이다.

지난주에는 〈한책협〉의 〈책 쓰기 과정〉에서 버킷리스트 50개를 쓰는 과제가 있었다. 먼저 가깝고 가능성이 높은 것부터 써 내려가는 것이 좋다는 말을 들었다. 그러고는 '그것이 어떤 것일까?' 생각하면서 기록했는데 순식간에 50개를 채웠다. 평소에 내가 하고 싶었던 일들이 이렇게나 많았는가 싶었다.

그러나 그중의 태반은 당장에 일어날 것 같지 않은 내용들이었다. 그럼에도 불구하고 나의 버킷리스트는 정말로 내가 하고 싶거나 꼭 해내고 싶은 일들이었다. 조금 빠르고 늦는다는 차이일 뿐, 불가능한 일이 아니라는 생각이 들었다. 때문에 나는 나의 소망이 반드시 이루어질 수밖에 없다고 확신한다. 그 열세 번째가 바로 'TV에 출연하기'다.

열세 번째의 버킷리스트를 제목으로 쓰려고 했을 때, 나는 이런 생각을 했다.

'단지 TV에 출연하기는 너무 막연한 기대가 아닐까?'

중·고등학교 시절에 예상치 못했던 인터뷰를 한 것이나 대학교 때 TV에 비중 없이 출연했던 것처럼. 그런 식이라면 그것은 아무런 의미가 없는 일일 수도 있다. 그렇게 TV에 출연하고 싶지는 않다.

나는 의미 있고, 가치 있는 내용으로 TV에 출연하고 싶다. 내가 TV에 출연한다면 어떤 일이 일어날까. 나는 TV에 출연하기를 진심으로 원하고 있는 것인지, 무엇을 위해 무엇 때문에 TV에 출연하고 싶어 하는지 곰곰이 생각해 보았다. 내가 TV에 출연한다면 크고 놀라운 일이 일어나게 하고 싶다. 사람들에게 동기를 부여하는 일을 하고 싶다.

내가 TV에 출연한다면 가장 먼저 기뻐하고 응원해 줄 사람은 바로 부모님일 것이다. 가족들에게도 자랑거리가 될 수 있을 것이다. TV 출연은 부모님에게 효도하는 방법 중의 하나가 될 수도 있다. 나는 효도하고 싶다. 그러므로 반드시 TV에 출연해 부모님의 이름을 빛낼 것이다.

그리고 내가 TV에 출연한다면 나를 아는 많은 사람들이 나를 더 좋게 생각할 것이다. 나는 지인들이 나를 더 자랑스럽게 생각하고 나와 친하다는 것에 자부심을 가지게 하고 싶다. 그래서 나는 TV에 출연할 것이다. 그러면 나를 알지 못하던 수많은 사람들도 나와 내 메시지를 기억해 줄 것이다. 나는 나의 메시지를 통해서 사람들이 살아갈 힘을 얻도록 하고 싶다. 그들도 꿈을 이루기 위해 분투하며 시련을 극복하고 인내해 자신의 꿈을 빨리 이루도록 도움을 주고 싶다. 그래서 나는 꼭 TV에 출연할 것이다.

나는 생생하게 상상한다. 네잎클로버 애플수박 농장이 〈생방송 투데이〉, 〈6시 내고향〉, 〈생방송 오늘 저녁〉, 〈생방송 오늘 아침〉, 〈좋은 아침〉, 〈생방송 아침이 좋다〉, 〈생생 정보통〉에 소개되는 꿈을. 그래서 나의 이름과 얼굴 그리고 내가 하는 귀농 코치의 일이 알려지는 꿈을. 그리하여 전국적으로 귀농에 관심이 있는 사람이나 이미 귀농해 어려움을 겪고 있는 사람들의 코칭과 컨설팅 요청이 쇄도하는 꿈을. 그리고 나의 특별한 농장과 내가 하는 코칭이 지역 방송국에서 자세히 방영되는 꿈을. 그렇게 경북지역 최고의 귀농 코치로서 농업기술센터, 경북농업기술원, 경북농민사관학교 등에 강사로 초빙되어 메신저로 활동하는 꿈을. 또한 저서의 출간과 동시에 〈아침마당〉, 〈TV특강 행복플러스〉, 〈세바시〉, 〈EBS 스페이스 공감〉 등의 프로그램에 강연자로서 초청받는 꿈을. 결국 나의 책은 베스트셀러가 되고, 나는 대한민국에서 가장 영향력 있는 귀농 코치로서 인정받는 꿈을.

또한 나의 TV 출연은 귀농과 농정 정책 담당자, 귀농 창업 및 청년 창농(창업하는 농업) 부서 담당자, 창조경제혁신센터, 농림부, 대기업의 퇴직 관련 인사 담당자 등에게 강한 인상을 심어 줄 것이다. 그리고 나는 각 기관과 기업체의 관련 부서에 강연자로 초청되어 나의 메시지를 이야기할 것이다. 그 결과 나는 'TV에 출연하기'의 꿈을 이루어 역동적이고 신나는 강연자로 자리매김할 것이다.

나의 'TV에 출연하기'는 앞으로 6개월 안에 이루어질 가능성이 높다. 왜냐하면 6개월 안에 이루어질 놀라운 일들이 있기 때문이다. 6개월 안에 나의 저서의 출간, 1인 창업, 네잎클로버 애플수박 농장 세팅, 애플수박 농장체험과 귀농교육 체험 프로그램이 진행될 것이기 때문이다. 그 결과 농장이 위치해 있는 경북 안동에서 가장 특별하고 유명한 농장이 되어 있을 것이기 때문이다.

나는 나의 열세 번째 버킷리스트인 'TV에 출연하기'에 부제를 달았다. 더 구체적이고 생생하게 꿈꾸면 더 빨리 이루어지기 때문이다. 'TV에 출연하기: 세바시에 출연해 동기부여 강연을 한다.' 내가 많은 TV프로그램 중에서 특히 세바시 출연을 부제로 달게 된 것은 나의 아내가 세바시를 즐겨 보고 좋아한다는 것을 알게 되었기 때문이다.

미국에서 영어성경통독캠프와
세미나 개최하기

"선생님은 상황영어만 하시면 한자와 영어를 양 날개로 크게 쓰임 받게 되실 겁니다."

2006년도 봄 학기, 국민일보 사회교육원에서 국가공인 한자 지도사 과정 책임교수로서 강의하고 있을 때 한 수강생이 내게 한 말이다. 그는 목회자였다. 그런데 6개월 연수과정 중 3개월쯤 지날 무렵부터 매주 수업시간마다 같은 말로 나에게 도전했다. 2개월가량 계속해서 권하는 그의 말을 지나칠 수가 없어서 나는 "도대체 상황영어가 뭡니까?"라고 물으며 팸플릿이나 자료가 있으면 가져다 달라고 요청했다.

그다음 시간에 그는 나에게 투박하게 인쇄된 팸플릿 한 장을 가져다주었다. 마침 8월 첫 주에 강좌가 예정되어 있었다. 그때는 벌써 7월에 접어들고 있었다. 8월 첫째 주는 항상 휴가 기간이었다.

나는 호기심도 생긴 데다 내 영어실력도 향상시킬 마음에 곧바로 강좌에 등록했다. 그 당시 내 영어는 뛰어나지는 않았지만 의사소통에는 어려움이 없는 정도였다.

나는 한 시간 정도 일찍 가서 앞에서 세 번째 줄에 앉았다. 늦게 가면 자리가 없다는 말을 전해 들었던 터였다. 강의 시간이 다가오자 사람들이 밀려들어 왔다. 좁은 강의실이 가득 차고 복도에까지 예비용 의자를 놓았다. 상황영어연구원 원장이 첫 강의를 시작했다. 나는 기대하는 마음으로 집중해서 들었다.

상황영어가 어떻게 만들어졌는지 간증과 같은 이야기와 영어의 인지원리에 대한 놀라운 이야기가 쏟아졌다. 강의를 듣는 중에 나도 모르게 눈물이 났다. 그렇게 언어에 대한 인지가 열리는 경험을 하게 되었다. 나는 프로그램이 진행되는 5일 동안 가장 일찍 가 내 자리를 지키면서 열심히 수업에 임했다.

한 꼭지의 강의가 끝날 때마다 트레이닝 페이퍼를 나눠 주면서 시험을 보았다. 그런데 대학교수인 아빠와 함께 온 초등학교 5학년 아이와 내가 언제나 100점이었다. 지금까지 내가 배우고 알던 영어와는 차원이 달랐다. 그 수업은 내가 언어철학적 사고로 영어를 이해하는 계기가 되었다.

나는 심화과정이 있으면 트레이닝을 더 받고 싶었지만 아쉽게도 그런 과정이 없었다. 같은 과정을 두 번 더 들었을 때 영어가 98% 정도 깨우쳐지는 느낌이었다. 나는 강사의 권고대로 영어성경을 가지고 스스로 트레이닝을 해 나갔다. 혼자서 트레이닝을 한다는 것은 결코 쉬운 일이 아니었다. 가장 큰 어려움은 내가 제대로 하고 있는지 물어볼 상대가 없다는 것이었다. 내가 틀리면 어쩌나 하는 의심과 걱정이 들었다. 하지만 계속하다 보면 영어가 된다는 말을 믿고 우직하게 밀고 나갔다.

나는 영어 중독증에 걸린 사람처럼 영어 구조 읽기를 연습했다. 2개월쯤 지나자 의심하고 걱정했던 것들이 점점 선명해지기 시작했다. 그러더니 6개월이 되자 모든 영어 문장의 구조를 읽어 낼 수 있게 되었다. 영어가 너무나 재미있었다. 영어에 대한 자신감이 들자 나는 '마가복음 영어 7일 만에 정복하기'라는 제목으로 한글이 없는 영어책을 썼다. 이 책은 유명한 영어강사인 오성식 대표가 추천하기도 했다. 또한 이 책을 교재로 국민일보 사회교육원에서 2007년 봄 학기부터 영어 강좌를 개설해 강의하게 되었다.

나는 언어에 대한 깊은 이해와 통찰로 내 영어의 길을 이끌어 주었던 김준기 원장님을 존경하는 마음으로 가까이하고 싶었다. 하지만 이미 그분의 제자는 충분히 많았다. 그들은 다른 사람들이 그분 가까이로 다가갈 수 없도록 두꺼운 벽을 만들어두고 있었다.

그들 중에는 그분의 선한 의도를 돈으로 바꾸고자 하는 욕심을 가진 사람이 많았다. 그분의 말에 의하면 이 영어는 목회자나 신학생들이 원어성경을 읽을 수 있도록 도와주기 위해서 개발한 것이라고 한다.

그 당시에 김다윗 선교사의 《마가복음 영어로 통째 외우기》가 유행하고 있었다. 그 책에서 제시하는 방법으로 마가복음 영어를 공부하고 외우려면 몇 달이나 몇 년이 걸릴 수도 있겠다 싶었다. 하지만 내가 깨우친 방법으로 하면 단 7일이면 마가복음 영어를 통달할 수 있었다.

마가복음 영어 강의를 듣던 수강생들 중에는 목회자가 많았다. 주 1회로 진행되던 7주 과정의 강좌가 끝나 갈 무렵 뜻밖의 제안이 들어왔다. '우리들만 알고 있기에는 너무 아까우니까 다른 사람들에게도 알려 주면 좋겠다. 이 방법으로 영어성경을 통독해보면 좋겠다'는 제안이었다.

나는 이미 혼자서 영어성경을 통독해 보았다. 그리고 그것이 영어를 갈고닦는 데 얼마나 좋은 방법인지 체득했다. 무엇보다도 내게는 영어를 구조로 읽고 말하고 생각하는 트레이닝 과정이 없는 것에 대한 안타까움이 늘 있어 왔다. 때문에 이 제안은 참으로 내마음에 들었다.

나는 곧바로 행동에 착수했다. 단체의 이름을 성경영어훈련원(Scripture English Must: SEM)이라 짓고 수강생들을 중심으로 사람들을 모아 보기로 했다. 숙식을 해결할 수 있는 장소도 섭외되고 모든 일이 일사천리로 진행되었다. 극동방송국에서는 무료 광고로 후원해 주었다. 그렇게 전국에서 방송이나 개인적인 소개를 통해서 50여 명의 남녀노소가 모였다.

혼자서 하는 것과 여러 사람이 함께하는 것은 전혀 다른 상황이었다. 사람들은 반신반의하면서도 영어성경을 통독할 수 있다는 기대를 가지고 능동적으로 모여들었다. 이렇게 해서 2008년 겨울 제1차 영어성경통독캠프가 시작되었다. 우리는 2박 3일 동안 영어성경을 〈창세기〉부터 〈요한계시록〉까지 통독했다. 세계 최초로 열린 영어성경통독캠프였다.

영어성경통독캠프는 2008년을 시작으로 방학 때마다 평균 2회 개최되었다. 학기 중에는 1일 캠프 형식으로 진행되었다. 그렇게 10년 동안 약 30회의 영어성경통독캠프 및 세미나가 개최되었다. 그런데 이 프로그램의 특징은 참석했던 사람이 또 참석한다는 것이었다.

캠프가 진행되는 동안 나는 내 영어를 학문적으로도 정리하고 싶어졌다. 특히 깊은 한자 공부와 영어의 구조적 이해를 통한 문자학과 번역학에 관심이 많았다. 하지만 문자학을 가르치는 곳이 없었다. 나는 번역학이 개설되어 있는 대학원을 찾아보았다. 그러나 한국외국어대학교의 통번역학과를 제외하고 서울에 있는 학교 중 순수하게 번역학을 가르치는 곳은 이화여대와 숙명여대 그리고 숭실대학교 대학원뿐이었다.

숭실대는 집에서 10분 정도의 거리에 있어서 거리상 편해 보였다. 그래서 나는 숭실대학원 영어영문학과에 입학해 번역학 전공을 시작했다. 그러나 나 외에는 번역학에 지원하는 사람이 없었다. 그래서 결국 영어학으로 전공을 바꾸어야 했다. 다행히 숙명여대와 학점교류 체결이 되어 있어서 나는 숙명여대 번역대학원에서 번역학을 좀 더 공부할 수 있었다. 대학원 공부를 하면서 영어 구조를 읽는 능력은 한층 더 탄탄해졌다.

영어는 세계의 언어다. 영어를 잘하고 싶어 하는 사람은 너무나도 많다. 영어성경은 전 세계적으로 가장 사랑받는 영어 교재다. 영어성경 속에는 주옥같은 영어 문장들이 너무도 아름다운 구조로 표현되어 있다. 그 누가 영어 교재를 집필한다고 해도 영어성경만큼 훌륭하지는 못할 것이다.

나는 지난 10년간의 영어성경 읽기와 통독의 노하우를 전 세계 사람들과 공유하고 싶다. 특히 미국에서 영어성경통독캠프와 세미나를 개최하는 꿈을 강력하게 꾸고 있다. 영어의 본고장인 영국과 미국 그리고 캐나다와 호주에서 영어성경통독캠프를 열고 싶다. 그래서 사람들로 하여금 성경을 더 가까이하고 그 깊이를 이해할 수 있도록 돕고 싶다.

만약 한국어 성경책으로 통독캠프를 연다면 굳이 내가 아니어도 할 수 있는 사람이나 단체가 많다는 것을 안다. 그러나 영어성경통독캠프는 아무나 열 수 없다. 이 프로그램은 세계 최초이며 최고라고 자부한다. 전 세계에서 내가 아니면 2박 3일 혹은 3박 4일 동안 영어성경을 통독할 수 있게 할 수 있는 사람은 없다. 나는 미국에서 영어성경통독캠프 및 세미나를 열어 영적 각성 운동을 일으킬 것이다. 이것은 나의 열다섯 번째 버킷리스트다.

해마다 평수 늘리며
내 소유의 농장 갖기

"사람에게는 얼마나 많은 땅이 필요할까?"

톨스토이의 책의 제목이기도 한 이 문장은 나에게 많은 생각을
하게 만들었다.

농부에게 있어서 농장은 목숨과도 같은 것이다. 농장이 없다면
농부가 무엇을 할 수 있겠는가? 지금부터 8년 전 나는 귀농 아닌
귀농을 하게 되었다. 후배가 목회를 하고 있는 그곳은 도시와는 꽤
멀리 떨어진 좀 깊은 시골이었다. 오랜 서울 생활과 꽉 짜인 도시
생활을 해 왔던 내 눈에 시골 풍경들은 마치 시간이 멈춘 듯 고요
했다. 그리고 나에게 평온함을 주었다.

수십 년 만에 연락이 닿았던 후배를 만나기 위해 나는 한 번도
가 보지 않았던 그곳을 더듬더듬 찾아갔다. 후배가 담임하고 있는

교회는 시골 교회치고는 잘 단장되어 있었다. 오랜만에 만난 후배도 반가웠지만 시골 정취가 참 좋았다. 무엇보다도 물과 공기가 정말 깨끗했다.

우리는 함께 식사를 하면서 그동안의 안부도 주고받으며 즐거운 시간을 보냈다. 후배에게도 그곳은 낯선 지역이었다. 낯선 곳이라고 해서 목회자가 지역을 가려서 갈 수는 없었을 것이다. 후배 또한 그 지역에 온 지 약 2년 정도 되었다. 그런 만큼 부지런히 지역민들을 찾아 만나고 관공서 등에 인사를 다니면서 관계를 넓혀 가고 있었다.

나는 그곳이 마음에 든다고, 좋다고 말했다. 그러자 그는 주저 없이 내게 자신과 함께 교회와 지역을 섬길 것을 제안했다. 나는 비영리교육시민단체의 대표로 활동하고 있었으므로 시골에서는 쓸만한 인재였다. 나는 긍정적으로 생각해 보겠노라고 말했다.

그 후 우리는 이 문제로 수차례에 걸쳐 통화했다. 나는 약 6개월 정도 매주 그곳을 방문하면서 정보를 수집했다. 그는 내게 군수님을 비롯한 공직자들과의 만남을 주선했다. 우리는 내가 가진 교육 및 문화 콘텐츠를 지역의 아동 청소년과 지역 주민들에게 보급하는 일을 의논하게 되었다.

나는 처음부터 귀농을 계획한 것이 아니었다. 다만 언젠가 나이가 더 들면 시골에서 농사지으며 살고 싶다는 생각은 하고 있었다. 나는 암환자와 암환자의 가족을 돕는 NGO인 전인건강연구회와 한국암퇴치운동본부에서 활동하고 있다. 그런 만큼 사람에게 건강한 먹거리가 얼마나 중요한지 알고 있었다. 그래서 나는 늘 건강하고 안전한 먹거리를 직접 생산해서 사람들, 특히 암환자들이 안심하고 먹을 수 있게 해 주고 싶다는 생각을 했다.

6개월 동안 매주 왕복 6시간을 운전하며 서울과 예천을 오가는 일은 대단히 고단한 일이었다. 나는 후배가 있는 마을 인근에 빈집을 구하기로 했다. 그리고 그의 도움으로 주차하기 편한 복층 구조의 깨끗한 집을 계약했다. 나는 일단 농부가 되기로 했다. 그 지역 사람으로 살면서 내가 제공할 수 있는 것들을 풀어놓는 것이 좋겠다고 생각했다. 또한 이왕에 농사를 짓는다면 무농약 친환경 농사를, 암환자들에게 좋은 작물을 선택하고 싶었다.

군(郡)에는 교육 문화적 사업보다 더 시급한 문제들이 있었다. 그러므로 나와 의논하던 일은 예산이 없어 추진되지 못했다. 그런 만큼 나는 농사에 집중할 기회를 얻었다. 그러나 나는 농사에만 올인하는 방식으로는 승산이 없다고 생각했다. 지금의 6차 산업과는 다른 개념이었지만 8년 전에 나는 농업 분야의 6차 산업을 생각해 냈다. 1차 생산, 2차 가공, 3차 서비스, 4차 관광, 5차 힐링, 6차 교육으로 연계되는 종합적인 농업이 되어야 경쟁력을 확보할 수 있다고 믿었다. 그뿐만 아니라 이런 구도로 농업에 접근하면 농산업의 다양성을 만들어 낼 수 있다는 장점이 있었다.

관광이 서비스업에 포함될 수도 있을 것이다. 하지만 나는 관광이 일반 서비스 분야를 넘어서는 중요한 가치를 지닌다고 생각했다. 그러므로 4차 산업으로 규정했다. 내가 생각하는 관광은 1차 산업의 획기적이고 창의적인 접근이었다. 즉, 자연에서 산물을 얻어 내는 것이 아닌 자연 그 자체를 의미했다.

몇 년이 지난 후, 누군가 산수(算數)를 통해서 6차 산업을 만들었다. 요즘에는 너 나 할 것 없이 더하기 아니면 곱하기의 이상한 6차 산업을 이야기하고 있다(1차+2차+3차=6차, 1차×2차×3차=6차). 4차 산업이라는 말도 독일에서 전략적으로 유포하면서 세계의 산업 양식을 오도하는 방식으로 사용되고 있다. 그런데 사람들은 그런 것은 개의치 않고 유행을 좇고 있다.

내가 생각한 6차 산업은 차원의 개념이 아니라, 플로우(Flow)였다. 내 나름대로 세계 산업의 흐름을 예측해 본 것이었다. 1·2·3차 산업은 이미 확정된 개념으로 사용되는 용어였다. 때문에 내가 만질 수 있는 영역이 아니다. 나는 자연스럽게 3차 다음으로 4차 그다음은 5차와 6차, 이런 식으로 생각한 것이다.

나의 생각대로라면 요즘 핫한 인공지능(AI)이나 사물인터넷(IoT) 같은 더 고도화된 산업은 7차 산업이 될 것이다. 이것에 증강현실이나 가상현실(VR) 기법 등이 접목된다면 8차 산업쯤 되지 않을까. 그리고 9차를 넘어 10차 산업이라는 말이 나올 때쯤은 형이상학적 영적 원리가 적용되는 초월 산업이 될 것이다. 그럼으로써 4차원으로 연계되는 마지막 단계가 될 것이다.

나는 먼저 귀농해서 정착하고 있는 이웃을 통해서 집을 얻을 수 있었다. 내 집을 방문하는 사람들에게 건강을 경험하게 하고자 그 집을 황토로 꾸몄다. 나는 서울에 있을 때 친환경 황토 건축 사업을 하는 사장님으로부터 황토 인테리어 기술을 배운 적이 있었다. 이 기술을 사용하면 고급 벽지를 바르는 비용으로 기존의 집을 황토 집으로 만들어 낼 수 있다.

이제 농사지을 땅이 필요했다. 내가 세를 얻은 그 집 앞뒤로는 4,500평의 밭이 있었다. 그 땅은 그 집에 속한 것이었다. 당연히 내가 맡아서 농사하면 되는 밭이다. 집을 맡는 사람이 그 집에 딸린 밭을 맡는 것은 불문율이다. 그런데 그 땅을 사용해 오던 사람이 생떼를 부리기 시작했다. 얼마나 그 횡포가 심했는지 2년 동안 심한 마음고생을 했다. 아이러니하게도 그 사람이 바로 내게 집을 소개해 준 귀농인이었다. 그가 얼마나 지독하게 패악을 부렸는지 땅주인조차도 가운데서 어쩔 줄을 몰라 했을 정도였다. 다행히 나는 동네 어른의 소개로 묵혀 있던 400평의 밭을 경작할 수 있었다.

나는 황토와 지장수를 활용해 모종을 키우고 식재했다. 그런 후에 모종이 어느 정도 자랄 때까지 지장수를 주면서 면역력을 키웠다. 집 앞 텃밭에 심은 각종 먹을거리들을 비롯해 개똥쑥이 얼마나잘 자라고 맛있는지 몰랐다. 토마토를 예로 들자면 나의 뇌 깊숙이있어서 잊어버리고 지냈던, 내가 어렸을 때 먹었던 바로 그 맛이 수십 년 만에 재현될 정도였다. 너무나 달고 맛있었다. 개똥쑥 역시적어도 3~4년 이상은 키워야 할 정도로 생장이 빨랐다.

그렇게 1년 반이 흘러갔는데 토지가 없으니 본격적인 농사를시작할 수 없었다. 그렇다고 내 집 앞의 밭을 두고 집에서 멀리 떨어져 있는 곳까지 가서 농사를 지을 수는 없는 노릇이었다. 그러던중 집 주인의 사업에 문제가 생겼다. 내가 살던 집으로 주소를 옮겨 오고 이사를 해야 한다는 등 말이 많았다.

5년을 계약했지만, 그런 것은 아무런 상관이 없었다. 나는 화물차를 운행하는 지인에게 연락해 뒤도 돌아보지 않고 이사했다. 만약 토지 문제가 원만하게 잘 해결되었다면 나는 어떻게든 그곳에서살아갈 다른 방법을 찾아냈을 것이다.

나는 앞선 일을 경험하면서 내 소유의 농장이 있으면 좋겠다는생각을 해 왔다. 농부에게 농장은 첫 번째 선택지다. 그렇다고 해서, 톨스토이의 책에서처럼 농장의 선택이 결코 농부의 목숨과 바꿀 일은 아니다. 욕심내지 않고 순리를 따르다 보면 내게 필요한 만큼의 농장을 얻게 될 것이다.

이제 나는 경북 안동에 완전히 정착하기 위해 터를 다지고 있다. 그래서 더 절실하게 나의 농장을 꿈꾼다. 2만 평의 10%인 2,000평 정도는 혼자서 어렵지 않게 경작이 가능하다. 나는 농지가 없어서 어려워하는 사람들이 안심하고 농사를 지을 수 있도록 해 주고 싶다. 함께 잘사는 법을 찾아 가고 싶다. 그러므로 나의 목표는 명확하다. 2년 안에 2만 평, 3년 안에 5만 평, 5년 안에 10만 평의 내 소유의 농장을 갖는 것이다.

10만 평쯤 되면 대한민국에서 제일 깨끗하고 잘 가꾸어진 친환경 자연농장으로 자리 잡게 될 것이다. 그리고 이것을 토대로 나는 안동을 세계의 선진 농부들이 반드시 한 번은 가 보아야 할 농장이 있는 멋진 도시로 거듭나게 할 것이다.

2년 안에 내 소유의 집을 지어
온 가족이 함께 살기

내가 막 결혼하고 한 달쯤 지났을까. 미국에 거주하던 집주인으로부터 연락이 왔다. 사업이 부도나서 미국에 더 머무를 수가 없어 한국으로 돌아가게 되었으니 집을 비워 달라는 내용이었다. 비록 단칸방이었지만 신혼살림을 위해 도배를 하고 장판도 깔고 깨끗하게 단장했는데, 왜 이렇게 허망하게 쫓겨나다시피 해야 하는지 여러 감정이 교차했다. 하지만 싸워 봐야 별 뾰족한 수가 없었다. 그저 이사를 나가는 수밖에 없었다.

적은 돈을 갖고 한 달 동안 돌아다니다 얻은 집이 상왕십리에 있는 보증금 600만 원에 월세 20만 원짜리 쪽방이었다. 월 20만 원이면 지금도 적지 않은 돈이다. 그런데 그 돈을 1년 동안 어떻게 감당했었는지 한숨이 나온다. 얼마 지나지 않아 아내는 큰아이를 가졌다. 나는 그 작은 방에서 아이를 키우고 싶지 않았다. 그래서 아내에게 우리가 함께 살아가는 동안 집 문제로 하는 이사는 한 번만 하게 해 줄 것이라고 약속했다.

나는 더 이상 집 문제로 아내를 고생시키고 싶지 않았다. 그래서 아내와의 약속을 지키기 위해 열심히 일을 해 번 돈으로 살 수 있는 집을 수소문했다. 그러던 중 생활정보지에서 새로 짓는 빌라를 분양한다는 광고를 보게 되었다. 그때 나는 처음으로 인천에 가 보게 되었다. 신축 건물에다가 내가 살고 있던 집과 비교가 되니 좋아 보였다.

건축업자는 많은 혜택을 주는 것처럼 달콤한 말로 유혹했다. 하지만 내 수중에는 업자가 기대하는 만큼의 돈이 없었다. 업자는 국민주택기금과 회사채 대출을 알선했다. 그렇게 나는 단돈 600만 원으로 빌라를 분양받게 되었다. 신혼집에 짐이라고 할 것도 없었으니 이사는 그렇게 어렵지 않았다. 아내도 마음에 들어 했다. 나도 아내도 새로운 환경에 잘 적응하는 편이라 우리는 곧 그 동네에서 불편함 없이 살았다.

이제는 월세 20만 원이 아니라 이자와 원금 일부를 포함해 월 40만 원 정도를 내야 했다. 나는 서울의 강남까지 출퇴근했다. 저녁에나 휴일에는 프리랜서로 문서 편집의 일도 하면서 집값을 내기 위해 열심히 살았다. 그러던 중 IMF로 다니던 회사가 부도났다. 나는 직장을 잃게 되었다. 은행에서는 나의 사정을 봐 주지 않았다.

그래서 나는 프리랜서 일을 더 늘릴 수밖에 없었다. 돈을 벌기 위해 부단히도 애썼다.

하지만 갚아야 할 원금의 부담이 늘어나자 연체가 되기 시작했다. 결국 여느 집처럼 우리 집이 경매에 넘어가게 되었다. 처음 경매 개시에 대한 통고문을 받았을 때 많이 놀랐다. 지금도 그때의 일을 생각하면 가슴이 저리다. 나는 어린 자식과 고생하는 아내를 보며 이렇게 집을 잃어버릴 수는 없다고 생각했다. 그래서 경매에 대한 책들을 사서 공부하기 시작했다.

채무 당사자인 나는 입찰할 수 없지만 배우자는 가능하다는 것을 알았다. 무엇보다도 입찰보증금을 10%만 준비하면 되었다. 경매 당일 막판까지 최종적인 입찰 금액을 두고 눈치를 살폈다. 결국 우리집을 우리가 낙찰을 받았다. 이 일로 우리는 집을 잃지 않고도 연체되었던 모든 금액을 한꺼번에 해결하게 되었다.

우리는 그 집에서 아이 셋을 낳았다. 그리고 첫째 딸 예루가 유치원에 들어갈 무렵 그 집을 싼값에 전세를 주고 서울로 이사를 했다. 내가 아내에게 말한 대로 타의에 의해서 집 문제로 이사하지 않겠다고 한 약속을 지킬 수 있어서 좋았다.

서울에서는 다시 월세살이가 시작되었다. 하지만 맞벌이를 하면서 수입이 나아지자 감당할 수 있었다. 무엇보다도 언제든지 돌아갈 수 있는 내 집이 있었기 때문에 마음이 편했다. 하지만 재개발

소식에 인천의 빌라를 팔고 난 후부터는 다시 집 없는 가족이 되었다. 흔히 노숙자를 집이 없는 사람이라고 말한다면 우리 가족 역시 노숙자나 다름없는 것 아닌가. 다시 말해 길에서 잠을 자지 않는다는 것만 빼고는 수많은 사람들이 노숙자인 것이다.

아마도 그런 패배의식 때문에 내 집 마련을 위해 그렇게 안달하는가 보다. 나 역시 안심하고 편안하게 살 수 있는 내 집을 갖고 싶다는 마음에는 변함이 없었다. 그래서 대출을 끼고 전세를 얻었다. 월세를 내는 것보다 절약할 수 있을 것이고 전세보증금이 목돈인 만큼 집을 구입할 때 유리하리라 생각했다. 그러나 상황은 좀처럼 더 나아지지 않았다. 집은 늘어나는데 내 집으로 가는 길은 점점 어려워졌다.

저기 저렇게 많은 집들 중에서 내 집 한 채가 없구나. 아내와 아이들에게 미안한 마음이 들었다. 또한 내 집 마련을 위해 발버둥치며 살아가는 내 신세가 처량하다는 생각도 들었다. 언제까지 이렇게 좌불안석으로 살아야 하는 걸까. 가슴이 답답하고 속이 상했다. 나처럼 자기 집을 갖지 못한 다른 사람들도 나와 같은 고민을 하고 있을까.

나에게는 꿈이 있었다. 의식주를 걱정하지 않으면서 고통당하는 사람들을 도우며 국가 사회와 인류 공영에 이바지하며 살고 싶었다. 어려운 가정형편 때문에 꿈을 포기하고 살아가는 청소년들에게 용기를 주고 동기를 부여하는 일을 하고 싶었다. 세계를 다니며 사람들에게 희망을 주는 삶을 살고 싶었다. 세상에 필요로 하는 것을 줄 수 있는 존재가 되고 싶었다.

그러나 당장의 집 문제도 해결하지 못하고 전전긍긍하며 가족들을 고생시키고 있는 것이 현실이었다. 가난하지는 않았지만 재정 문제에 대한 견해 차이와 맞벌이 생활에 지친 아내의 결정으로 우리는 결국 떨어져서 살기로 했다. 어려워도 함께하면 헤쳐 나가기가 더 쉽고 빨랐을 텐데. 아내는 친정 엄마와 같이 사는 길을 택했다. 각자 살아가면서 풀어내야 하는 문제는 더 힘들었다. 하지만 모든 책임은 가장(家長)인 나에게 있었다.

그로부터 10년이 지났지만 크게 나아진 것이 없다. 이것이 〈한책협〉과 김태광 대표 코치를 만나기 전의 내 사고였다. 분명히 나는 점점 나아지고 있었고 지금도 나아지고 있는데도 나의 깊은 내면에는 패배의식이 자리 잡고 있었다. 나는 망가지지 않으려고 매일 쉬지 않고 노력했다. 끊임없이 나 자신을 재촉하며 자기계발을 하고 공부하고 또 공부하며 일했다. 가능성이 있는 모든 일들을 시도해 보기를 반복했다.

하지만 하는 일마다 큰 성공을 거두지는 못했다. 남들이 보면 신기루를 쫓아다니는 모습으로 보였을 것이다. 그렇다고 포기할 수는 없었다. 그럴수록 성공을 향한 열망은 더 강해졌다. 이제 아이들은 다 커서 모두 성인이 되어 버렸다. 아이들이 자라는 모습을 지켜보지 못한 것은 나에게 가장 큰 슬픔이다.

그러나 이제라도 온 가족이 함께 살아가는 꿈을 꾼다. 머지않아 아이들이 결혼이라도 하게 되면 나의 슬픔은 더 깊어질 것이다. 나는 그렇게 슬퍼하고 아파하면서 나의 노년을 보내고 싶지 않다. 나는 온 가족이 편안하게 웃으면서 살 수 있는 내 집을 짓고 싶다.

이제 안동으로 귀농한 지 2년째다. 새로운 가능성을 찾아서 귀농이라는 결정을 하고 열심히 뛰어다녔다. 책을 써야겠다는 생각을 품고 귀농했다. 하지만 농사와 귀농교육 등 혼자서 감당하기 벅찰 정도의 많은 일들이 체력을 심하게 고갈시켰다. 나는 3개월 가까이 약으로 버티면서 지내고 있다. 가족들은 내가 아픈 것을 모른다. 남들은 봄이 되기 전에 밭갈이도 하고 농사 준비도 했다. 하지만 아프고 지친 나는 그마저도 할 수 없었다.

그러던 중 지난 3월 〈한책협〉으로부터 쪽지가 한 통이 날아왔다. 〈1일 특강〉에 초대한다는 내용이었다. 나는 곧바로 등록하고 특강에 참여했다. 김태광 대표 코치를 직접 만나고 그의 이야기를 들으며 강한 동기부여를 받았다. 그뿐만 아니라 〈책 쓰기 과정〉에도 등록했다. 그를 만나기 전에는 막연히 책을 써야겠다고 생각했다. 하지만 이제 '성공해서 책을 쓰는 것이 아니라 책을 써야 성공한다'는 공식을 확실히 알게 되었다.

꽃 피는 봄이 왔다. 만물이 소생하고 있다. 나도 책 출간을 통해서 소생할 것이다. 나는 꿈꾼다. 2년 안에 내 소유의 집을 짓고 귀농 부자라는 말을 들을 것이다. 그리고 3년 안에 온 가족이 함께 살게 될 것이다. 나를 아는 대부분의 지인들은 나와 아내가 떨어져 사는 것을 모르고 있다. 나는 가정을 다시 세우게 되면 덮을 수 있는 아픔이라고 생각하며 오늘도 희망을 안고 달린다. 내 꿈이 이루어질 날이 머지않았다.

PART 8

사람들에게
내 경험과 지식을
전해 주는 삶 살기

- 박재석

박재석

과학잠수사, 수중동굴 탐험가, 프로테크니컬 다이버, 스쿠버 강사 트레이너, (주)어비스텍 대표, 국제잠수교육협회(UTD) 한국 본부장

대학에서 해양학을 전공하고 스쿠버에 입문했다. 해병특수수색대에서 군복무하며 잠수의 전문성을 키웠다. 다양하고 특별한 잠수 경험을 바탕으로 현재 안전을 최우선으로 한 즐거운 강습과 특수 잠수를 지도하고 있다. 또한 국내외 수중탐사 현장에서 팀원들과 동고동락하며 특수 잠수 임무를 완벽하게 수행하는 현역 수중 탐험가로도 활동 중이다.

국제 잠수 전문
훈련센터 운영하기

다이버로서, 아니 대한민국 국민이라면 누구나 세월호 참사를 기억할 것이다. 당시 각종 매체의 보도를 보며 '우리의 잠수 기술력이 이렇게 낙후되었는가?', '왜 빨리 적절한 구조 활동을 못하는가?'라는 의문이 알 수 없는 대상을 향해 분출되었다. 그리고 TV를 통해 이렇다 할 조치도 취하지 못한 채 침몰하는 세월호를 바라보아야만 했다. 채 피워 보지도 못한 우리의 사랑하는 자녀들과 가족 304명의 희생을 무기력하게 지켜보아야만 했다.

당시 각종 매체의 인터뷰 요청과 수많은 지인의 전화 그리고 이 사고에 대한 대화로 대부분의 시간은 깨어 있었던 기억이 난다. 나는 사고 수습에 직접적으로 참여하지는 못했다. 하지만 많은 동료들과 선후배 잠수사를 통해 당시 현장의 다양한 이야기를 들을 수 있었다. 진도의 사고대책본부에서 개최되었던 산업잠수, 구난, 해군,

해경 등 각 분야의 잠수 전문가들의 회의에도 여러 차례 참석했다. 그리고 실종자 수색 종료 후 선체 인양을 위한 정밀 수색에 한국해양과학기술원(KIOST) 조사팀의 일원으로 참여했다. 그러곤 세월호의 해저면 침몰 상태 확인과 선체 인양을 위한 자료를 제공하는 과업을 열심히 수행했던 기억이 생생하다.

일주일 동안의 바지선 생활에는 실종자 가족 대표 몇 분이 함께하셨다. 아침마다 식당에서, 갑판에서 그분들의 수심 어린 얼굴을 보았다. 그러면서 다이버로서의 죄책감과 부모로서의 미안함 등 만감이 교차했다. 그런 와중에도 우리는 사고자와 그 가족을 위해서 잠수 작업에 최선을 다했다.

조사 작업 도중 우리가 설치했던 관측 장비가 강한 조류에 떠내려 온 폐그물에 엉키는 사고가 발생했다. 일부 손상이 있었고 장비가 유실될 위기에 처했다. 급하게 기기를 회수해야 할 상황이었다. 새벽 3시경 조류가 세서 기기가 유실되면 선체 수습 계획에 차질이 생기는 상황이었다. 우리는 이 상황을 뜬눈으로 지켜보는 실종자 가족분들을 생각하며 최대한 안전하게 기기를 회수해 임무를 완수했다.

그 당시 실종자 가족 대표분 중 한 분이 우리의 잠수 작업 준비를 지켜보시며 "위험하게는 하지 마세요."라고 한마디 건네셨다. 어찌 보면 아직 돌아오지 못한 자식 생각에 한시가 급했을 것이다. 그런데도 그분 또한 부모의 마음으로 또 다른 누군가의 가족일 다이버의 안전을 걱정해 주는 진심이 느껴졌다. 나는 무어라 표현하지 못할 깊은 감동을 느꼈다. 그 마음이 어제 일처럼 생생하게 기억난다.

나는 대학에서 해양학과 동아리 활동을 하며 잠수를 시작했다. 이 경력은 이후 30년간 잠수 말고는 다른 직업을 가져 본 적이 없게 만들었다. 나는 그야말로 뼛속까지 다이버다. 나는 취미로 다이빙을 즐기는 레저 스쿠버 다이버, 커머셜 다이버, 과학잠수사, 해군 특수부대, 해병대 특수수색대, 특전사, 해경 특수구조대, 119구조대 등 많은 다이버들과 만나며 지낸다. 현재는 과학잠수 전문 업체를 운영하고 국제적인 잠수 전문 교육단체의 한국 본부장으로 활동하고 있다. 거의 모든 다이버들의 다양한 이야기를 들으며 나름의 조언과 협력을 해 주며 살아가는 것이다.

다이버들의 이야기꽃이 무르익을 때면 한 번쯤은 앞서 언급한 세월호 참사의 이야기가 나온다. 그렇게 세월호 참사는 온 국민의 아픈 기억으로 자리 잡았다. 각 분야의 잠수 전문가들의 이야기를 들으면서 세월호 참사 당시 우리는 더 잘 대처하고 더 많은 생명을 구할 수 있었다는 결론에 도달하기도 한다. 그러면서 다이버로서의 죄책감에 마음이 무거워진다.

"구슬이 서 말이어도 꿰어야 보배다."라는 속담이 있다. 이 속담은 구구절절 다 맞는 말로, 내가 유독 좋아한다. 세월호 참사 당시 정부가 모든 잠수 분야를 아우르는 힘이 있는 누군가를 임명해 권한을 부여하고 사고 수습을 추진했다면 결과는 어땠을까? 사고 이후의 유족들의 아픔과 국민들의 좌절감, 우리의 실망감과 아쉬움이 이렇게 깊지는 않았을 것이다.

당시 모든 잠수 분야를 망라한 전문가가 참여했다. 하지만 이들을 잘 꿰지 못했던 것이 사실이었다. 대한민국은 한국전쟁 이후 눈부신 경제 발전을 이루었다. 그리고 현재는 G20 소속 국가다. 하지만 많은 분야에서 G20 국가에 걸맞지 않은 위상을 보여 주고 있다. 특히 잠수 분야의 열악함은 여러 잠수 현장에서 지금도 보이고 있다.

이것은 잠수 분야가 각종 사고를 제외하고는 일반 국민의 피부에 와 닿지 않기 때문이라고 생각한다. 그런 만큼 추후에 발생할 수 있는 각종 해양, 수상 관련 사건사고에 대비한 지속적인 전문가 교육이 필요하다고 생각한다. 그리고 각종 매체를 통한 홍보와 일반 국민의 안전교육을 담당하는 전문 교육기관의 설립이 반드시 필요하다고 생각한다.

나는 과학잠수사, 수중 탐험가, 수중동굴 탐험가, 스킨스쿠버 전문 강사다. 다른 부업은 해 본 적도 없고 할 시간도 없다. 지금도 이어도 종합해양과학기지, 옹진 소청도 종합해양과학기지 그리고 각종 특수 잠수가 필요한 분야에서 왕성한 활동을 펼치고 있다. 현장에서 많은 잠수 사고의 이야기도 듣고 있다. 최근 몇 년간은 부쩍 많은 잠수 관련 사고를 접하고 있다.

다이빙업계는 다이버들의 도전이라는 니즈를 상업적으로 이용한다. 그런 프로그램으로 양성되는, 수많은 숙련되지 못한 '무늬만' 전문인 다이버들이 문제라고 생각한다. 잠수 관련 희생자들 중에는 나와 막역한 사이였던 다이버도 포함되어 있다. 잠수 경력이 쌓여 갈수록 나는 점점 더 다이빙이 조심스러워지고 있다. 그래서 내가 겪으며 쌓아 온 수많은 노하우를 많은 다이버들에게 전해 줬으면 하는 소망이 있다. 더 이상 다이버가 다이빙 도중 사고를 당해 남겨진 가족이 불행해지지 않았으면 하는 소망이 있다.

나는 대한민국에서 가장 많은 수중동굴 탐험, 망망대해 공해상 대심도 관측 장비 회수, 각종 심해 다이빙, 각종 과학잠수, 수중 VR 촬영 등 남들이 해 보지 못한 다양한 특수 잠수 분야의 경험을 가지고 있다. 물론 이 과정에서 나도 몇 차례의 끔찍한 사고를 겪고 위험했던 순간이 있었다. 그렇지만 정말 천운으로 사고를 극복하고 살아나 이 자리에 있다.

나는 지금까지의 경험에서 얻은 교훈을 많은 사람들에게 전파해 사고율 '0'의 다이빙업계를 만들고 싶다. 항상 변화와 발전을 생각하며 안전한 다이빙 문화의 정착과 고급 다이빙 기술 교육을 펼치며 해양 강국의 초석을 다지고 싶다. 그리고 나의 30년간의 바다와 심해와 수중동굴의 경험을 필요한 누군가에게 아낌없이 전수하고 싶다. 하지만 혼자의 힘으로는 어떻게 시작해야 할지 막막해 상상에만 그쳤었다.

그러던 어느 날 문득 책을 통해 불특정 다수에게 스쿠버를 알려야겠다는 생각을 하게 되었다. 다이버들은 더욱 안전하게 다이빙하고 일반인들은 다이빙을 쉽게 접하게 되는 그런 책을 써야겠다는 생각을 하게 된 것이다. 하지만 책 쓰기에 대한 아무런 준비가 되어 있지 않은 상태였다. 그러다 운명적으로 도서관에서 김태광 작가님의 저서를 만나 단번에 읽었다. 책 쓰기가 너무나 궁금했다. 지금이 아니면 안 된다는 생각이 마구 끓어올랐다. 그렇게 나는 주저 없이 〈1일 특강〉을 듣고 꿈을 구체화하기로 결심했다. 그리고 지금껏 내가 꾸어 왔던 꿈이 헛된 것이 아니라는 확신을 갖게 되었다. 또한 내가 이 세상에 온 이유를 알게 되었다.

서울 근교 한적한 교외에 멋지게 지어진 국제 잠수 전문 훈련센터. 세계 최대 규모의 종합 잠수 전문 훈련센터다. 온천수와 친환경 에너지를 이용한 훈련 시설이다. 심해 잠수 훈련장, 동굴 다이빙 전용 훈련장, 침몰선 구조 훈련장과 과학잠수 훈련장, 산업잠수 훈련장에서는 오늘도 예약된 훈련이 진행 중이다. 센터의 인기 과목의 수강을 위해서는 1년 정도 대기해야 한다. 대만과 중국, 싱가포르에서도 센터의 견학과 MOU 체결을 요청해 오고 있다. 그런 만큼 조만간 해외 훈련센터 건립도 각국 정부의 허가와 함께 진행될 것이다.

센터에서 근무하는 우리는 해군, 해병대, 특전사, 119구조대, 해경에도 잠수 전문 교관으로 초빙된다. 그만큼 전투력과 구조 능력 향상을 인정받고 있다. 각종 해양 관련 대학들의 과학잠수 수업도 센터의 주요 업무다. 특히 얼마 전 발견된 한국 최고 수심의 수중 동굴의 탐험을 위한 탐험대의 훈련도 진행되고 있다. 또한 해양수산부의 요청에 따른 통일 이후 북한지역 해양 조사를 위한 인력의 교육도 센터의 바쁜 업무 중의 하나다.

문화재청의 요청으로 시작된 천연기념물 수중동굴의 VR 영상 촬영은 해외에서도 호평을 받고 있다. 그로 인해 멕시코 정부와 유네스코(UNESCO) 국제연합 교육과학문화기구의 요청을 받아 멕시코 수중동굴의 VR 촬영 원정도 준비 중이다.

현재 나는 다이버로서 너무나 보람되고 행복한 삶을 살고 있다. 그렇지만 무엇보다도 행복한 것은 우리 '잠수 전문 훈련센터'의 수료자들이 사고율 '0'의 전통을 계속 이어 가고 있다는 점이다. 스쿠버를 시작하며 꿈꿔 온 '다이빙으로 행복해지기.' 나는 내 꿈이 나뿐만 아니라 내 동료 그리고 나를 아는 다이버와 그들의 가족 모두에게 긍정적인 영향을 끼치는 것을 지켜본다. 나를 포함한 우리들의 인생은 그 누구보다 아름답다. 이 모든 일들을 이룰 수 있도록 격려해 주고 응원해 준 모든 분들께 감사함을 전한다. 안전한 다이빙은 앞으로도 쭉 진행될 것이다.

사람들의 도전정신을 일깨워 주는
고급 스쿠버 교육하기

'제주도 가서 한 달 살기.'

얼마 전까지 남녀노소를 막론하고 생활에 지친 사람들이 인생에 활력을 불어넣고자 한 번쯤 심각하게 고민했던 트렌드였다. 지금 이 시간에도 제주도의 이국적인 풍광과 여유로움을 누리려 많은 사람들이 한 번쯤은 생각해 볼 것이다.

하지만 '멕시코에서 한 달 살기.' 이 말에는 쉽게 납득이 되지 않을 것이다. 이 말을 하면 대다수의 사람들은 "멕시코? 너무 멀지 않아?", "직항은 있나?", "뭘 먹고 지내지?", "말은 통하나? 영어? 스페인어?", "위험하지는 않아?" 등의 반응을 할 것이다. 그렇지만 다이버 독자들 중 일부는 벌써 무슨 이야기를 할지 예측하는 사람도 있을 거라 생각한다.

그렇다. 요즘 핫한 동굴 다이빙 이야기다. 동굴 다이빙에 미친 다이버들은 멕시코 동굴 원정을 위해 다니던 회사를 그만두기도 한다. 아니면 긴 휴가를 만들어 멕시코에서 한 달씩 살아 보기도 한다. 그런 사람들이 꽤 많아지고 있다. 이미 여러 차례에 걸쳐 멕시코 동굴 다이빙을 다녀간 선배들의 조언을 듣는 것. 그것은 경비의 절약과 효율적인 동굴 다이빙을 위해서 좋은 방법이라고 생각된다.

그런데 왜 동굴 다이빙에 이렇게 충성스런 마니아층이 존재하는 것일까? 왜 동굴 다이빙이 많은 중급 이상의 다이버들의 버킷리스트일까? 동굴 다이빙은 그 어떤 레포츠보다도 사망률이 높은 종목이다. 강사를 포함 수백 명의 희생자가 발생한 악명 높은 특수 잠수 분야다. 상업적으로 입장이 허용되는 거의 대부분의 동굴 입구에는 무시무시한 서양 저승사자(grim reaper)의 경고 표지가 있다. 그리고 동굴 다이빙 자격증 소지자에게만 엄격히 출입이 허용된다.

그러나 동굴 다이빙의 치명적인 매력이 있다. 바로 우리가 상상으로 그려 볼 수 없고 직접 눈으로 보아야만 알 수 있는 환상적인 수중동굴 속 절경이 잠깐의 다이빙으로 펼쳐진다는 점이다. 과학기술이 발달한 현재에도 우주보다도 바닷속에 대해 알지 못하는 것이 더 많다. 게다가 수중동굴은 어떠한 기계 장치도 사용할 수 없는 공간이다. 순수하게 인간의 탐사만으로 신비가 밝혀지는 미지의 공간이다.

불과 몇 분간의 유영을 마치면 몽환적인 구간을 지나 내가 알고 있는 지구가 아닌 원시 지구의 동굴 속 형상이 물에 잠겨 있다. 우리가 학창 시절에 한 번쯤 가 보았을 환선굴, 성류굴, 고수동굴 등이 있다. 그리고 이 같은 동굴 속에서 보았던 종유석, 석순 등의 동굴 2차 생성물이 있다. 이렇게 굽이굽이 물에 의해 수억 년에 걸쳐 만들어진 동굴 자체의 형태가 물속에 그대로 잠겨 있다.

그리고 용감한 동굴 다이버들은 물에 잠긴 그 미지의 지구 속을 유영하며 침투해 간다. 그들은 자신이 호흡할 기체와 암흑의 세계를 밝혀 주는 랜턴 그리고 최소한의 동굴 생존 장비만을 휴대한다. 그렇게 동굴 다이빙의 버디들과 짜릿한 탐험을 즐기는 것이다. 그것도 지구 반대편 암흑의 동굴 속에서 말이다. 그리고 얼마나 좋으면 한 달씩 장기체류까지 하면서 이 치명적인 레포츠를 즐기는 것일까? 이쯤 되면 가히 미쳤다는 표현을 써도 무방할 듯하다.

그렇다면 이 글을 쓰는 나는 어떤 상태일까? 맞다. 미쳐도 아주 단단히 미친 동굴 마니아다. 나는 한국에서 공식적으로 가장 많은 동굴 탐사 로그를 가지고 있을 것이다. 그리고 멕시코, 미국, 필리핀, 중국 등 해외 동굴 원정에도 수차례 참여했다. 동굴 다이빙을 해 온 지는 이제 20년이 되었다. 한국 내의 수많은 천연기념물 동굴과 크고 작은 우물, 샘물 등 산속의 수중동굴 탐사를 많이도 해 왔다. 운이 좋게도 한국 내에서 출입 금지인 천연기념물인 수중동굴 탐험에 정식 학술 조사팀의 일원으로 참여하기도 했다. 뿐만 아니라 울진 성류굴, 삼척 초당굴, 태백 신령굴, 정선 용소굴, 제주 용천동굴, 삼척 환선굴, 대금굴, 관음굴 등 이루 헤아릴 수 없는 동굴과 이름 없는 민가의 샘물, 저수지도 잠수해 보았다.

이 중 가장 기억에 남는 동굴은 제주도의 용천동굴이다. 전신주 공사 도중 발견된 동굴 입구는 대로변 공터에 위치해 있다. 입구에서 약 2킬로미터의 육상 동굴 구간을 이동하면 정말로 숨 막히는, 수정같이 맑은 물의 거대한 호수가 나타난다. 이 호수는 오래전 제주도에 살던 선조들이 제사를 지내던 곳이다. 그런 만큼 지금도 물속에 통일신라와 고려시대로 추정되는 수십 점의 도자기와 각종 생활용품 등이 보존되어 있다. 뿐만 아니라 제물로 바쳐진 것으로 추정되는 동물의 뼈 등이 아직도 수천 년의 역사를 간직한 채 그대로 보존되어 있다.

동굴의 막장까지는 호수 구간을 포함해 약 1킬로미터 정도다. 동굴을 연구하는 학자들의 로망인 눈먼 물고기의 목격도 내가 최초로 했다. 기초 측량과 가이드라인 설치 그리고 촬영까지 1년에 걸쳐 수중 탐사 팀장으로서 수행했다. 수중 구간뿐만 아니라 육상 구간에서도 용암동굴에는 세계적으로 유일무이한 빨대 모양의 '동굴 스트로'라는 2차 생성물이 수 미터의 높이로 장식되어 있었다. 또한 육상 동굴 구간에서는 과거의 유물도 다수 발견되고 있다. 지질학, 동굴학, 인문학, 고고학 등 학술적인 가치가 어마어마한 세계의 자연유산이라 하겠다.

그 학술적인 가치를 인정받아 제주도가 유네스코(UNESCO) 세계자연유산에 등재되는 데 결정적인 역할을 한 주인공이 바로 이 용천동굴이었다. 그리고 영광스러운 용천동굴의 수중 구간 최초 탐험자가 바로 나인 것이다. 이 정도면 미쳤다는 표현에 동의하지 않을 수 없을 것이다.

한국에서의 본격적인 동굴 다이빙은 1999년도 내가 막내로 합류한 동굴 다이빙 팀의 해외 원정 교육으로 시작되었다. 그러곤 지금까지 명맥을 이어 오고 있다. 물론 그전에도 대학 동아리나 개인적인 동굴 탐사가 이루어진 기록이 남아 있다. 하지만 문화재청의 의뢰로 시작된 정식 동굴 탐험은 2000년 이후 나의 탐사 기록이 공식적인 기록으로 알려져 있다.

그 후 해외에서 동굴 다이빙을 접한 마니아층들이 한국의 동굴에서 허가와 접근성에 어려움을 겪는 것을 많이 목격했다. 그렇게 조금씩 늘어난 동굴 다이버들은 이제는 제법 규모가 큰 그룹을 형성하고 있다. 그러면서 동굴 다이빙의 새로운 수요를 예측하게 하고 있다.

한국 이외의 지역에서 동굴 다이빙을 즐길 수 있는 곳은 세계적으로는 미국의 플로리다와 멕시코의 칸쿤 지역이 있다. 특히 멕시코의 칸쿤 지역은 수백 개의 동굴 다이빙이 가능한 편의시설이 갖춰져 있다. 다양한 동굴과 맑은 시야, 다양한 볼거리의 수중동굴 2차 생성물과 안전한 가이드라인, 따뜻한 수온 등이 매력적인 지역이다. 현재 이미 한국 업체가 진출해 있어서 동굴 다이빙을 즐기는 데 이상이 없을 듯하다.

나의 소속 협회인 UTD(Unified Team Diving)가 있다. 아시아 지역의 유명한 석회암 지대인 중국의 광시성에서 전 세계 UTD 멤버들이 여기에서 4년째 SCKPP(South China Karst Plain Project)라는 명칭의 '남중국 석회암 지역 탐사 프로젝트'를 수행하고 있다. 4년간의 탐사 결과 10여개의 동굴 훈련장을 세팅했다. 추후 더 많은 동굴의 탐사와 훈련장의 개방을 앞두고 있다. 이제 굳이 한국에서 동굴 다이빙을 하려고 애쓰지 않아도 된다. 가까운 중국에서 저렴하게 훈련할 수 있다. 그렇게 고급 동굴 다이빙 기술을 연마한 후 멕시코로 가서 한 달씩 살고 오는 것은 어떨까?

동굴 다이버들이 공통적으로 동굴 다이빙의 매력 중 하나로 꼽는 것이 있다. 바로 어둠과 밀폐된 공간의 편안함이다. 아마도 우리는 이미 엄마 배 속에서 동굴 다이빙과 비슷한 환경을 경험해 보았으리라. 그리고 이 세상에 태어나는 순간 나의 전생과 과거의 기억은 리셋된다. 하지만 우리 몸은 엄마 배 속의 안락함을 기억하는 것이 아닐까? 내가 느끼는 물속의 편안함, 어둠의 안락함은 엄마를 향한 그리움이 아닐까?

작년에 전 세계를 절망과 환희의 롤러코스터에 태웠던 태국 소년 축구선수단의 드라마 같은 이야기를 기억할 것이다. 장마로 불어난 물로 인해 동굴 중간에 소년들이 고립되어 자칫하면 엄청난 희생이 발생할 상황이었다. 이때 국적을 초월한 수중동굴 전문가들이 모여서 소년들을 한 명씩 탈출시켜 전원을 구조했다. 이 얼마나 감동의 드라마인가.

나는 이 뉴스를 보면서 다짐했다. '단순하게 동굴 다이빙을 즐기는 다이버만 되지 않겠다. 이와 같은 사고가 발생할 때 동굴 구조를 담당할 119구조대 대원에게 나의 경험과 노하우를 전해 주겠다!'라고. 그런 순간이 언젠가는 오리라고 생각한다. 그렇게 내가 가지고 있는 경험과 지식을 지구별의 누군가에게 전해 주는 상상이 이루어지는 꿈을 꾼다.

병들어 가는 바다를 치유하는
프로젝트 추진하기

얼마 전 SNS에 거북이 구조 영상이 올라온 적이 있다. 거북이
는 코에 플라스틱 재질의 무언가가 박혀 있고 몸에는 그물이 엉켜
있는 처참한 상태였다. 영상으로 보아도 무척이나 괴롭고 힘들어하
는 모습이었다. 해양학자들이 긴급히 그물을 잘라내고 핀셋과 공
구를 이용해 코 안의 이물질을 제거했다. 그 전 과정을 마음을 졸
이며 지켜보았다. 코 안의 이물질은 누군가 버렸을 플라스틱 빨대
였다. 그간의 힘들었을 시간을 견뎌 내고 눈물을 흘리는 거북이의
표정에 무척이나 마음이 아팠다. 앞으로는 행복했으면 하는 생각
이 들게 하는 영상이었다.

내가 처음 다이빙을 시작한 시절의 제주도 바다를 떠올려 본다.
참으로 깨끗했던 기억이 난다. 바닷속의 풍광은 아름다웠다. 물고

기들도 다이버와 어울려 유영하고, 연산호, 미역 등을 포함한 모든 것들이 평화롭고 아름다웠다. 쓰레기는 거의 발견하기 힘들었다. 가끔 다이빙 포인트에 있는 쓰레기는 라면봉지나 과자봉지 정도였다. 이런 쓰레기를 볼라치면 누구든 다이빙을 마치고 나올 때 손에 한두 개씩 들고 나왔다. 그러면서 해양학을 전공하는 학생으로서의 자부심을 이야기하곤 했다. 우리가 조금만 노력해도 깨끗해진 바다의 모습을 볼 수 있었다.

그러나 지금 우리 바다를 들어가 보면 과거와는 확연히 다른 환경으로 변했음을 알 수 있다. 도처에서 발견되는 폐그물과 다이빙 포인트 암반 구석구석 박혀 있는 플라스틱 일회용품들은 가히 상상을 초월할 정도다. 일반 생활 쓰레기는 넓게 퍼져 있고 어민들이 버린 폐그물, 로프 등 많은 어구들이 집중되어 있다. 나와 내 과학잠수 팀은 우리나라 먼바다의 해양과학기지를 유지 보수하고 있다. 제주도에서 149킬로미터 떨어져 있는 이어도 종합해양과학기지의 주요 업무가 엄청난 양의 폐그물 제거란 점은 병든 해양의 심각한 상황을 반증하는 것이라 하겠다.

그 주요 원인은 앞에서 언급한 대로 일반 생활 쓰레기와 어로활동에서 발생하는 쓰레기다. 일반 쓰레기가 어떤 식으로 다량 유입되는지 그 모든 원인은 모르겠다. 그러나 아마도 해안 근처의 여가활동에서 발생한 쓰레기가 관리 소홀로 유입되었을 것이라 생각된다. 또는 태풍이나 폭우 시 하천으로 유입된 쓰레기로 생각된다.

어민들이 버리는 폐어망 어구는 상상을 초월할 정도다. 다이빙 포인트에도 거대한 폐그물이 버려지곤 한다. 그것을 제거하기 전에는 다이빙을 할 수 없는 경우도 쉽게 볼 수 있다. 정부에서는 폐그물 제거 사업을 실행하고 있다. 그러나 워낙 많은 양에다 넓은 면적에 산재해 있기 때문에 좀 더 적극적인 조치가 필요하다고 생각된다.

태평양 쓰레기 섬이라는 이야기를 들어 본 적이 있는가? GPGP(Great Pacific Garbage Patch)라고 하는 쓰레기 섬이 하와이와 캘리포니아 사이에, 남한 면적의 15배 크기로 존재하는 게 2018년 공식 확인되었다. 전 세계 바다에 이런 섬이 4개 정도 관찰되고 있다고 하니 참으로 심각한 문제가 아닐 수 없다.

거북이는 이런 쓰레기 섬에서 몸부림치다가 구조된 것이 아닌가 싶다. 국제적인 문제가 아닐 수 없다. 이대로 방치하다가는 머지 않은 미래에 쓰레기가 꽉 찬 비치에서 해수욕을 하는 불상사도 생길 수 있다. 이는 단지 다른 나라의 일이라고 치부할 수 없는 우리의 현실이다.

몇 년 전 필리핀의 아닐라오라는 다이빙 명소에서 다이빙을 한 적이 있었다. 태풍이 지나가고 난 후라 파도가 약간 있었다. 우리는 파도가 상대적으로 작은 섬과 섬 사이의 다이빙 포인트에서 다이빙을 진행했다. 그날 다이빙은 엄청난 충격이었다. 바닷물 수면에서 바닥까지 모든 수심에 비닐이 촘촘히 떠 있는 것이었다. 도저히 비닐이 몸에 안 붙게 잠수할 방법이 없었다. 비닐의 바다였다.

엄청난 재앙을 보는 듯한 충격에 우리는 경악했다. 그렇게 30분 정도 계획한 다이빙을 불과 10분도 안 되어 종료하고 상승했다. 모두들 보트 위에서 몸에 붙은 크고 작은 비닐을 떼어 내면서 이 문제가 엄청나게 크고 심각한 문제가 될 것임을 예감했다.

바다는 생명의 원천이며 우리 지구의 모든 기상 현상과 기후에 절대적인 역할을 하고 있다. 쉽게 이야기해서 바다가 오염되고 아프면 우리는 지구에서 살기 힘들어진다는 이야기다. 우리는 부모님께서 병들고 아프면 집안이 얼마나 힘든지 이미 잘 알고 있다. 이처럼 우리가 바다에서 많은 것을 얻고 이용하기 위해서는 바다를 보호하고 보존과 치유를 지속적으로 시행해야 한다.

이런 위기의 순간 바다를 즐기는 동호인과 바다 전문가들의 역할의 중요성은 아무리 강조해도 지나치지 않을 것이다. 이런 해양 보호에 동감한 외국의 친구들은 이미 여러 형태의 해양보호 프로젝트를 진행하고 있다. 그러나 일시적인 쓰레기 정화에 그쳐 지속적인 운동으로 발전되지 못하고 있다. 그래서 나는 일반 다이버와 전문 다이버 모두 다이빙을 할 때마다 바다를 보호하는 활동을 자연스럽게 할 방법이 없을까 고민했다.

나의 다이빙센터에서는 매달 '해양친화다이버(Ocean Friendly

Diver)' 세미나가 개최된다. 이 과정은 다이빙 자격증을 소지하고 있는 다이버가 바다와 해양 생물을 파괴하지 않게 다이빙하는 고급 다이빙 기술 교육, 바다를 보존하는 다이빙 에티켓, 해양 폐기물 발생 시의 조치 요령, 휴대가 간편한 쓰레기 수거 도구 개발, 그리고 이런 교육에 호응하는 전국의 리조트와 관련 기관의 네트워크를 구축해 주는 공익 성격의 교육이다.

수시로 바다를 방문하는 개개인의 다이빙 기술을 고급화하고 다이버의 의식을 전환시켜 바다 보호의 첨병으로 양성하는 교육인 것이다. 이 과정의 1년 스케줄이 이미 꽉 차 있다. 그 외에 특별과정으로 지자체의 해양보호 교육과 학생들의 해양보호 교육이 진행 중이다. SNS와 유튜브에 소개된 영상을 보고 외국의 관련 기관에서도 우리의 민간 다이버들과 정부의 공동 해양보호 프로젝트를 롤모델로 삼고 싶다며 연락해 온다. 그렇게 몇 명의 해양학자를 교육에 참여시키더니 이제는 아예 현지의 출장 교육 의뢰가 들어오고 있다. 올 한 해만 해도 필리핀, 싱가포르, 중국, 대만에서의 출장 교육이 계획되어 있다. 대한민국의 해양보호 사업 자체가 전 세계의 바다를 보호하고 살리는 표준이 되었다.

사실 최초의 '해양친화다이버' 교육은 내가 한국 본부장으로 활동하는 UTD(Unified Team Diving)라는 잠수 교육단체 소속 강사와 다이버 회원을 위한 미니 세미나였다. 나는 세미나 전 과정을

〈한책협〉에서 교육받은 '유튜브 마케팅'과 카드보드를 이용한 SNS로 지속적으로 홍보했다. 그 결과 거짓말처럼 많은 분들이 문의와 함께 적극적인 참여 의지를 밝혀 오셨다. 놀라웠다. 소속 협회, 거주 지역, 직업, 나이를 초월한 많은 분들이 해양오염의 심각성과 바다 살리기에 공감해 주셨다. 이는 과정이 전국적이며 거대한 커뮤니티로 성장하는 계기가 되었다.

나는 전문가에게 받은 교육을 활용해서 공익을 위한 선의에 기여하게 하겠다는 나의 버킷리스트, 그리고 잠수교육을 통한 해양보호 기여라는 또 하나의 버킷리스트를 실현하고 있다. 두 마리의 토끼를 잡는 신나는 경험을 하고 있는 것이다.

아직도 우리 주변에서는 깨끗해진 바다보다는 여전히 쓰레기와 오염물질에 신음하는 바다가 더 쉽게 발견된다. 최초의 원시 바다 같은 깨끗함이 '해양친화다이버'의 최종적인 목표다. 깨끗한 바다에서 힐링하는 다이버, 연구하는 해양학자, 해양개발을 하는 산업잠수사, 바다에서 소중한 생명을 구하는 해양경찰, 119구조대, 그리고 나라를 지키는 군인들 모두가 '해양친화다이버'의 철학을 이해했으면 한다. 그래서 본인의 다이빙도 안전하게 하면서 각각의 미션도 성공적으로 수행했으면 한다. 그렇게 우리의 바다를 아끼고 보호해 엄마의 품 같은 바다가 오래오래 우리의 삶과 힐링의 터전이 되었으면 한다.

미래의 바다의 모습을 그려 본다. 우리의 딸, 아들 그리고 손자, 손녀들이 깨끗한 백사장에서 모래성을 만들고, 쓰레기 하나 없는 해안에서 마음껏 뛰어놀고 있다. 항구에 도착한 어선은 배에서 발생한 쓰레기를 모두 회수해 항구의 쓰레기장에 버리고 있다. 그 옆에 접안한 다이빙 보트에서 내리는 다이버들도 미소 띤 얼굴로 태풍에 유실된 듯한 쓰레기를 '해양친화다이버' 재단에서 제공한 채집망에 담아 내리고 있다. 석양에 빛나는 모든 사람이 행복해 보인다. 잔잔한 파도는 바다의 흐뭇한 웃음소리처럼 들린다.

청소년 대상
해외 과학 잠수 교실 운영하기

초등학교 1학년 여름방학이었다. 당시 나는 내 인생의 아주 중요한 순간을 맞이하게 되었다. 바로 바다를 처음 만나게 된 것이다. 당시 외삼촌이 울산 인근의 '당사'라는 작은 어촌마을에 경찰 초소장으로 부임했다.

외삼촌의 초청으로 우리 가족은 서울에서 머나먼 울산까지 가족여행을 가게 되었다. 거의 하루 종일 걸리는 길이었다. 저녁 늦게 도착한 우리 가족은 외삼촌의 숙소에서 저녁식사를 하게 되었다. 동네 어른들께서 서울에서 온 초소장님 가족이라며 생선회와 여러 해산물 등의 음식을 가져다주셨다. 처음 먹어 보는 해산물 저녁상은 '세상에 이런 맛있는 음식이 있었나' 할 정도로 너무나 맛있었다. 그렇게 첫날 어촌에서의 환상적인 저녁시간을 보내게 되었다.

다음 날 아침 일찍 우리 가족은 해변으로 일출을 보러 나갔다. 처음 본 바다는 나를 황홀하게 만들었다. 뻥 뚫린 수평선이 너무나 신기했다. 어린 마음에 바다에 조심스레 발을 담가 보았다. 잔잔한 파도가 발을 간지럽히는 느낌을 즐기며 해변을 뛰어다녔다. 그러다 갑자기 바다에서 오렌지색의 엄청 큰 태양이 떠올랐다. 뻥 뚫린 동해 바다의 일출은 여덟 살 평생 본 적이 없던 광경이었다. 바로 어제 일처럼 아직도 선명하게 그 광경을 기억하고 있다. 그날 우리 가족은 아침부터 해수욕을 즐기며 온종일 바다에서 신나게 놀았다.

둘째 날, 우리 가족은 배를 타고 낚시를 하러 바다로 나갔다. 바다 위를 달릴 때는 몰랐다. 그런데 낚시를 하려고 바다 한가운데에 멈추는 순간 배가 꿀렁대자 속이 심하게 메슥거리기 시작했다. 처음 겪는 뱃멀미였다. 머리가 살살 아파 오고 속도 너무 안 좋았다. 너무나 괴로웠다. 도저히 참을 수 없어 뱃전에서 구토를 하고 육지로 돌아가자고 울먹였다. 배 타는 것이 일상이 된 지금, 그때를 생각하면 웃음만 나온다.

육지로 돌아와 해변에서 개헤엄과 일광욕을 즐기며 놀았다. 그러다 조금 욕심을 내 수영도 못하면서 조금 깊은 곳으로 가 보았다. 자갈 해변이었는데 어느 순간 갑자기 수심이 깊어지며 파도가 머리를 때렸다. 내 발 밑에 있던 자갈이 쓸려가며 나는 바닷속에 고꾸라지고 말았다. 바닷물을 한 모금 먹었다. 짜지 않고 썼다. 몸을 가눌 수 없었다. 두세 모금 바닷물을 연거푸 더 마셨다. '아, 나의 인생이 여기서 끝인가' 하는 순간 누군가 나를 일으켰다.

그렇게 바다에 대한 나의 첫인상은 처음엔 좋음, 나중엔 싫음이었다. 상반된 2개의 추억을 갖고 바다를 잊고 지냈다. 그러다 초등학교 시절 집집마다 컬러 TV가 보급되었다. TV에서 우연히 제주도 바닷속 수중촬영 영상을 보게 되었다. 깜짝 놀랐다. 형형색색의 물고기와 연산호 그리고 이름 모를 해양생물들은 바다에 대한 나의 기억을 모두 리셋해 버렸다. 너무 아름다웠다. 저 속에 꼭 들어가 직접 보고 싶었다.

그 후로 도서관이나 과학관을 가면 바다에 관한 책이나 전시물을 관심 있게 보게 되었다. 대학 진학을 앞두고 막연히 해양학과에 진학하고 싶었다. 바다를 연구하는 해양생물학자가 되고 싶었다. 그렇게 나는 해양학과에 입학했다. 그러곤 신입생 환영회 때 스킨 스쿠버 동아리에 가입했다. 한 학기 동안 군사훈련을 방불케 하는 훈련을 받았다. 그리고 드디어 제주도 서귀포 앞바다에서 첫 다이빙을 하게 되었다.

놀라웠고, 아름다웠다. 그동안의 힘든 훈련을 잊을 만큼 너무나 행복했다. TV에서 보던 것보다 백 배, 천 배 더 아름다웠다. 내가 내쉬는 공기방울이 얼굴을 타고 가는 느낌도 좋았다. 무중력 상태의 자유로움도 최고였다. 내가 정말 재미있고 좋아할 거리가 생긴 것이다.

그 후 학업 도중 군 복무를 마치고 스킨 스쿠버 강사 자격증을 취득했다. 재능기부 삼아 동아리 후배들을 지도했다. 그러다 잠수를 활용할 수 있는 일자리를 알아보기 시작했다. 하지만 졸업 전에 취업하지는 못했다. 그렇게 취업준비생으로 졸업하게 되었다. 그런데다 졸업하던 해에 재수 없게도 IMF가 터졌다. 그렇지만 나는 스킨 스쿠버를 가르칠 수 있었다. 다이빙을 가르치는 프리랜서 강사로 나선 것이다. 하지만 레저 강사만으로는 생활이 되지 않았다. 나는 남들이 안 하는 새로운 무언가를 하고 싶었다.

당시는 심해잠수, 동굴잠수, 재호흡기잠수 등 테크니컬 다이빙이 미국을 중심으로 본격적으로 시작되던 시기였다. 그 당시 20대 후반이었던 나는 이런 교육을 받아 미래를 대비하기로 했다. 버는 족족 다시 교육과 경험에 투자했다. 그리하여 테크니컬 다이빙 전 종목 강사 자격증을 취득했다. 그리고 수년간 테크니컬 다이빙 강습을 아주 많이 했다. 각 단체의 많은 테크니컬 다이버들이 나의 제자들이다.

그러다 의기투합한 몇몇의 제자들과 함께 2005년 필리핀에서 한국인 최초로 150미터 심해 다이빙을 시도했다. 그러곤 완벽하게 성공했다. 이 이벤트는 〈K수요기획〉이란 KBS 시사교양 프로그램을 타고 전국에 방송되었다. 이는 다이빙계의 박재석이란 이름을 수중 탐험가로 알리는 계기가 되었다.

150미터 심해잠수 이벤트 후 서울에 잠수 전문점을 오픈해 많은 사람들을 지도하게 되었다. 당시 기억에 남는 교육생 중, 고등학생이 몇 명 있었다. 이 중에 한 명이 나와 20년에 걸친 오랜 인연을 이어 가고 있다. 그는 현재 평택에서 레스토랑을 운영하고 있는 사장님이다.

처음 만났을 때는 부모님이 미래를 걱정하는 고3 학생이었다. 당시 스쿠버 마니아였던 아버님이 당신의 아들을 지도해 달라고 문의해 오셨다. 공부에는 취미가 없던 철없는 아들이 나쁜 길로 빠지지 않게 하려는 아버지의 배려라는 생각이 들었다. 부족함 없이 귀하게 큰 외아들이었다. 나는 한 달여간 합숙하며 이 제자에게 강도 높은 집중 교육을 실시했다.

그러자 이 제자는 다이빙의 매력에 흠뻑 빠졌고 나의 애제자가 되었다. 부모님은 교육 이후 백팔십도로 바뀐 아들의 모습에 감동해 나에게 고마움을 표했다. 그 후 그 친구는 외국 생활을 오래 했다. 그러다 얼마 전 고향에 레스토랑을 오픈했다고 소식을 전해 왔다. 나는 기쁜 마음에 레스토랑을 방문했다. 그러곤 훌륭하게 자신의 길을 가는 제자의 모습을 진심으로 격려해 주었다.

나는 많은 청소년들이 스쿠버를 통해 어른들이 걱정하는 배려심, 협동심, 차분함 등을 배울 수 있다고 확신한다. 핵가족화되어 거의 한 가정 한 자녀인 시대다. 자식 걱정이 많은 부모라면 주저 없이 소중한 자녀의 인성 계발을 위해 스쿠버를 가르쳐 볼 것을 권유한다. 하나밖에 없는 자녀의 요구를 부모는 쉽게 들어줄 것이다. 그런 만큼 아이들의 인내심과 배려심 그리고 양보심은 예전의 대가족 사회와 비교할 수 없을 정도로 부족할 것이다.

스쿠버는 반드시 순서와 절차를 지켜야만 하는 레포츠다. 바늘 허리에 실을 묶어서 바느질할 수 없다는 것을 알게 해 준다. 바닷속 아름다운 풍경을 구경하기 위해서는 반드시 모든 장비를 스스로 꼼꼼히 챙겨야 한다. 대충은 곧 사고를 의미한다. 하강 시 발생하는 귀의 압착은 순차적으로 반드시 풀어야 한다. 그렇지 않으면 귀에 극심한 통증이 온다. 스쿠버 다이빙을 마치고 올라갈 때는 아주 천천히 올라가야 한다. 빠르게 올라가면 몸에 감압 질환이라는 심각한 부상이 생길 수 있기 때문이다.

세월호 참사 이후 많은 학교에서 생존 수영법을 가르친다. 좋은 현상이다. 추가적으로 나는 스쿠버를 아이들에게 접하게 해 주고 싶다. 스쿠버는 아이들을 차분하게 해 준다. 그뿐만 아니라 준비성, 남에 대한 배려, 위기 상황에 대한 해결 방법을 생각하게 해 주는 아주 좋은 레포츠다. 반드시 바다라는 대자연에서만 즐길 수 있고, 준비를 철저히 해야 하며, 꼭 서로 도움을 주는 짝이 있어야지만 안전하게 마칠 수 있는 활동이다. 대자연에서 호연지기를 키우고, 스스로 준비하고, 짝과 의지하며 문제를 해결하는 모습이 우리 인생의 축소판 같지 않은가?

거기에다 바다는 아름다운 색상의 신비로운 세상이다. 무중력이라는 특별한 경험과 물이 몸을 감싸는 느낌도 환상적이다. 요즘 청소년들은 무한 경쟁과 온라인 문화 그리고 게임에 빠져 있다. 그들에게 단순하게 생존을 위한 수영을 가르칠 뿐 아니라 바다에서 자연스럽게 놀면서 물에 적응하는 방법을 습득시킨다면 훨씬 교육적인 효과가 크리라 생각한다.

저서 출간 후 많은 사람들의 요청으로 시작하게 된, 중·고등학생을 위한 '과학 잠수 교실'. 이는 강연뿐만 아니라 바다에 관심이 많은 학생과 부모님들의 필수 시청 유튜브 채널이 되었다. 온라인뿐만 아니라 오프라인에서의 실습 요청으로 제주도에서 해양학자와 함께하는 '과학 잠수 교실'을 개최했다. 그리고 참가자들의 추가 요청으로 '과학 잠수 정규 과정'을 수료한 중·고등학생으로 구성된 '국제 과학 잠수 교실'이 미국의 캘리포니아에서 개최되었다. 총 일주일간의 일정으로 몬테레이(Monterey) 수족관 견학 및 해양생물학자와 함께하는 수족관 체험, 샌디에이고 인근 해안의 바다사자 관찰 프로그램, 시애틀 고래 관찰 프로그램 그리고 해양 조사 선박을 이용한 해양생물 잠수 조사를 실시할 예정이다. 교육의 전 과정은 영어로 해양학자와 함께 진행된다.

이 과정을 통해 학생들은 자연스럽게 바다에 대한 지식과 잠수

기술과 바다 적응 기술을 습득하게 된다. 그렇게 해상 활동에 필요한 훌륭한 개인 능력을 갖게 된다. 또한 영어 실력의 향상과 자신감 증진에도 많은 도움이 된다. 여기에 제출된 양질의 과제는 대학 진학의 좋은 자료로 활용된다. '과학 잠수 교실'에 참여한 학생 중 일부는 미국 내 유명 해양 관련 학과 진학에도 특전을 부여받게 된다.

어린 나이에 막연한 동경으로 시작된 바다에 대한 관심은 국경을 넘어선 비즈니스가 되었다. 나는 과정에 참여한 학생들과 부모님들의 만족과 성취감을 보며 많은 보람을 느낀다. 그리고 이제 나의 분야에서 새로운 사업 모델을 만들어 여러 사람에게 만족과 보람을 주고자 한다. 코치로서, 강연가로서, 1인 창업가로서의 삶에 보람과 뿌듯함을 느낀다.

중국 동굴 다이빙 훈련장
설립하기

문제를 하나 내보겠다. 우리나라 강원도에서 많이 나는 지하자원은? 중·고등학교 시절 지리 시간에 많이 나온 문제다. 정답은? 바로 석회석이다.

우리나라의 석회석 공장은 강원도에 몰려 있다. '지하자원이 없는 나라에 석회암 자원이라도 있는 것은 축복이다'라고 생각하면 잘못된 것이다. 석회암은 전 세계 어디든 풍족한 자원이다. 우리나라뿐만 아니라 대부분의 나라에 석회석 광산은 존재한다. 그렇지만 석회석을 채굴하지 않고 보존한다. 석회석 채취를 위해서는 많은 산을 훼손해야만 하기 때문이다. 그리고 가공 시설과 운반 시설 설치를 위해서는 거대 규모의 공장을 건설해야 하기 때문이다. 환경오염과 자연 훼손이 심각하고 부가가치가 높지 않기 때문에 선진국은 석회암 지대를 보존하는 것이다.

석회암 지대는 매우 아름다운 풍광을 보여 준다. 우리가 많이 보아 온 베트남의 하롱베이, 필리핀의 팔라완, 중국의 계림 지역 등 물과 함께 수려한 경관을 보이는 모든 곳이 석회암 지대다. 우리나라 동해항의 석회암 부두 지역이 과거에는 아름다운 해수욕장이었던 사실을 아는 사람은 그리 많지 않다.

석회암 지대는 과거에 바다였던 곳이다. 석회암의 기원은 조개껍질, 산호, 석회조류 등 해양생물의 골격이다. 바다에 살았던 해양생물의 딱딱한 껍질이 쌓이고 압력을 받아 단단해지고 지각변동으로 바다의 바닥이 육지가 되면서 석회암 산을 이루게 된다.

육지에는 비가 내리는데 이 비는 노출된 석회암의 틈새로 스미게 된다. 이렇게 암반 틈새로 스며든 물은 점점 더 암반의 틈을 넓힌다. 그리고 더 많은 물이 암반을 깎아 내고 녹이면서 동굴이 되는 것이다. 동굴에는 동굴을 장식하는 아름다운 종유석, 석순, 석주 등등 동굴의 2차 생성물이 있다. 이것들은 1차적으로 동굴이 만들어지고 동굴 내에 유입된 석회성분을 함유한 물이 흐르는 자리에 수백만 년에 걸쳐 만들어지는 자연의 예술품이다.

수중동굴이 만들어지기 위해서는 먼저 동굴이 만들어진 후 지각변동이나 해수면의 변동으로 동굴에 물이 차면 된다. 일반 동굴이 물에 침수된 것으로 생각하면 된다. 우리나라의 수중동굴은 주로 산속에 있다. 반면에 멕시코의 동굴은 규모가 크고 바다 근처에 위치해 있다. 또한 아름다운 2차 생성물도 많고 수중동굴 속이 너무나 깨끗한 시야를 확보하고 있다. 멕시코의 동굴은 수백 개의 수중동굴이 지하철 노선처럼 연결된, 동굴 다이버들의 성지라고 불러도 과언이 아니다.

그렇다면 왜 수중동굴이 중요할까? 그것은 수중동굴이 지하 수맥이기 때문이다. 멕시코 칸쿤 지역에는 강이 없다. 그럼에도 불구하고 인류 역사상 찬란했던 마야 문명이 번성한 지역이다. 인류 생존의 제1의 조건인 식수가 바로 수중동굴 식수였던 것이다. 식수원으로서의 동굴수는 반드시 보존되고 보호해야 할 존재다.

미국 플로리다도 세계적인 수중동굴 지대다. 이 지역에서 1990년 대 한 저수지의 물이 거짓말처럼 사라지는 사건이 발생했다. 당시 플로리다 정부는 수자원의 보호의 심각성을 인지하고 전문 동굴 다이버에게 지하 수맥의 탐사를 의뢰했다. 그 결과 많은 수중동굴이 거미줄처럼 얽혀 있는 것이 밝혀졌다. 그리고 이 수중동굴의 체계적인 관리의 필요성이 제기되었다. 예를 들어, 지하 동굴수가 지나가는 수중동굴 위에 축사가 있다면 축산 폐수가 상수원을 오염시킬 수 있기 때문이다.

나도 제주 용천동굴 탐사 시 발주처의 요구로 정확한 수중동굴의 방향과 거리 등 기본 측량을 실시했었다. 이를 토대로 동굴 상부의 축사와 주유소 등을 이전시키고 동굴 보호를 위해 육상의 관리도 실시하는 기초 자료로 사용했었다.

수중동굴 다이빙은 다이빙의 끝판왕이다. 다이버 중의 극소수만이 경험할 수 있는 특수 다이빙이다. 또한 사고의 위험성도 높다. 사고가 나면 모두 사망이다. 그래서 모든 교육 단체의 동굴 교육은 아주 혹독하다. 많은 시간을 할애해 교육을 진행한다. 또한 동굴 교육에 적합한 동굴이 많지 않은 만큼 미국의 플로리다와 멕시코의 칸쿤 지역은 동굴 다이버들의 성지라고 불린다. 많은 다이버들이 이곳에서 교육을 받고 다이빙을 하러 모여든다.

수중동굴 다이빙은 천장이 막힌 공간에서의 다이빙이다. 그러므로 반드시 정확한 호흡기체의 계산과 철저한 라이트의 사용 시간 계산 그리고 이런 상황을 함께 헤쳐 나갈 잘 훈련된 동료가 필수다.

한국에서 동굴 다이빙을 하는 데는 한 가지 문제가 있다. 바로 허가다. 모든 동굴은 매장 문화재로 간주된다. 때문에 무단으로 동굴에 침입하면 불법 행위로 처벌받는다. 그래서 많은 동굴 다이버 교육생과 동굴 다이버 모두 거금이 들어도 멕시코나 플로리다로 가려고 하는 것이다.

그런데 동굴을 이렇게 기를 쓰고 가려고 하는 이유는 무엇일까? 수중동굴은 우리의 상상을 완전히 무너뜨리는 완벽히 다른 지구상의 공간이다. 그곳에서 다이빙을 하기 위해서는 아주 고급 스쿠버 기술을 가져야 한다. 그리고 운이 좋으면 70억분의 1의 사람이 될 수 있다. 아무도 가 보지 못한 최초 탐험 수중동굴은 모든 동굴 다이버들의 로망이다.

나는 너무나 운이 좋은 동굴 다이버다. 많은 동굴 다이버와 테크니컬 다이버들이 부러워하는 경험과 경력을 갖고 있다. 동굴 다이빙 교육을 받고 바로 〈한국동굴연구소〉의 수중탐사 팀장으로 국내의 다양한 동굴 탐험 기회를 가졌다. 한국에서 다이빙이 가능한 동굴은 거의 다 내 손을 거쳤다. 수많은 천연기념물 동굴도 발견하고 탐사했다.

나는 지금이야말로 빠르게 늘어나는 동굴 다이버와 동굴 사고에 대비한 인력을 양성할 훈련장이 절실하게 필요한 시점이라고 생각한다. 그 대안으로 광명에 위치한 폐금광을 관광지로 개발한 '가학동굴'을 주목했다. 그리고 훈련장으로 사용할 것을 건의했다. 그러나 안전을 이유로 광명시는 난색을 표했다. 새로운 대안이 필요했다.

그러던 중 2016년 중국 친구들로부터 광시성 여러 곳에 많은 수중동굴이 있다는 제보를 받게 되었다. UTD(Unified Team Diving) 아시아 동굴 다이빙 팀원인 포(Poh)와 맥스(Max)와 미국의 앤드루(Andrew) 회장이 함께 탐사하기로 했다. 이 소식이 알려지자 스페인의 세르지(Sergi)와 덴마크의 벤(Ben)이라는 친구들도 흔쾌히 합류했다. 그 결과 아주 좋은 동굴 훈련장을 여러 곳 발굴하고 탐사했다.

나는 너무나 신이 났다. 한국과 2시간 거리에 저렴한 가격으로 훈련할 수 있는 동굴이 있었다. 여러 나라의 많은 친구들이 함께 동굴을 탐사하며 자신의 일처럼 헌신적으로 도와주었다. 이렇게 시작된 탐사는 SCKPP(남중국 석회지대 프로젝트)라는 명칭으로 올해로 4년째 진행하게 되었다.

앞으로 2~3년 후를 상상해 본다. 많은 한국의 동굴 다이버들이 동굴 다이빙 훈련과 동굴 관광 다이빙을 위해 중국을 방문할 것이다. 현지의 중국인 친구들은 동굴 다이빙 전문 숍을 차려서 우리의 방문을 환영할 것이다. 특히 광시성은 베트남과 접경지여서 아름다운 풍경의 관광지와 맛있는 음식을 즐길 수 있는 좋은 여행지가 될 것이다. 많은 다이버들이 중국의 광시성 동굴에서 우리 팀이 설치한 가이드라인을 참고하고 동굴도를 보며 훈련과 동굴 관광을 즐길 것이다. 이들 중 일부는 멕시코나 플로리다 동굴 여행을 꿈꾸며 열심히 훈련을 받을 것이다. 많은 한국인이 중국 동굴의 개척자로 나를 기억해 줄 것이라는 흐뭇한 상상도 해 본다.

한국의 중앙119구조본부 소속 동굴 구조팀이 동굴 구조 훈련을 위해 광시성을 방문하기로 했다. 민간 전문가로는 나와 〈한국동굴연구소〉 부소장에게 조언을 얻고자 참여를 요청했다. 우리는 흔쾌히 동행하며 중국 친구들에게 훈련 계획을 설명해 주었다. 현지 중국 숍의 완벽한 준비로 우리 구조대원들은 실전적인 훈련을 부족함 없이 실시해 매우 만족스러운 결과를 거두었다. 훈련 마지막 날에는 중국 광시성 소방청과 MOU도 맺었고 서로간의 교류를 약속했다. 양국 간의 관계가 동굴에서 꽃피우는 듯해서 지켜보는 입장에서 많이 흐뭇했다.

또한 겨울에는 중국 소방관들이 아이스 다이빙을 위해 한국을 방문하기로 했다. 다양한 국적의 사람들이 내가 아는 기술과 지식으로 함께 행복할 수 있어서 너무나 보람되었다.

PART 9

세계적으로 성공해서
사회에 선한 영향력
행사하기

\- 김은희

김은희 〈쉬운영어코칭연구소〉 대표, 영어 강사, 자기계발 작가, 동기부여 강연가

초·중등 영어학원 강사로 재직 중이다. 아이들에게 영어를 가르치는 것과 더불어 꿈을 설계하고 목표한 바를 이룰 수 있도록 동기부여를 해 주고 있다. 현재 성공을 부르는 전문 강연가의 꿈을 키우고 있다.

희망과 꿈을
전해 주는 메신저 되기

지금은 1인 미디어 시대다. 사람들은 SNS를 통해 사업을 해서 돈을 벌거나 자신이 하고자 하는 이야기, 정보를 유저들에게 들려 주고 있다.

우리는 흔히 알고 있는 카카오톡, 카카오뱅크, 카카오 택시를 통해 많은 서비스를 받을 수 있다. 하지만 카카오는 은행도 택시회사도 보유하고 있지 않다. 단지 소비자와 공급자를 연결해 주는 플랫폼 역할을 할 뿐이다. 이것을 플랫폼 비즈니스라고 한다. 유튜브도 플랫폼 비즈니스 중의 하나다.

유튜브의 신(神), 대도서관은 유튜브 크리에이터로서 자신만의 확실한 콘텐츠로 고수익을 창출해 나가고 있다. 그는 "유튜브는 특별한 전문 지식과 능력이 없어도 누구나 도전할 수 있습니다. 때문에 더욱 매력적이고 가능성이 무한한 시장입니다."라고 말했다.

몇 년 전 아이 셋이 〈캐리와 장난감 친구들〉이라는 유튜브를 너무 재미있게 보고 있었다. 그때 큰아이가 구독수가 높은 채널이라며 나에게 그 크리에이터가 누구인지, 얼마를 버는지 설명해 주었다. 나는 인기 있는 연예인도 유명인도 아닌 일반 사람들이 혼자하는 방송인지라 별로 관심이 없었다.

요즈음 아이들은 자기 자신을 드러내기를 좋아하는 것 같다. 갖고 있는 휴대전화로 장소와 시간에 구애받지 않고 본인만의 개성 가득한 영상을 찍어 올린다. 나는 지금도 우리 딸아이가 그런 모습을 보이면 너무 어색하고, 신기할 뿐이다.

어릴 적 나는 사람들 앞에서 말하는 것을 무척 불편해했다. 말주변도 없을뿐더러 누가 지목이라도 하면 머릿속이 새하얗게 되면서 아무것도 생각나지 않았기 때문이다. 말하면서도 도대체 내가 무엇을 말하고 있는지도 모를 정도였다.

하지만 말하는 것은 그렇게 힘들어하면서도 행동하는 것에는 어려움을 못 느꼈다. 나는 운동신경이 좋아 초·중학교 내내 계주 선수를 했다. 초등학교 4학년 때는 체육시간에 담임 선생님이 앞에 나와 시범을 보이게끔 하시기도 했다. 그런 것에 대해서는 나는 거리낌이 없었다. 그렇게 나는 대중 앞에서 말없이 행동으로 보여 주는 것에는 자신이 있었다.

나의 삶의 모토는 '평범하게 사는 것'이었다. 그래서 친구들에게도 습관처럼 "난 평범하게 살 거야."라고 말하기도 했다. 평범하게 사는 것만도 어려운 거라고, 그게 좋다며… 진짜 평범한 삶이 어떤 것인지도 모르면서 말이다.

내 기억으로 어린 시절 우리 집은 평범하지 않았다. 아빠와 엄마는 하루가 멀다 하고 싸우셨다. 이유는 아빠의 여자문제였다. 아빠는 생활력이 강하지 않으셨다. 그런데다 가족보다는 본인의 즐기는 삶을 더 중요하게 생각하셨다. 직장생활도 오래 하지 못하셨다. 엄마에게는 나가서 돈 벌어 오라 하시면서 정작 본인은 편하게 돈 벌 궁리만 하셨다. 아빠는 엄마한테 식당을 차리게 하셨다. 하지만 아무런 시장조사 없이 차린 가게는 몇 개월도 안 되어 문을 닫아야 했다. 가게 상황은 점점 나빠졌다. 결국 내가 대학에 입학한 후 두 분은 별거하셨다.

엄마와 오빠, 나 이렇게 셋은 월세방에 살았다. 엄마는 어려운 형편에 오빠가 가장으로서 버팀목이 되어 주면 좋겠다고 생각했다. 하지만 오빠는 군 제대 후 아르바이트를 하며 법무사 공부를 했다. 엄마는 무리한 식당일로 얻은 허리디스크로 인해 한 차례의 수술을 받았지만 전혀 나아지지 않았다.

졸업 후 나는 회사를 다니다 결혼했고 딸아이를 낳았다. 그 당시 엄마는 재수술을 받으면 달라질 것이라는 기대감에 수술받기를 원하셨다. 수술비용이 없어서 오빠가 친구에게 수술비를 빌려 왔다. 기대한 만큼 실망도 크다고… 수술 후 엄마의 상태는 수술 전보다도 못하게 되었다.

그 와중에 나는 일과 육아를 병행하느라 엄마한테 신경을 많이 못 쓰게 되었다. 결국 엄마는 우울증까지 앓다가 세상을 떠나셨다. 엄마가 떠나신 지 얼마 되지 않아 신랑은 혈액암 진단을 받게 되었다. 다행히 약물 치료가 가능했다.

나는 신랑과 함께 조그만 식당을 운영하다 영어강사 자리를 소개받았다. 전문대 실무영어과를 졸업한 나는 아이들을 가르쳐 본 적이 없었다. 하지만 영어를 좋아하는 데다 아이 3명을 키우는 엄마인 만큼 왠지 모르게 잘해낼 수 있을 거란 자신감이 있었다. 이로써 영어강사로서의 내 새로운 삶이 시작되었다.

지금 돌이켜 보니 '평범하게 살아야지'라고 생각했었는데 내 인생은 그다지 평범하지는 않았던 것 같다. 그래서 나는 평범하게 살지 않기로 마음먹었다. 꿈을 크게 갖기로 했다. 경제적인 자유를 얻어 행복한 가정을 꾸리며 살겠다는 꿈.

그렇게 도서관을 다니며 자기계발서를 읽고 영어공부를 병행했다. 그러던 중 김태광 작가의 《서른여덟 작가, 코치, 강연가로 50억 자산가가 되다》를 읽게 되었다. 나는 이 책을 읽고 평범하지 않은 인생을 살아온 나 자신이 무엇을 하면 좋을지 천천히 생각해 보게 되었다.

김태광 작가는 책을 쓰라고 말한다. 평범한 사람일수록 책을 써야만 한다고…. 그래서 나는 책을 쓰기로 결정했다. 책을 써서 나를 알리고 SNS를 통해 세상 사람들과 소통하며 삶의 희망과 꿈을 전해 주는 메신저 역할을 하기로 결심했다.

"위대한 사람은 태어나는 것이 아니라 만들어지는 것이다."

지그 지글러의 책《정상에서 만납시다》에 나오는 구절이다.

현재의 나는 지극히 평범한 사람이다. 하지만 하루하루 조금씩 나아지는 사람으로 성장하고 있다. 그리하여 머지않아 나는 이 사회에 선한 영향력을 행사하는 사람이 될 것이다.

꿈을 잃은 엄마들의
드림 메신저 되기

일명 미경 언니. 이는 김미경 강사를 부르는 말이다.

김미경 강사는 한 회사의 대표, 세 아이의 엄마, 작가, 강연가 등 붙여진 타이틀이 많다. 그녀는 강연을 통해 불안한 자아를 가진 사람들을 위로한다. 삶의 방향을 잃은 사람들에게도 꿈과 희망을 주며 해결 방향을 제시한다. 김미경 강사는 꿈을 가져야 한다고 강조한다.

나에게도 꿈이 있었다. 초·중학생 때는 선생님이 되고 싶었다. 고등학생 때는 스튜어디스가 되어 전 세계를 여행하고 싶었다. 대학생 때는 취업을 잘했으면 좋겠다는 꿈이자 희망사항이 있었다. 졸업 후에는 원하는 회사에 취직해서 승진하고 좋은 남자를 만나 행복한 결혼생활을 했으면 했다.

나는 스물여덟 살에 결혼했다. '행복하게 잘 살고 싶다'라는 꿈마저도 아이 셋을 낳고 정신없이 살다 보니 잊혀졌다. 애들 뒤치다꺼리를 하다 보면 하루가 짧았다. 화장도 하지 않은 채 펑퍼짐한 옷을 입고 마트를 다니는 나는 꿈이 없는 아줌마였다.

그러다 드디어 막내 아이가 어린이집에 갈 나이가 되었다. 그래서 나는 피트니스 센터에 등록했다. 아이를 어린이집에 보내고 나면 운동을 하러 갔다. 운동이 끝나면 같이하는 멤버들과 점심을 먹고 쇼핑을 다니거나 차를 마시며 시간을 보냈다.

처음에 나는 10여 년 가까이 육아에 매진한 내 삶에 대한 보상이라 생각해 그 시간을 즐겼다. 대화 내용은 신랑, 시댁 흉보기, 동네 아줌마 얘기 등 매일 비슷한 말을 반복할 뿐이었다. 그런 내 모습을 보며 신랑은 한심하고, 할 일 없는 여편네라고 생각하는 것 같았다. 그래도 그렇게라도 하지 않으면 숨이 막혀 살 수 없을 것 같았다. 하지만 이런 시간이 지속될수록 내 안에 공허함이 쌓여 가기 시작했다.

신랑은 조그마한 식당을 운영하고 있었다. 신랑은 나에게 도와달란 말을 하지 않았다. 하지만 동네 언니들과 실속 없는 시간을 보내느니 가게에 나가 일손을 보태기로 마음먹었다. 그렇게 가게에 출근한 지 몇 달이 지났지만 내 삶의 허전함은 채워지지 않았다. 하루를 알차게 보냈다는 뿌듯함이 아닌 점점 지쳐 가고 있었다.

그 당시 운동하며 친하게 된 선영 언니는 내가 영어전공이라 하니 영어 강사를 해 보라고 권유했다. 나는 그 얘기를 친구에게 말했다. 친구는 젊은 사람이 수두룩한데 누가 경험도 없는 주부를 써 주겠냐고 했다. 우린 경쟁력이 없다면서. 생각해 보니 맞는 말이었다. 나는 선영 언니의 말을 더 이상 염두에 두지 않기로 했다.

그로부터 몇 달 후 선영 언니가 연락해 왔다. 같이 운동하는 사람이 학원을 운영하는데 영어 강사를 구한다는 것이었다. 영어 선생님이 갑자기 그만두게 되었다면서 선영 언니는 그 학원 원장에게 나를 추천했다고 했다. 나는 그 원장과 안면만 있었지 잘 알지는 못했다.

그 원장은 내가 영어를 전공했으니 경험이 없어도 충분히 잘할 수 있을 거란 용기를 주었다. 하지만 나는 가르쳐 본 경험이 없고 영어를 오랫동안 손에서 놓았기 때문에 걱정이 되었다. 나는 두려웠지만 도전해 보기로 마음먹었다. 그렇게 누구누구의 엄마가 아닌 '선생님'이라는 호칭으로 불리는 새로운 인생을 살게 되었다.

아이 셋은 엄마가 선생님이 되었다며 좋아하면서 주변에 자랑하기 바빴다. 지인들 모두는 나에게 축하해 주느라 여념이 없었다. 하지만 단 한 사람, 신랑만은 예외였다. 일을 하며 아이들을 잘 돌볼 수 있겠느냐, 살림은 제대로 해야 한다, 월급으로 받는 돈이 과연 저축이 될 것이냐 등등 나에게 축하한다는 말 대신 걱정스런 말들을 했다.

하지만 나는 새롭게 시작한 내 일과 집안일 모두를 잘해 나가겠다는 각오를 다졌다. 먼저 아이들에게 각자가 해야만 하는 일들을 알려 주었다. 그러자 신랑이 아주 조금씩 변하기 시작했다. 그전에 신랑은 육아나 살림에 전혀 도움을 주지 않았다. 하지만 지금은 뭔가 도와주려 노력한다.

다음은 김미경 강사가 강연 중에 한 말이다.

"20~30대는 경제적 미련을 버리지 못합니다. 남편이 벌어다 줄 것 같고, 시부모님이 줄 것 같고 자꾸 누군가 도와줄 것 같은 느낌이 드는 거죠. 하지만 시간이 지나면서 남자의 40%는 돈과 친하지 않다는 것을 알게 됩니다. 시부모님의 재산을 받으려면 늘어난 평균수명을 고려해 60세는 되어야만 한다는 것을 알게 되죠. 이것을 깨닫게 되는 순간, 지금 상태로 가만히 있으면 거지가 될 수 있다는 생각이 들어 경제활동을 다시 시작하게 됩니다. 그 나이가 바로 40대입니다. 그래서 여자 나이 40대는 확실히 철이 들고 똑똑해질 대로 똑똑해진 나이죠. 통계적으로 CEO, 사업, 장사 등으로 제일 많이 성공한 나이가 40대입니다."

나를 포함해 주위 사람들만 보아도 그런 것 같다. 지금의 40대들은 무언가를 배운다거나 가계 경제에 도움이 될 수 있도록 일을 하려 한다. 나부터도 신랑이 도와 달라고 하지 않았음에도 아르바이트 비용이라도 아껴야겠단 생각에 가게에 나가 일했으니 말이다.

많은 사람들이 자신의 주체성을 잃은 채 주부로서 엄마로서 살아가고 있다. 물론 나 자신도 그렇게 살았다. 가장 큰 이유는 '아이들이 아직 어리니까'였다. 아이들을 잘 돌보는 것이 최우선이라고 말이다.

가화만사성(家和萬事成)은 집안이 화목해야 모든 일이 잘된다는 뜻이다. 그 말처럼 엄마가 행복해야 가정이 행복할 수 있다. 가족의 행복은 한 사람의 희생으로 만들어지는 것이 아니다. 서로 돕고 책임과 의무를 나눔으로써 그것을 달성해 나갈 수 있는 것이다.

가족 구성원 모두에게는 삶의 목표가 있다. 내 꿈은 영어학원 원장이다. 불과 작년 초만 해도 상상조차 하지 못한 일이다. 주부로 살고 있는 우리 모두에게는 꿈이 있었다. 나는 우리 엄마들이 꿈과 희망을 찾을 수 있도록 도와주려 한다. 누구누구의 엄마가 아닌 한 여자로서 즐겁고 행복한 삶을 살 수 있도록 말이다.

영어로
성공학 강연하기

예전에는 한 분야의 전문가나 유명인사의 성공담을 듣기 위해서는 그 사람을 찾아가거나 강연회에 참석해야만 했다. 그렇지 않으면 TV로 보거나 책을 통해 만났다.

요즘에는 각 분야의 전문가, 유명인, 사회적으로 성공한 사람들을 시간과 장소에 상관없이 만날 수 있다. 바로 휴대전화를 통해서다.

나도 올해 초 유튜브로 영어와 관련된 영상을 찾다가 김미경 강사가 영어공부 하는 모습을 보게 되었다. '이분은 누구지?' 하며 계속 김미경 강사의 강의를 보게 되었다. 그러면서 김창옥 강사, 법륜 스님의 강의까지 듣게 되었다. 그분들의 강의는 나의 상처를 보듬으며 내게 큰 용기와 희망을 주었다.

그러다 책 속에서 TED(Technology Entertainment Design)의 소개 글을 보게 되었다. TED는 미국의 비영리 재단에서 운영하는 강연회로 기술, 오락, 디자인 그리고 최근에는 과학에서 국제적인 이 슈까지 다양한 분야에 대해 강연했다. 초대자들은 저명인사와 괄목할 만한 업적을 이룬 사람들이 대부분이었다. 유명인사도 많이 있었다. 강연은 미국뿐만 아니라 유럽, 아시아 등에서도 개최했다. 나는 세계적으로 인정받는 분들의 교훈과 가르침을 내 손안의 영상, 휴대전화를 통해 배우고 있다.

우리나라에도 〈세바시〉라는 강연이 있다. 〈세바시〉의 슬로건은 '나로 시작해 우리로 열리는 이야기'다. 세상을 향한 나의 경험과 생각이 '우리'라는 공동체와 세상을 더 좋게 만들 것이라는 믿음을 담고 있다. 좋은 세상을 위한 지식과 경험 그리고 아이디어를 15분 동안 스토리로 나눈다. 〈세바시〉는 유명인사와 성공을 이룬 경험이 있는 모든 사람들의 강연을 볼 수 있다.

내가 고3 때였던 것 같다. 독해 문제집을 푸는데 어느 순간 그 지문의 해석이 재미있게 느껴졌다. 그러면서 영어를 잘하고 싶다는 생각이 들었다. 그전까지는 그런 마음을 먹은 적이 한 번도 없었다. 단지 영어 해석을 잘하고 싶어서 쉬는 시간에도 독해 문제집을 책상에 올려놓고 단어를 사전에서 일일이 찾아 가며 지문을 해석했을 뿐이었다. 이렇게 하면 실력이 늘 거란 막연한 생각만으로 말이다. 버스를 타고 등하교할 때, 걸어서 학교에 갈 때도 손바닥만 한 수첩에 내가 찾은 단어들을 빼곡히 적어 들고 다니며 외웠다. 그러니 영어가 늘 리가 있겠는가. 지금 생각해 보니 시간에 비해 참 비효율적이고 무식하게 공부했다.

책과 친하지 않다 보니 책 속에서 구할 수 있는 지름길도 모를 뿐더러 누구한테 묻지도 않았다. 그렇게 영어지문만 해석해 대었으니 성적이 잘 나올 리 없었다. 그렇게 수능 점수가 낮게 나온 만큼 나는 전문대로 가야 했다. 그나마 영어를 좋아하니 영어과에 지원했다.

대학 시절 동안 나는 가정형편이 좋지 않아 아르바이트를 했다. 그래서 대학에 대한 추억이 별로 없다. 졸업 후 나는 취업 전 돈을 벌기 위해 아르바이트 자리를 알아보았다. 그러던 중 삼성카드의 전산입력 작업 일을 하게 되었다. 그곳은 원하는 곳에 취업하기 전까지 잠깐 동안 다닐 생각이었다. 그렇지만 어느새 2년 가까이 다니고 있었다. 나는 어서 제대로 된 직장, 내가 원하는 곳으로 가고 싶었다.

친한 대학 동기가 포워딩 회사에 취업했다며 연락을 해 왔다. 포워딩 회사, 처음 듣는 업종이었다. 포워딩 회사는 간단히 말해 운송대행업을 해 주는 회사다. 수출입을 하는 무역회사와 선박, 항공회사 사이의 업무 진행을 대행해 주는 곳이다. 그것도 바로 내가 좋아하는 영어를 사용하면서 말이다. 나는 '이것이 앞으로 내가 할 일이다'라고 생각했다.

친구 회사의 수출 파트에서 사람을 구한다고 해서 면접을 봤다. 나는 운 좋게 친구가 다니는 회사에 입사하게 되었다. 그곳에서 나는 제대로 된 사회생활을 시작했다.

그렇게 2년 정도 다닌 후 나는 더 나은 직장으로 이직하고 싶어졌다. 구인광고를 보니 제법 규모가 큰 외국계 포워딩 회사에서 항공수입 업무를 담당할 직원을 뽑는다고 했다. 나는 간절한 마음으로 면접을 보았고 합격 소식이 오기를 손꼽아 기다렸다.

드디어 나는 내가 꼭 입사하고 싶어 하던 회사에 들어갔다. 회사 분위기도 좋아 직장생활을 하며 다른 사람들처럼 스트레스를 받지 않았다. 그곳에서 결혼하고 둘째 아이를 낳기 전까지 8여 년간을 다녔다. 회사가 탄탄하고 사내 분위기도 좋아 더 다니고 싶었지만 그 무렵 신랑이 식당을 차린다고 해서 어쩔 수 없이 관두게 되었다.

퇴직하고 나는 경력단절 여성으로서 육아와 가사 그리고 남편의 식당일을 도우며 하루하루를 보냈다. 그러던 중 영어 강사 일을 하게 되었다. 드디어 내가 좋아하는 영어로 제대로 일할 수 있는 기회가 찾아온 것이다. 나는 지금도 학생들에게 어떻게 하면 쉽고 재미있게 영어를 알려 줄 수 있을지 고민한다. 그런 고민은 나의 영어 실력을 한 단계 한 단계 발전시킨다.

돌이켜 보면 나는 내 인생에서 원하는 바를 이루지 못한 적이 없는 것 같다. 초등학교 때 꿈이었던 선생님을 지금 하고 있지 않은가. 그리고 친구들과 모이면 언제 결혼하게 될 것 같으냐는 질문에 항상 내가 먼저 결혼할 거라고 말했다. 이 역시 친구들 중 내가 제일 먼저 결혼하게 되었다. 그리고 나는 아이 셋을 나을 것이라 말하곤 했는데 그것마저도 이루었다. 정확히는 성별까지도 말이다. 딸둘에 아들 하나 말이다.

가만 보니 나는 내가 이루고자 했던 것을 계속 말로 내뱉었다. 만약 내가 조금 더 높은 목표를 세우고 행동했더라면 내 인생은 더 나아졌을 것 같다. 그나마 노력에 비하면 아직까지는 훌륭한 인생을 살고 있다. 그것은 내가 항상 긍정적으로 사고하고 웃는 얼굴로 긍정에너지를 끌어당기면서 이루어질 거라 믿기 때문이다.

나는 평소 "인상이 참 좋다, 편안하다, 성격이 좋다, 착하다."라는 말을 들으며 살아왔다. 그렇다고 내 성격으로 인해 타인에게서 상처받은 적은 아직까지 없다.

나는 〈세바시〉 더 나아가 TED에서 내가 가진 긍정에너지를 전세계 사람들에게 나누어 주고 싶다. 바로 영어로 말이다. 그날을 손꼽아 기다리면서 오늘도 나는 영어를 익히며 강연을 위한 준비를 해 나갈 것이다.

1년에 두 번 가족과
해외여행 가기

여행은 생각만 해도 두근거리는 단어다. 우리는 '여행' 하면 해외여행을 떠올리게 마련이다. 우리들 대부분은 일단 비행기를 타고 대한민국 땅을 벗어나야 '진정한 여행을 하는구나'라고 생각한다. 누구나 꿈꾸는 여행은 종류 또한 다양하다.

나만의 첫 여행은 대학교 2학년 겨울방학 때였다. 한비야 작가의 《바람의 딸 우리 땅에 서다》라는 책을 읽고 나서였다. 책은 저자가 49일간 전라남도 해남 땅끝마을에서 강원도 통일전망대까지 약 800킬로미터를 두 발로 걸으며 쓴 국토 종단기다. '꿈을 이루기 위해서는 꾸준히 한 걸음씩 그 꿈을 향해 걸으면 된다.'라는 '한 걸음의 힘'에 대해 이야기한 책이다.

이 책을 읽고 나는 취업 준비에 대한 부담감도 덜 겸 여행을 떠나기로 마음먹었다. 돈이 없었기 때문에 최소한의 경비만으로 여행한 저자로부터 많은 동기부여를 받았다. 평소 나는 생각하면 바로 행동에 옮기는 성격이었다. 그래서 마음먹은 후 부랴부랴 여행을 준비했다.

돌이켜 생각해 보니, 그다지 준비한 것도 없었다. 오로지 '할 수 있다'라는 정신만으로 떠났다. 엄마와 오빠는 젊은 여자가 혼자 여행을 가려 한다며 걱정이 이만저만 아니었다. 하지만 당사자인 나는 앞뒤 재지 않고 '가겠다!'라는 의지만 활활 불태웠다. 그렇게 나는 스물한 살 겨울, 최소한의 경비만 갖고 고속버스를 타고 해남으로 향했다.

해남에 도착하니 밤 9시 정도가 되었다. 나는 당장 잠자리를 구해야만 했다. 제일 안전한 곳으로 판단된 곳은 파출소였다. 나는 파출소로 당당하게 들어갔다. 그러곤 무전여행을 왔다며 하룻밤 재워 줄 것을 부탁드렸다. 경찰관은 당황해하며 걱정 어린 얼굴로 나에게 신분증을 보여 달라고 했다. 그렇게 나는 가벼운 신원조회를 마치고 2층에 위치한 숙소에서 편하게 잠잘 수 있었다.

다음 날의 목적지는 해남의 땅끝탑이었다. 걸어가기엔 무리가 있어 히치하이킹을 했다. 조그만 자주색 티코가 내 앞에 멈춰 섰다. 젊은 여자분이 운전하고 계셨고 새마을금고 직원이라고 본인 소개를 하셨다. 그분은 가는 내내 나의 여행을 응원해 주셨다. 그분의 도움으로 무사히 땅끝탑 근처에 도착했다. 드넓게 펼쳐진 바다를 바라보고 있는 나 자신이 믿기지 않았다. 한편으론 정말 여기까지 혼자 왔다는 사실에 감격스럽고 뿌듯했다.

나는 교회에서 소개해 주신 신자분의 집에서도 잠자리를 해결했다. 그러다 운동을 거의 하지 않던 상태에서 무리해서인지 몸 상태가 좋지 않았다. 솔직히 말하면 마음이 약해진 것이다. 매일 잠자리를 걱정해야 한다는 것이 점점 부담감으로 다가왔기 때문이다. 그렇게 나는 여행을 시작한 지 며칠 되지 않아 순천에 위치한 외가에 조금 머무른 후 집으로 돌아왔다. 처음으로 혼자서 그것도 돈도 없이 떠난 여행이었다. 비록 며칠 안 되는 짧은 기간이었지만 두려움을 무릅쓰고 도전한 나 자신이 대견스러웠다.

만약 지금 다시 그 여행을 떠날 수 있겠냐고 묻는다면 절대 못 갈 것이다. 그 당시에는 젊은 열정과 패기가 있었기 때문에 가능했다고 생각한다. 한편으론 세상을 잘 몰라서 그럴 수 있었던 것 같기도 하다. 그 여행을 계기로 우리 곁에는 도움을 주시려는 분들이 의외로 많다는 것을 알게 되었다.

어릴 적 우리 가족은 여행을 자주 다녔다. 아빠는 여행 다니시는 것을 좋아하셔서 거의 주말마다 여기저기에 우리를 데리고 가 주셨다. 사진을 찍어 주는 것도 좋아하셔서 가는 모든 장소에서 사진을 찍어 주셨다. 처음에는 신이 나서 사진을 열심히 찍었다. 하지만 계속 찍다 보니 점점 귀찮아지기 시작했다. 그래서 중학교 이후의 사진은 그리 많지 않다.

이렇게 성인이 되어 보니 많은 곳에 데려가 주신 아빠한테 참 감사하다. 나에게 좋은 추억과 사진들을 많이 남겨 주셨으니 말이다. 내 기억 속에는 어린 시절 가족들과 함께 다녔던 장소의 추억들이 가득하다. 그래서 우리 아이들에게도 되도록 많은 곳을 경험시키기 위해 노력한다.

성인들도 그렇듯 아이들도 항상 여행을 떠나고 싶어 한다. 주말마다 우리 집 아이들은 나에게 무엇을 할 것이냐고 묻는다. 그래서 내가 뭘 하고 싶으냐고 물으면 여행을 가자고 한다. 여섯 살 막내는 종종 우리가 2년 전에 다녀온 스쿨버스 캠핑장을 가자고 말한다. 왜 거기를 가고 싶은지 물으니 밤에 폭죽을 터뜨리며 보낸 그 시간이 참으로 좋았다고 한다. 아이들 또한 주말만이라도 집이 아닌 다른 장소에서 에너지 충전을 원하는 것이다. 그래서 나는 아이들에게 집이 아닌 바깥구경을 되도록 많이 시켜 주려 한다.

신랑은 주말에도 일을 한다. 그렇기 때문에 혼자 아이 셋을 데리고 세상을 보여 주고 오면 내 몸과 마음은 지칠 대로 지친다. 하지만 아이들이 얼마나 즐겁고 재미있었는지 얘기하는 순간에는 해야 할 일을 끝낸 듯한 뿌듯함을 느낀다.

요즘은 해외여행을 저렴한 비용으로 쉽게 갈 수 있다. 예전엔 몇몇 사람들의 전유물이었다. 하지만 지금은 마음과 시간이 허락한다면 저렴한 비용으로도 충분히 떠날 수 있다. 그럼에도 불구하고 아직까지 우리 가족은 해외여행을 가 본 적이 없다. 신랑이 식당을 운영하고 있어 시간을 내기 힘들다는 이유에서였다.

3년 전 나는 누구나 쉽게 떠나는 이 해외여행을 아빠로 인해 아이들이 가지 못하는 것이 안타까웠다. 그래서 신랑한테 나 혼자만이라도 아이 셋을 데리고 다녀오겠다고 선포했다. 신랑은 내심 '뭐 혼자 갔다 오겠어'라고 생각했는지 흔쾌히 허락했다.

그래서 나는 바로 여행사를 통해 태국 여행을 예약했다. 신랑 대신 지금까지 우리 곁에서 고생하신 시어머니를 모시고 갔다. 그렇게 우리 아이들은 첫 해외여행을 아빠가 아닌 할머니와 다녀왔다. 할머니와 다녀와서 즐거웠지만, 아이들은 아빠와 다녀오지 못한 아쉬움이 컸나 보다. 아빠와 또 가자고 한다. 나중에서야 신랑도 본인이 가려고 마음만 먹었으면 다녀올 수 있었다는 아쉬움을 내비쳤다.

여행은 꼭 돈이 있고 시간이 많아야만 갈 수 있는 것이 아니다. 갈 마음이 우선은 확보되어야 하는 것이다. 하지만 우리 아이들은 첫 해외여행 후 아직까지 두 번째 여행을 못 떠나고 있다. 아이들은 어린이집이나 학교를 다녀오면 누가 어디에 여행을 다녀왔다고 말하며 부러워했다. 그러면서 그때마다 나에게 여행을 가자고 졸라 대곤 한다. 그럴 때면 나는 우리도 곧 가자며 아이들을 다독인다.

주변을 보면 아이들이 자주 가까운 곳으로 해외여행을 간다. 초등학교에 현장체험학습이 도입됨에 따라 방학만이 아닌 학기 중에 자유롭게 여행을 갈 수 있기 때문이다. 그리고 비성수기에 여행을 떠남으로써 비용 절감의 효과와 여유로움을 동시에 얻을 수 있다. 주위가 이렇다 보니 아이들이 영향을 안 받을 수가 없다.

몇 년 전에 큰아이가 자신은 현장체험학습을 한 번도 사용하지 않았다고 말하며 속상해 했다. 그 말을 듣는 내 마음도 쓰라렸다. 그래서 당장 아이 아빠에게 말해 서해바다로 바람을 쐬러 간 적이 있다.

이렇듯 마음만 먹으면 꼭 해외여행이 아니어도 여행을 할 수 있는데 이런저런 이유로 미루고 있다. 나는 이 글을 쓰기 전에 계획한 것이 있다. '1년에 두 번 가족과 해외여행 가기'다. 꼭 해외여행이라고 정한 것은 40여 년을 산 나도 외국을 딱 두 번 가 봤기 때문이다. 물론 우리 아이들은 더 많은 곳을 가 볼 것이다. 하지만 어렸을 때 많은 것을 보고 느끼게 해 주고 싶기 때문에 '해외'라고 정한 것이다.

"만 권의 책보다 만 리를 여행하는 것이 낫다."라는 말이 있다.

그만큼 여행을 통해 얻을 수 있는 것이 참으로 많다는 것이다. 나는 우리 아이들이 넓은 견문을 갖고 긍정적이고 밝은 사람으로 성장할 수 있도록 그 길을 열어 줄 것이다.

정원이 있는
고급 주택에서 살기

집이란 무엇인가? 집의 사전적 의미 중 하나는 사람이나 동물이 추위, 더위, 비바람 따위를 막고 그 속에 들어가 살기 위해 지은 건물이다. 또 하나는 가정을 이루고 생활하는 공간이다. 내가 생각하는 집이란 편안하고 안락한 휴식을 제공하는 공간이다. 그리고 내가 사는 집이 내 삶의 모든 것을 대변해 주기도 한다. 바로 성공과 부의 상징이기도 하기 때문이다.

세계 어디를 가도 부자 동네가 있다. 우리나라에서는 이태원동, 삼성동, 한남동 등이 부촌으로 통한다. 부촌에는 공통적으로 넓은 땅에 철옹성 같은 대저택이 밀집되어 있다.

영국 최고의 부촌은 켄싱턴 궁과 이어지는 켄싱턴 팰리스 가든이다. 일반인은 물론 로또에 당첨되어도 사기 힘들다고 한다. 초고

가인 이유는 인근의 켄싱턴 궁이 동쪽을 막아 주고 서쪽에는 경비가 근무하는 게이트가 있어 일반인의 자유로운 출입을 제한해 주기 때문이다.

미국에는 요트와 헬기로만 접근할 수 있는 '피셔 아일랜드'와 마이애미 해변가에 위치한 '포르쉐 디자인 타워'가 있다. 이외에도 인도 뭄바이의 '알타 마운드로드', 도쿄 시내 고급 주택가보다 2~3배나 비싼 주택가 '덴엔초후' 등이 세계의 부촌이다. 이렇듯 성공한 부자들은 자신들만의 특별한 공간에 최고의 안식처를 두고 있다.

내가 초등학교 4학년 때 우리 가족은 처음 집을 장만했다. 안양에 위치한 방 2개가 있는 1층의 빌라였다. 그전까지 우리 가족은 집 밖에 공동 화장실이 있는 빌라의 지하 단칸방에서 살았다. 그 이후 방 2개의 다세대 주택에서 살았다. 그리고 드디어 우리 집을 갖게 된 것이다. 엄마는 무척이나 좋아하셨다. 아빠, 엄마, 오빠와 나 이렇게 네 식구가 살기에 넓은 집은 아니었다. 하지만 최대한 공간을 활용해 사용했다.

나도 우리 집이 생겨서 무척 좋았다. 그래서 새로 전학 간 학교 친구를 집으로 초대했다. 나중에 알게 된 사실이지만 나에게는 너무나 좋았던 그 집이 다른 친구들에게는 지극히 평범한 집이었다. 전학 간 학교 정문 앞에는 대단지의 아파트가 위치해 있었다. 후문에는 주로 빌라들이 있었다. 나이 열한 살에 나는 집이란 것이 생활수준의 평가 기준이 된다는 것을 처음 깨달았다.

처음 보금자리에서 5년가량을 살았다. 나는 중학교에 입학했지만 여전히 제대로 된 내 방이 없는 것이 싫었다. 그래서 부모님께 이사를 가자고 졸라 댔다. 그리고 드디어 우리는 이사하게 되었다. 하지만 내가 원하던 바가 아닌, 아빠의 이기적인 욕심 때문에 이사가야 했다.

그 당시 아빠는 버스운전기사로 재직 중이셨다. 버스 회사에서는 자녀의 학자금을 지원해 주었다. 때문에 엄마는 아빠가 내심 버스 회사에 오래 잘 다녀 주시기를 바랐다. 하지만 아빠는 성실하지 못했다. 뭔가 제대로 일해서 돈을 버는 것이 아닌, 손쉽게 돈을 벌 수 있는 방법을 모색하셨다. 그러다 정당하지 않은 일에 손을 대셨다. 그때부터 우리 가족은 내가 대학교를 졸업할 때까지 여덟 번가량 이사를 해야 했다.

한 번씩 이사를 갈 때마다 집의 상태는 점점 안 좋아졌다. 결국 우린 보증금 1,500만 원에 40만 원짜리 월세방에 살게 되었다. 나와 엄마는 이삿짐 싸기의 달인이 되어 가는 듯했다. 아빠는 이사할 때마다 대부분 일이 있다는 핑계로 나가셨고, 오빠도 거의 집에 없었다. 이사는 전적으로 엄마와 내 몫이었다. 잦은 이사로 인해 나는 친구들 사이에서 주눅이 들게 되었다. 그렇게 나의 중·고등학교 시절은 즐겁지 않았다.

신랑과 결혼할 당시 신랑 명의로 2채의 집이 있었다. 한 곳은 어머님 소유지만 신랑이 총각 때 어머님이 신랑 명의로 해 두었다고 했다. 한 곳은 본인이 구입해서 살고 있는 집이었다. 결혼 전 신랑은 기존에 하고 있던 일을 그만두고 다른 사업을 하려 했다. 그렇기 때문에 우리에게는 여유자금이 없었다. 그렇게 우린 월세로 신혼살림을 시작했다.

큰아이를 낳고 맞벌이를 하며 정신없이 생활하던 중 결혼 2년차에 신랑은 만성골수성백혈병 진단을 받았다. 하던 일을 급하게 중단하고 치료를 받았다. 신랑은 일을 하지 못하는 상황에서 주택자금대출 이자가 부담된다고 했다. 그래서 한창 집값이 하락기인 2014년도에 소유한 집을 매도했다. 집을 매도했지만 세금과 대출금을 갚고 나니 우리에게 돌아오는 돈은 한 푼도 없었다.

신랑은 약물치료로 상태가 많이 호전되었다. 돈을 벌어야 했기 때문에 족발 기술을 배워 족발가게를 차리려 했다. 가게 자리를 알아보러 다니던 중 우연히 들른 공인중개사무소에서 중학교 동창을 만나게 되었다. 그 동창은 본인도 하려 했지만 상황이 여의치 않아 못했다며, 가게 한 곳을 추천해 주었다. 우리는 바로 다음 날 계약했고 두 달 뒤 본격적으로 영업을 시작하게 되었다. 매출은 그전보다 2배가량 올랐다.

나는 어려웠던 상황에서 현금이 융통되자 어떻게든 돈을 불려야겠다는 생각이 들었다. 그래서 재테크 카페를 둘러보기 시작했다. 그때 운영자금의 10%의 수익을 내 준다는 주식 문구가 들어왔다. 그리고 후기에서 단 하루 또는 며칠 만에 총 매수금액의 10%의 수익을 낸 계좌의 사진을 볼 수 있었다.

그 주식은 운영자들에게 한 계좌에 50만 원의 수수료를 지급하는 방식으로 운영했다. 계좌의 최대 입금액은 3,000만 원이었다. 그들의 지시에 따라 매수한 종목이 10%까지 상승했을 때 매도해 그 수익을 챙기는 것이다. 나는 그 문구만 보고 모든 적금을 해약해 2,800만 원을 투자했다. 그리고 두 달 반 만에 200만 원가량의 돈을 벌었다.

신랑은 현 가게를 운영하며 다른 가게를 하나 더 하고 싶어 했다. 우리는 전셋집을 월세로 돌려 가게를 하나 더 운영하기로 했다. 나는 신랑이 가게를 알아볼 동안만 그 전세자금을 주식에 잠깐 넣어 놓고 굴릴 생각이었다. 신랑한테 주식 이야기를 했고 신랑은 조금만 넣어 보라고 했다. 하지만 나는 월세금을 뺀 나머지 돈 1억 2,000만 원을 다 투자했다. 10%의 수익이 나게 되거나 여유자금이 생기면 바로바로 주식 계좌에 더 투자했다. 2015년에는 나는 거의 전 재산을 투자했다.

하지만 운영자들이 매수 지시한 종목들이 하향세를 타기 시작했다. 종목은 60% 가까이 떨어졌지만 회복될 기미가 없어 보였다.

그럼에도 불구하고 그들을 전적으로 믿으며 내 돈이 회복되기만을 기다렸다. 하지만 그들의 운영 방식으론 어렵다는 걸 깨닫게 되었다.

나는 서점으로 달려가 주식 관련 책을 찾아보았다. 그전까지는 다른 누군가가 내 돈을 알아서 잘 불려 줄 것이라고만 생각했다. 그래서 책을 보거나 공부를 전혀 하지 않았다. 책의 첫 장을 넘기는 순간부터 나는 나의 투자가 잘못되었다는 것을 알았다. 나 자신이 한없이 어리석고 무지하면서 욕망만 가득 찬 존재란 것을 알았다.

나는 몇 달 후 주식 카페와 관련된 내 계좌의 주식을 모두 매도했다. 대략 7,000만 원 정도를 잃었다. 신랑은 나를 탓하며 한동안 너무 힘들어했다. 거기에 현재 가게의 운영도 어려워졌다. 신랑은 착하고 성실한 사람이다. 성실하다 못해 미련할 정도로 본인의 몸을 아끼지 않고 일한다. 매일 항암제를 복용하며 쉴 틈 없이 몸을 움직인다.

나는 우리 가족의 경제에 큰 손해를 입혔기 때문에 어떻게든 성공해야만 했다. 지금은 영어학원 강사로 근무하고 있지만 1인 창업가가 될 수 있는 방법을 찾으려 노력했다. 그러다 도서관 책꽂이에서 김태광 작가이자 대표 코치의 《서른여덟 작가, 코치, 강연가로 50억 자산가가 되다》를 보게 되었다. 나는 바로 그 책을 읽어 내려갔다.

책을 읽는 내내 한 줄기 빛을 본 것 같았고 마음이 뻥 뚫렸다.

〈한책협〉이라는 카페에 등록하고 별 고민 없이 저자의 〈1일 특강〉을 들었다. 현재 나는 김태광 대표 코치에게 글쓰기 과정을 배우고 있으며 영어 관련 책 쓰기에 전념 중이다. 그 책이 내가 원하는 1인 창업 성공의 시작이 될 것이다.

"믿음 속에서 첫 계단을 밟아라. 계단 전체를 볼 필요는 없다. 그냥 첫 계단을 밟아라."

흑인 인권운동가 마틴 루서 킹 주니어가 한 말이다.

나는 그 첫 계단을 이미 내디뎠고 한 계단씩 앞으로 더 나아갈 것이다. 그래서 우리 가족에게 편안하고 즐겁게 생활할 수 있는 집, 우리 아이들이 마음껏 뛰어놀 수 있는 정원이 있는 집을 선물해 주려 한다.

PART 10

모든 걸 이루며
누구보다 행복한
삶 살기

- 김민채

김민채   **패션 디렉터, 작가**

패션 디렉터로, 크리스티앙 PSD 스타일 팀장으로 재직 중이다. 경상대학교 의류학과에 출강한 이력이 있으며, 《백애현의 아름다운 우리 옷》에 연구원으로 참여한 바 있다.

쓰고 믿고 행동하는
삶 살기

'원하는 것을 구체적으로 쓰고 된 것처럼 행동하면 성공할 수 있다고? 성공하는 게 이렇게 쉬웠어?'

8년 전 나는 서울의 한 고시원에서 방송인 조혜련이 〈스타특강 쇼〉라는 프로그램에서 강연하는 걸 보고 이러한 생각을 했다. 그러고도 믿기지 않아 수십 번 돌려 봤던 기억이 있다. 당시 나는 원하는 대학교에 가지 못하고 지방 대학교에 갔다는 이유로 자존감이 바닥을 쳤을 때였다. 그래서 뭐든 도전해야겠다는 생각이 들어 휴학하고 무작정 서울로 올라와 있었다.

내게 조혜련은 계속 도전하는 사람으로 인식되어 있었다. 그래서였는지 그녀의 말이 왠지 신뢰가 갔다.

1. 원하는 것을 구체적으로 써라

2. 구체적인 날짜를 기입해라

3. 자기 전에 한번 읽어라

4. 이루어진 것처럼 행동하라

나는 당장 노트와 펜을 꺼냈다. 막상 원하는 것을 구체적으로 적으려니 생각이 잘 안 났다. 하지만 딱 한 가지, 대학원에 가고 싶었다. 그땐 내 바닥난 자존감과 욕망을 학력으로 채울 수 있으리라 생각했다. 그래서 나는 구체적인 날짜와 대학교, 학과를 반복해서 적었다.

그렇게 적으면서도 남들처럼 4년제 대학을 나와 취업하고 결혼하고 아이를 낳아 평범하게 살아가길 원하는 부모님을 생각했다. 내가 대학원을 간다고 하면 뭐라고 하실까? 불가능할까? 별의별 생각이 다 들었다. 하지만 '아, 된 것처럼 행동하랬지! 난 대학원생이다!'라고 생각했다. 그리고 한술 더 떠 '난 대학교에서 강의한다!'라고 되뇌었다. 이때부터 나는 상상의 날개를 달고 아직도 하늘 높은지 모른 채 꿈을 향해 날아다니고 있다.

"민채야, 대학원에 들어와서 공부 더 해 봐라."

퇴임을 앞둔 교수님이 느닷없이 내게 이렇게 말씀하셨다. 그러시면서 디자인 쪽이 전망이 좋으니 디자인전공 교수님께 말해 놓겠다고 하셨다. '아직 아무한테도 말 안 했는데 대학원에 입학하고 싶어 하는 걸 어떻게 아셨지?'라고 생각하면서도 나는 "네, 알겠습니다."라고 대답했다. 그러고선 집에 가서 조심스레 말을 꺼냈는데, 아빠가 "그래, 공부 계속해 봐."라고 말씀하셨다. 우리 아빠로 말할 것 같으면 평범하게 사는 게 최고라는 모토를 가지고 계신 분이다. 그런 만큼 당연히 취업하라고 하실 줄 알았는데…. 난 '내가 잘못 들은 건가?' 하고 잠깐 의심했다. 하지만 이내 내가 원하는 걸 쓰고 믿고 된 것처럼 행동한 결과라는 걸 깨달았다.

그렇게 대학원에 입학한 후 나는 쓰고, 믿고, 행동하는 것의 힘을 한 번 더 빌리기로 했다. "나는 석사 과정을 마치고 대학 강사가 되었다."라고 적고 또 적으며 이미 된 것처럼 상상하고 또 상상했다. 그렇게 하루하루 내 인생에서 가장 열정적인 나날들을 보냈다.

그러던 어느 날 교수님께서 나에게 강의를 맡겨 보기로 했다고 말씀하셨다. 나는 '선배들도 있는데, 실무 경력도 없는 나한테? 왜?'라고 또다시 내 귀를 의심했다. 그러다 '아, 맞다. 미래일기에 내 바람을 썼었지! 나는 연구 성과가 누구보다 뛰어나!'라고 다시 긍정적인 생각과 자신감으로 무장했다.

그렇게 박사 과정을 밟고 대학 강사로서 행복한 나날들을 보냈다. 하지만 그것도 잠시, 슬럼프가 찾아왔다. 더 이상 원하는 것이 눈에 보이지 않았다. 교수가 되는 것도 상상해 봤지만 앞이 막막할 뿐이었다. 원하는 게 없다는 건 너무 힘들고 무서운 일이었다. 어떻게 해서든 꿈을 다시 찾아야 했다.

나는 초등학교 때부터 시작해 19년간 나를 가둬 놨던 학교라는 울타리를 떠나기로 결심했다. 설렘 반 두려움 반 그리고 내 꿈을 가지고 다시 서울로 상경했다. 나는 의류학을 전공했고 헤어와 메이크업도 배웠으니 이 모든 걸 활용할 수 있는 회사를 찾아야겠다고 생각했다. 다시 쓰고, 믿고, 행동하기의 힘을 빌렸다. 그러곤 지금의 회사에 입사해 7년째 스타일 디렉터로서 일하고 있다. 내가 하고 싶은 건 다 할 수 있는 꿈의 회사였고 지금까지도 감사하게 잘 다니고 있다.

한번은 정치인 스타일 디렉팅이 하고 싶다는 생각이 들었다. 당시 회사는 주로 방송인들 위주로 디렉팅을 했었다. 그러다 보니 내 바람을 꿈으로만 노트에 적곤 디렉팅하는 내 모습을 상상했다. 그런데 정말 신기하게도 몇 달 되지 않아 정치인 스타일 디렉팅을 하게 되는 기회가 내게 왔다. 그리고 마침내 대선 스타일 디렉팅까지 하게 되었다. 나는 이 일을 계기로 원하는 것을 쓰고, 믿고, 상상하는 것의 힘이 위대하다는 걸 다시 한 번 깨달았다.

나는 이 믿을 수 없는 힘을 더 배우고 알고 싶었다. 그래서 그날 조혜련이 추천해 줬던 나폴레온 힐의 《놓치고 싶지 않은 나의 꿈 나의 인생》부터 시작해 자기계발 책을 미친 듯이 읽었다. 그러다 내가 실천했던 것들이 끌어당김의 법칙이라는 것을 알게 되었다. '부'를 끌어당기는 것에 대해서도 알게 되었다.

나는 다시 한 번 썼다. "부동산으로 월세 1,000만 원을 받는다." 그리고 이미 집주인처럼, 임대업자가 된 것처럼 믿고 공부하고 행동했다. 마침내 나는 올해 초 내 집이 생겨 임대를 주는 집주인이 되었다. 아직 월세 1,000만 원은 아니지만 이제 이루는 방법을 알게 되었고 이미 이루었다고 믿고 행동한다.

이제 나는 나를 백만장자로 만들어 줄 책 쓰기와 1인 기업 만들기에 도전 중이다. "2019년 나는 베스트셀러 작가가 되었다.", "나는 1인 기업가로서 억대 연봉을 번다."라는 글들로 내 노트를 채운다. 그리고 이미 이루어졌다고 믿고 행동한다. 다소 더딘 날도 있겠지만 나는 포기하지 않고 쓰고 믿고 행동하는 삶을 계속 살 것이다. 모든 걸 이루며 사는 나는 누구보다도 행복하다.

메신저로서의
삶 살기

　내가 중학생이었을 때 우리 집 앞에는 큰 비디오가게가 있었다. 덕분에 수시로 들락날락하며 좋아하는 액션 영화를 빌려 봤다. 그때 본 것 중 하나가 산드라 블록이 나오는 〈미스 에이전트〉라는 영화다. 이 영화는 내가 스타일 디렉터란 직업을 갖게 되는 데 큰 영향을 주었다. 아직도 가끔 일하기 힘들거나 고민이 생겼을 때 다시 보곤 하는 인생 영화다.

　영화의 내용을 이렇다. 외모 가꾸기에는 전혀 관심이 없는 여자 FBI 요원이 범죄 수사를 위해 미인대회에 나가게 된다. 그리고 그녀의 스타일 변신을 위해 전문 디렉터가 영입되어 도움을 준다. 백팔십도로 변신한 산드라 블록을 보는 것도 재미있었다. 하지만 나는 그녀의 스타일을 확 바꿔 준 스타일 디렉터에게 더 눈길이 갔다.

　마법사 같은 디렉터의 손길 때문이었을까? 여주인공은 범인을 잡고 사랑까지 쟁취하게 된다. 나는 스타일을 조언해 주며 그녀의 삶까지 변화시킨 그 직업이 참 멋있다고 생각했다. 운이 좋았는지 시간이 흘러 나도 영화 속에서 보던 '스타일 디렉터'란 직업을 갖게 되었다.

내가 메이크오버 쇼인 〈아름다운 당신 시즌3〉에 스타일 디렉터로 출연했을 때였다. 도전자들은 15년 차 무명배우 그리고 이혼의 아픔이 있는 사람, 한국에서 취업을 준비하는 외국인 등 저마다 구구절절한 사연을 가진 사람들이었다. 누가 봐도 가슴 아픈 사연이 있는 분들이었다. 때문에 그 어느 때보다도 더 스타일링이 고민되었다.

미팅 첫날 도전자들을 만났다. 도전자들은 메이크오버를 위해 몇 달 동안 계속된 다이어트와 시술로 지칠 대로 지쳐 있었다. 그러면서 각자의 고통과 불만을 토로했다. 당연히 그들의 얼굴은 웃음기 하나 없이 무표정했다. 그런 그들을 보며 나는 '내가 준비한 옷을 입고도 계속 저 표정이면 어쩌지?' 하는 생각에 슬슬 걱정되기 시작했다. 하지만 걱정도 잠시였다.

"와, 너무 예쁘다! 이런 스타일은 처음 입어 봐요!"

"옷 컬러 정말 예쁘다!"

옷을 입은 사람과 주위에서 보는 사람들이 이런 말을 하면서 얼굴에 미소로 가득했다. 서로 사진을 찍고 칭찬하느라 바빴다. 덩달아 나도 신이 나 체형과 옷에 대한 조언을 아낌없이 해 줬다.

"맞아요, 저는 어깨가 좁아서 걱정이었어요."

"선생님, 저는 하체가 통통한데 이렇게 입으니까 날씬해 보여요."

나는 내 말에 공감하며 귀를 기울여 주는 그녀들을 더 도와줘야겠다고 생각했다. 옷으로 분위기가 이렇게 밝고 긍정적으로 변하다니. 처음 느끼는 짜릿함이었다.

이때의 경험은 내가 스타일 디렉터라는 직업에 대해 좀 더 진지하게 생각하게 된 계기가 되었다. 한동안 나조차도 내 직업을 그저 옷 골라 주는 일, 겉모습 잘 꾸며 주는 일로 생각했다. 하지만 그 시간 이후 나의 도움이 필요한 사람들이 있다는 걸 확실히 알게 되었다. 그리고 그들을 진심으로 돕고 싶었다. 〈미스 에이전트〉에 나왔던 디렉터가 그랬던 것처럼 내 조언으로 그들의 삶에 긍정적 영향을 미칠 수 있다는 생각에 설레었다. 더 많은 사람들에게 나를 알려야겠다고 다짐했다.

한번은 〈고성국의 빨간의자〉에서 나에게 스타일링 받았던 정치평론가 고성국 박사가 내게 이렇게 말했다.

"네가 순간적으로 이미지를 만들어 줄 수도 있지만, 평소에도 그 이미지를 유지하게 해 줘야 해. 그게 진짜지."

그 말을 듣고 난 '내가 지금까지 한 건 가짜란 건가?'라고 생각했다. 큰 숙제를 받은 느낌이었다. 한참 생각하고 있는 내게 박사님은 한마디 더 하셨다.

"그냥 옷을 입히는 건 소용없어. 그 사람의 메시지를 옷에 담아야지."

그날은 숙제와 해답을 동시에 받은 날이었다. 나는 일시적으로 사람들의 이미지를 만들어 줄 수 있고 그들을 행복하게 해 줄 수도 있다. 하지만 그건 진정으로 그 사람이 변화된 게 아니다. 겉모습의 일시적인 변화다. 나의 디렉팅을 받는 사람들이 일시적이 아닌, 평소에도 자기 메시지를 담은 스타일을 유지할 수 있도록 도와야 한다. 그리고 나는 그럼으로써 그들의 삶을 긍정적으로 변화시키고 성공의 길로 갈 수 있게 할 수 있다.

이때부터 나는 자신의 메시지를 옷으로 표현하는 사람들을 찾아보고 공부했다. 그들은 자기 자신과 깊게 소통하는 사람들이다. 스타일로 자신을 표현함으로써 세상과도 소통하고 있다. 그런 그들이 성공하는 건 당연한 일이다.

한 예로 고인이 된 애플의 창업자 스티브 잡스는 그의 메시지인 '심플(simple)'을 스타일로도 잘 표현한 인물 중 한 명이다. 그가 만든 제품뿐만 아니라 블랙 터틀넥과 청바지라는 군더더기 없는 스타일로 꾸준히 스스로의 메시지를 잘 표현했다.

덕분에 자신만의 시그니처 스타일이 만들어졌고 자신의 가치를 더욱 높게 브랜딩했다. 이는 아직도 많은 이들의 마음속에 그가 남아 있는 이유이기도 하다. 그래서인지 실제로 한번은 어느 IT기업 대표가 나에게 "지도 스티브 잡스처럼 입으면 어떨까요?"라고 물어

본 적도 있었다.

대부분의 사람은 성공한 사람 그리고 유명인들의 겉모습만 따라 하려고 한다. 나는 이런 사람들에게 조언하고 싶은 게 있다. 진정으로 자신의 변화와 성공을 원한다면 유명한 누군가를 따라 입는 게 아니라 자신만의 메시지로 자신만의 시그니처 스타일을 만들라고 말이다.

나는 스타일로 삶을 개선시킬 수 있다고 믿는다. 그리고 그것은 일시적이 아니라 꾸준하게 유지되었을 때 가능하다. 이 방법을 알고자 하는 전 세계 사람들에게 내 지식과 경험을 전달하는 것이 이번 생에 내가 해야 할 소명이라고 생각한다. 그렇게 나는 가장 영향력 있는 메신저로서의 역할을 다할 것이다.

책 쓰고
억대 연봉 벌기

나는 대학교 때 휴학을 하고 전통 한복을 배웠다. 내가 전통 한복에 관심이 생기게 된 계기는 그 당시 〈황진이〉라는 드라마 때문이었다. 한창 인기를 끌던 그 드라마는 여배우가 멋진 한복을 입고 나왔다. 한복을 입은 여배우의 모습은 유독 내 눈길을 끌었다. 그리고 나도 만들고 싶다는 단순한 생각이 들었고, 이내 생각을 행동으로 옮기게 되었다.

내가 다녔던 한복연구소에는 이화여대를 다니는 예쁜 대학원생 혜인 언니가 있었다. 언니는 논문을 쓰기 위해 한복 선생님 밑에 잠시 있는 거라고 했다. 항상 책을 읽고 노트북으로 글을 쓰는 언니의 모습은 정말 멋있었다. 아직도 기억이 생생할 만큼.

한번은 선생님이 언니와 나에게 연구원으로서 책을 같이 써 보지 않겠냐고 제안하셨다. 혜인 언니는 자신은 아직 부족하다며 책 쓰는 걸 고사했다. 나는 지금도 그렇고 과거에도 욕망이 넘쳤다. 책을 많이 읽지도 글을 써 보지도 않은 나였다. 그렇게 아무것도 모르는 상태였지만 나쁠 것 없다는 생각에 무조건 해 보겠다고 했다.

그렇게 나의 책 쓰기가 시작되었다. 선생님과 함께 스튜디오에 가서 책에 실릴 한복 사진도 찍고 글도 채워 갔다. 지금 생각하면 엄청난 일들을 경험한 것이다. 그런데 당시에는 이런저런 생각할 틈도 없이 마냥 재미있고 신기할 뿐이었다.

물론 책을 쓰는 과정이 매일 재미있기만 한 건 아니었다. 실수할 때는 혼나서 울기도 했다. 그리고 그런 날에는 '다 포기하고 짐 싸서 집에 내려갈까?' 하는 생각도 했다. 속상한데 부모님께는 전화를 못하겠어서 이모한테 전화했던 기억이 있다. 내가 너무 부족하다며 펑펑 우는 나에게 이모는 울지 말라고, 누구나 실수하며 배우는 거라고 했다. 단순함이 장점인 나는 그런가 보다 하고 또 새로 시작했다.

우여곡절 끝에 《백애현의 아름다운 우리 옷》 기본편, 고급편이 탄생했다. 작은 출판기념회도 열었다. 이후 선생님은 계속해서 다른 책들도 출간하셨고 국가공인 한복 일인자로도 선정되셨다. 나는 '나도 나이 들어 선생님처럼 멋있게 내 이름으로 된 책을 써야겠다!'라고 생각했다.

시간이 흐르고 나는 대학 강사가 되었다. 아는 만큼 보인다고 했던가? 내 자료가 모이면 모일수록 교재로 사용할 책을 써야 한다는 생각이 강하게 들었다.

'내가 만든 교재로 수업을 하면 어떨까?'라는 생각을 하면서 다른 사람들의 책을 참고해 강의 준비를 했다. 그런데 그때마다 뭔지 모를 경쟁심이 불타올랐다. 이 사람들은 이렇게 책을 썼는데 나는 그들의 책을 보고 수업 준비를 하고 있다는 것이 자존심이 상했다.

책을 쓰는 사람들은 어떤 사람일까 싶어 꼭 봤던 것이 프로필이었다. 대학 교재로 사용되는 책의 대부분 그렇지만 내가 보는 책들 역시 작가의 학력, 경력이 쭉 나열되어 있었다. 그럴 때마다 나는 좌절했다. 흔히 말하는 스카이(SKY), 서울대, 고려대, 연세대 졸업은 기본으로 해외유학 그리고 빵빵한 수상경력과 실무 경력 등이 즐비했기 때문이다. 나에게는 없는 것들이 줄줄이 적혀 있었다. 그리고 생각해 보니 과거 한복 선생님도 상당한 경력을 가지고 계셨었다.

책을 쓰고 싶을 때마다 나를 멈추게 하는 건 그놈의 스펙이었다. 당시에는 스펙부터 쌓고 책을 써야겠다는 생각이 컸다. 지금 생각하면 참 어리석었다.

한번은 지도교수님이 학교 출판사에서 책을 낼 수 있다고 하셨다. 하지만 교수님도 책을 내 보시지 않아서 방법을 구체적으로 알려 주시지 못하셨다. 그리고 나는 이왕 책을 내는 거 학교 출판사

보다 이름 있는 출판사에서 내고 싶다는 생각을 했다. 내 지식을 더 예쁘게 포장하고 알려 줄 출판사 말이다. 그렇게 책을 쓰고 싶다는 막연한 생각만 가진 채 지금까지 왔다.

그러다 작년 연말을 앞두고 패션을 업으로 삼은 지 10년이 다 되어 간다는 데에 생각이 미쳤다. 나는 여전히 채워지지 않은 무언가 때문에 답답했다. 회사에 다니며 일은 열심히 했는데 나 스스로 발전한 게 없는 몇 년간의 삶이 후회되고 치가 떨리게 싫었다. 이렇게 살다가 정말 계속 이렇게 살지도 모르겠다는 생각이 들었다. 아니 어쩌면 이보다 못할 수도 있다고도 생각했다. 다시 한 번 내 삶에 변화가 필요했다.

그렇게 내가 찾은 삶을 변화시킬 수 있는 방법 중 하나가 바로 책 쓰기다. 책을 쓰면서 지금까지의 내 인생 그리고 내 직업에 대해 다시 생각하고 정리하고 싶었다. 그래야 다음 단계로 나아갈 수 있을 것 같았다.

내 간절한 바람이 하늘에 닿았는지 감사하게도 운명처럼 책 쓰기를 배우고 쓸 수 있는 환경이 내게 주어졌다. 그런데 또 막상 쓰려고 하니 '네가 무슨 책을 써?'라는 다른 사람들의 시선, '내가 무슨 책을 써?'라는 자존감을 떨어뜨리는 생각에 미쳤다. 하지만 이내 생각을 고쳐먹고 단순하게 생각했다. '두려움은 원래 실체가 없다, 내 마음이 문제다!'라고. '결국 나는 원하는 게 뭐든 무조건 해

낸다!'라고.

나는 올해 반드시 내 이름으로 된 책을 3권 낼 것이다. 2권은 에세이 형식의 책으로 강연과 컨설팅 할 때 사용할 것이다. 또 다른 한 권은 대학 교재다. 과거에 내가 그랬듯 내 책을 누군가가 참고 도서로 사용하고 대학에서 교재로 활용하는 것을 상상해 본다.

과거에는 성공한 사람 혹은 나이 들어서 스펙이 어느 정도 쌓여야 책을 쓸 수 있다고 생각했었다. 하지만 지금은 책을 써야 성공하고 진짜 스펙이 생긴다는 걸 깨달았다. 책을 써서 나의 지식과 경험, 깨달음의 가치를 알고 싶어 하는 사람들에게 비싸게 받고 팔 것이다. 나는 책을 쓰고 억대 연봉을 벌 것이다!

한 달 동안
가족과 외국에서 살기

'외국을 나가도 별 감흥이 없던 내가 변했다!'

작년 초 회사에서 파리에 보내 줬다. 공식적으로는 출장이었다. 하지만 지금 생각하니 가서 쉬면서 공부하고 오라는 대표님의 깊은 뜻이 있었던 것 같다. 답답함 때문에 나는 비행기 타는 걸 너무 싫어했다. 그랬던 터라 외국 출장이 있어도 짧은 거리의 나라를 선택하곤 했었다.

그런데 12시간이나 비행해야 하는 파리를 다녀오라니. 처음엔 사양했다. 하지만 대표님은 호텔에서 잠만 자고 와도 되니 가서 쉬다 오라고 하셨다. 정말 아무런 미션도 없었다. 이미 답은 정해진 듯 일주일 만에 아무런 준비 없이 떠나야 했다. 때마침 초등학교 선생인 동생이 방학 때라 같이 갈 수 있었다.

여행의 설렘이고 뭐고 전날까지 일하고 짐 챙기느라 바빴다. 사실 동생도 전날 라오스에서 귀국해 다음 날 바로 파리로 가야 했으니 힘들었을 거다. 그렇게 우리는 공항에 도착해 수속을 밟았다. 비행기를 타니 그제야 동생과 단둘이 하는 여행이라는 게 실감이 났다. 이륙 전 엄마, 아빠한테 보내는 영상도 찍고 동생과 서로 이번 여행에서는 싸우지 말자고 약속도 했다.

파리로 가는 비행기 안, '이게 웬일?' 처음으로 비행기 안이 편안했다. 그동안은 답답해서 비행기만 타면 빨리 내리고 싶었다. 그런데 이번엔 답답하기는커녕 방해받는 것 하나 없이 오롯이 내 시간을 가질 수 있어서 좋았다. 카톡이 울리지 않아 좋고, 카톡 왔나 신경 안 써서 좋고, 카톡 확인 안 한다고 뭐라 하는 사람이 없어서 좋았다. 며칠이고 비행기 안에서 살 수 있을 것처럼 행복했다. 일 걱정도 잠시 내려놓을 수 있었다. 지금도 나는 우스갯소리로 주변 사람들한테 휴가는 최장시간 비행기 안에서 보낼 거라 이야기한다.

그렇게 파리에 도착했다. 그리고 도착하자마자 다시 카톡을 확인하느라 바빴다. 그러다 일 걱정은 잠시 내려놓고 쉬기로 다짐했다.

마침 파리에서는 패션위크 기간이었다. 동생과 나는 매일 패션 쇼장을 방문해 실컷 구경했다. 우리가 좋아하는 그림이 가득한 박물관 구경도 많이 했다. 특히 모네 그림 앞에서 아무런 걱정 없이 앉아 있었던 그 시간은 정말 행복했다. 어디를 가도 감흥을 잘 느끼지 못하는 내가 '정말 쉬고 있네, 행복하다'라는 생각을 했으니 말이다. 그리고 태어나서 그렇게 걸어 본 적이 없을 정도로 걷고 또 걷고 비를 맞고도 걸었지만, 그저 좋았다.

내가 이런 좋은 기분을 느낄 수 있었던 건 동생과 함께였기 때문이다. 매일 집에서 보는 사이지만 함께 여행을 가니 더 소중하게 느껴졌다. 한번은 각자 일을 보고 만나기로 했다. 그런데 내 휴대전화가 되지 않아 만나기로 한 장소에서 못 만날 뻔한 적이 있었다. 어찌나 보고 싶던지. 엄마가 이모와 여행 갔을 때 손을 꼭 잡고 걸었다는 일화가 생각났다. 참 신기하게도 출발할 때 다짐했던 것처럼 여행이 끝날 때까지 동생과 나는 한 번도 싸우지 않았다.

파리에 가 있는 동안 동생과 행복한 시간을 보내면서 부모님 생각이 많이 났다. 가족과 여행한 지 오래되었다는 생각이 들어서였다. 물론 부모님 각자 여행은 자주 가신다. 하지만 가족여행은 몇 년 전 부산 여행을 끝으로 간 적이 없었다. 매번 내가 바쁘다는 이유였다. '지금 아니면 가족과 함께 여행할 날이 얼마나 있을까?', '일이 먼저인가? 가족이 먼저인가?' 등등 생각이 많아졌다. 일 핑계로 1년에 몇 번 뵙지도 못하는 부모님을 생각하니 죄송했다. 나는 마음속으로 '꼭 가족과 다시 오자. 그땐 더 행복하고 즐거울 거야!'라고 다짐했다.

이후 파리는 아니지만 가족과 일본, 그리스 여행을 갈 일이 있었다. 하지만 나는 일 때문에 또 같이 가지 못했다. 내 시간을 내 마음대로 쓰지 못하는 것이 너무 속상했다.

내가 지금 1인 창업을 생각하는 데는 이러한 이유도 있다. '적어도 내 시간은 지켜야 한다'라는 생각이 크기 때문이다. 어렸을 때는 몰랐는데 타지에서 떨어져 생활하니 가족과 함께했던 시간이 그리울 때가 많다. 그리고 그 시간이 앞으로 영원하지 않을 것도 알기 때문에 더 소중하다.

어느 날 엄마가 은퇴 후 오스트리아에서 한 달 동안 사는 게 소원이라고 하셨다. 그걸 들으시던 아빠는 라오스에서 살고 싶다고 하셨다. 부모님의 소원이 꼭 이뤄졌으면 좋겠다. 그리고 나도 부모님이 한 살이라도 젊으실 때 그 꿈이 이뤄지도록 도울 것이다. 더불어 동생과 나도 그곳에 함께였으면 더 좋겠다. 세상에 하나뿐인 내 가족과 행복한 추억을 많이 만들고 싶다.

목표가 생긴 후 내 보물지도에 가족사진을 붙이고 이렇게 썼다. '우리 가족 한 달 동안 외국에서 살기!' 상상만 해도 행복하고 감사하다. 끌어당김의 법칙은 나를 배신한 적이 한 번도 없다. 나는 2020년 안에 이 목표를 반드시 이룰 것이다.

세계적인
패션 인터뷰어 되기

과거 나는 쑥스러움을 많이 타는 내성적인 성격이었다. 그래서 인지 내 주장이 필요한 상황에서도 속 시원하게 말 한마디 하지 못했다. '좋은 게 좋은 거지…'라고 생각하며 나름대로 논쟁 없는 평화를 유지하려고 했다. 이런 성격 때문인지 자기 생각을 거침없이 당당하게 말하는 사람들을 보면 참 멋지다고 생각했다.

특히 내가 보도국에서 일했을 때 예쁘고 말 잘하는 앵커들을 보면 유독 부러웠다. 물론 적힌 글만 열심히 읽는 앵커들이 태반이었다. 하지만 그중에는 진짜 자신만의 철학을 가지고 논리정연하게 브리핑하는 사람도 있었다.

그리고 변호사 등 전문가들의 TV 토론 모습을 보면서도 어쩜 저렇게 본인들의 의견을 당당하고 조리 있게 말하는지 신기했다. 그때만 해도 나는 내 의견을 말하면 상대에게 아니라는 말을 들을

까 봐 두려워했었다. 때로는 토론 프로그램에 나간 내 모습을 상상해 보기도 했다. 상상 속 나는 멋진 제스처에 청산유수의 말솜씨를 보이고 있었다.

나의 내성적인 성격은 일하면서부터 외향적인 성격으로 꽤 바뀌어 갔다. 하지만 여전히 말주변은 없었다. 그런 나에게 명쾌한 답을 준 사람이 있다. 나는 설민석 강사의 강의를 들은 적이 있었는데 그분이 이런 말을 했다. "말을 잘하는 방법은 상대가 듣고 싶어 하는 말을 해 주는 것"이라고.

맞다. 나는 그동안 내 할 말만 하느라 혹은 남의 눈치를 보느라고 할 말을 못할 때가 많았다. 하지만 상대방이 정말 나에게 듣고 싶어 하는 말이 무엇인지 생각해 보지 않았다.

그래서 그때부터 스타일 디렉터인 나에게 사람들이 듣고 싶어 하는 말이 무엇일지 항상 고민했다. 몸이 아프면 병원에 가서 의사에게 조언을 듣고 치료를 받고 싶어 한다. 이처럼 나에게 찾아온 사람들도 나에게 조언을 듣고 스타일에 변화를 주고 싶을 것이다. 그런 깨달음을 얻자 나는 그들에게 어떤 조언을 해 줄지, 그들의 고민을 어떻게 해결해 줄지에 집중하면서 말하게 되었다.

말하는 방법을 바꾸자 상대방들도 나의 말에 귀 기울여 주는 게 느껴졌다. 그들은 나의 의견을 확실히 존중해 주었다.

나는 자기 생각을 잘 전달하는 사람에 대한 궁금증과 존경심이 강하다. 항상 내게 부족한 부분이라고 생각해서일지도 모른다. 그래서인지 토론 프로그램이나 인터뷰 영상들을 자주 찾아서 본다.

한번은 우연히 미국의 토크쇼인 〈엘렌 드제너러스 쇼(이하 엘렌 쇼)〉를 보게 되었다. 그 쇼에는 오바마 전 미국 대통령도 나올 정도로 정말 핫한 인물들이 출연한다. 평소 같았으면 출연자들의 언변에 감탄하면서 시청했을 것이다. 하지만 그날따라 유독 진행자인 엘렌 드 제너러스의 재치 있고 배려심 넘치는 인터뷰가 더 눈에 띄었다. '우리나라에도 이런 인터뷰어가 있을까?' 생각하던 중 백지연 아나운서가 떠올랐다. 나는 당장에 백지연 아나운서가 진행한 〈백지연의 끝장토론〉, 〈백지연의 피플 INSIDE〉를 다시보기로 섭렵했다.

국내외의 내로라하는 인물들을 인터뷰하는 그녀. 게다가 영어 인터뷰까지 하는 그녀를 보며 대단하다고 생각했다. 나도 대한민국 최고의 여성 인터뷰어인 백지연 아나운서처럼 인터뷰하는 사람이 되고 싶다고 처음으로 생각했다.

'이 생각을 누군가 들으면 비웃을 수도 있겠지?'라며 혼자 웃었던 기억이 있다. 잠깐이었지만 나 자신도 서른 살이 넘은 나이에 참 생뚱맞다고 생각했으니 말이다. 그런데 내가 언제부터 말이 되는 상상을 했었던가? 나는 "상상은 자유다."라는 말을 참 좋아한다. 상상하는 것에는 아무런 제약이 없기 때문이다.

당장 인터뷰어가 될 수 없고 아무런 계획도 없었지만 무작정 스피치 학원을 찾아갔다. 발음과 목소리를 교정받기 위해서였다. 수업은 정말 재미있었다. 그리고 당장에 TV쇼 진행자가 될 수 있을 것 같은 기분이 들었다.

인터뷰어 수업은 좀 더 체계적이고 제대로 받고 싶었지만, 아직도 마땅한 선생님을 찾지 못했다. 그래서 요즘 나는 백지연 아나운서에게 배우고 있는 내 모습을 상상해 본다.

내가 인터뷰하고 싶은 대상은 전 세계의 패션 관련 종사자들이다. 패션 디자이너도 있을 테고, 나처럼 누군가를 스타일링 하는 디렉터, 컬러를 다루는 컬러리스트 그리고 패션에 관한 글을 쓰는 사람, 사진을 찍는 사람 등 다양할 것이다. 이 사람들이 어떤 생각을 가지고 어떤 가치 있는 일을 하고 있는지 궁금하다. 그리고 이들의 이야기가 궁금하거나 조언을 듣고 싶은 사람들에게 도움이 되고 싶다.

기본적으로 유튜브에서 나만의 인터뷰 콘텐츠를 만들어 개인 방송을 할 것이다. 그리고 TV에서 메이크오버 쇼나 스타일 쇼를 진행하는 나를 상상해 본다. 더 나아가서는 전 세계를 돌아다니며 스타일 콘퍼런스를 진행할 것이다. 이것으로 나는 세계적으로 가장 영향력 있는 스타일 디렉터가 된다. 이 세상은 나의 무대다!

PART 11

내 경험을 살려
사람들에게 위로의 삶
선물하기

– 배영희

배영희   부모교육 전문가, 성품교육 전문가, 작가, 동기부여가

30년 동안 유치원에서 근무했다. 앞으로 모든 아이와 부모님들에게 몸과 마음이 건강해지는 메시지를 전달하고자 한다.

예쁜 정원이 있는 전원주택에서
손자 손녀와 함께하기

팝송이 흐르고 있는 음악다방. 안녕하세요? 남학생 4명 여학생 4명이 마주 앉았다. 테이블 가운데 놓여 있는 종이쪽지를 집어서 펴 본다. 내 종이에는 '줄리엣'이라고 쓰여 있었다. 각자 자기 것을 펴 든다. 그러곤 상대방의 쪽지에는 어떤 글자가 쓰여 있는지 궁금해하며 발표를 한다. '로미오'가 나의 파트너였다.

로미오는 내 첫인상을 보고 살짝 뭘 모르는 것 같았다고 했다. 그런데 이야기해 보니 생각이 깊은 것 같았다고 했다. 그리고 계속 만나고 싶다고 말했다. 그렇게 대학교 1학년이었던 우리의 푸릇한 만남이 시작되었다. 남자친구와의 멋진 헤어짐을 꿈꾸던 철없던 나는 지극히 현실적인 그와 그렇게 20대를 시작했다.

"헤어져."

"그래, 헤어져."

만나는 동안 나는 입버릇처럼 헤어지자는 말을 내뱉었다. 그러던 어느 날 그도 내 말을 받아쳤다. 우리는 도심 한가운데서 각자 다른 방향으로 걸어갔다. 생각보다 눈물이 많이 났다. 라디오에서 흐르는 유행가가 내 이야기 같기만 했던 그 시절…. 시간이 한참 흘렀다. 2년쯤 되었나. 그에게서 전화가 왔다.

"여보세요?"

"나야."

"…."

"우리 결혼할까?"

"…."

우리는 집 앞의 다방에서 만났다. "헤어져 있던 시간이 긴데 그동안 사람이 어떻게 변한 줄 알고 그래?"라고 내가 말했다. 그러자 그는 "나는 사람의 본성은 그렇게 쉽게 변하지 않는다고 생각해." 라고 말했다. 그때는 이 말이 왜 그렇게 멋지게 들리던지. 그렇게 우리는 결혼했다.

군인이었던 아버지 때문에 나는 고지식하고 엄한 생활패턴 속에서 자랐다. 그런데 시댁은 다소 자유로운 분위기였다. 그런 분위기 속에 자란 그와의 신혼생활은 자잘한 행복, 자잘한 다툼의 연속이었다. 그러던 어느 날 아침, 남편은 자신이 아기가 생기는 꿈을 꾸었다고 했다. 나는 떨리는 마음으로 병원에 갔다. 의사가 "아기입니다."라고 말하는 순간 구름 위를 걷는 것 같은 기분이 들었다. 그렇게 기쁘게 태어난 우리 딸. 그리고 2년 뒤에 태어난 우리 아들.

아파트를 분양받는 등 여러 감사한 일들이 넘친 시간들이었다. 그러나 우리 가정에 커다란 이슈가 생겼다. IMF가 터져 남편이 다니던 은행에서 퇴출된 것이다. 우린 덤덤하게 받아들였다. 하지만 나중에 생각해 보니 남편이 참 힘들었겠구나 싶었다. 내가 그 순간에 진심으로 남편을 위로하지 못했다는 생각이 들어 후회되었다.

남편과 둘이서 정동진으로 여행을 갔다 오던 길이었다. 남편은 "부부는 평행선 같다고 생각해. 목표는 한 방향이지만 각자의 자리에서 최선을 다해야 하는 거 같아."라고 말했다. 남편의 말을 상기하면 칼릴 지브란(Kahlil Gibran)의 다음과 같은 시구가 생각난다.

함께 있되 거리를 두라
그래서 하늘 바람이 너희 사이에서 춤추게 하라
서로 사랑하라
그러나 사랑으로 구속하지는 마라

그보다 너희의 혼과 혼의 두 언덕 사이에 출렁이는 바다를 놓아두라
서로의 잔을 채워 주되 한쪽의 잔만을 마시지 마라

서로의 빵을 주되 한쪽의 빵만을 먹지 마라

함께 노래하고 춤추며 즐거워하되 서로는 혼자 있게 하라
마치 현악기의 줄들이 하나의 음악을 울릴지라도
줄은 서로 혼자이듯이

서로 가슴을 주라
그러나 서로의 가슴속에 묶어 두지는 마라
오직 큰 생명의 손길만이
너희의 가슴을 간직할 수 있다

함께 서 있으라
그러나 너무 가까이 서 있지는 마라
사원의 기둥들도 서로 떨어져 있고
참나무와 삼나무는 서로의 그늘 속에선 자랄 수 없다

40대를 넘어서며 우리는 어떻게 해야 건강한 동반자가 되는지
도 알게 된 것 같다. 한 남자와 한 팀을 이루어 가정이라는 한 프
로젝트를 완성해 가는 것은 이론만으로는 될 수 없다는 것도 알게
되었다. 가정을 만들어 나가는 것은 엄청나게 위대한 일이라고 생
각한다. 바람과 햇볕이 싸우는 동화에서처럼 강함보다 부드러움이

이기는 지혜를 배우기도 했다. 그러면서 우리는 50대 중반이라는 나이를 넘어서고 있다.

이제 우리에겐 마음의 여유가 조금은 생긴 것 같다. 상대방에게 기분 나쁠 것 같은 말은 하지 않고 지나가는 지혜가 생긴 것이다. 서로에 대한 배려이겠지…. 남편보다 내가 점점 바깥 활동이 많아지고 있다. 그래서 남편이 할 줄 아는 음식 메뉴가 늘어난다. 내가 들어오면 살찐다면서도 음식을 차려 준다. 건강식을 싫어하는 나에게 비트 생즙을 컵에 따라 주기도 한다. 무거운 가방을 들어 주기도 한다. 나 또한 남편이 무언가를 해 주면 "고마워."라는 말을 잊지 않는다.

집에 음식물 처리기를 놓은 것도 어찌 보면 남편에 대한 나의 작은 배려랄까? 시간이 흘러 아이들은 어느새 훌쩍 자라 제 갈 길들을 간다. 그러다 보니 부부가 함께하는 시간이 많아졌다. 아무튼 이제 우리는 어떤 60대를 살아갈까 생각하며 준비해야 하는 시점이다. 이 시점에 나는 또 꿈을 꾼다.

'예쁜 정원이 있는 전원주택에서 손자 손녀와 함께하기'

꽃밭을 가꾸는 것은 생명을 가꾸는 일이다. 때문에 나는 정원 꾸미기를 무척이나 좋아한다. 그 긴 겨울의 딱딱한 땅을 비집고 올라온 작은 새싹이 얼마나 귀하고 사랑스러운지….

내가 정원에 물을 준다. 물을 받은 꽃과 풀들이 생기 있게 웃는다. 마당에는 아이들이 놀 수 있는, 나무로 된 작은 집과 놀잇감이 정돈되어 있다. 둥근 모래놀이장도 있다. 책 읽기를 좋아하는 우리 남편이 넓은 테라스에 앉아 책을 읽고 있다. 나도 조금 전까지 책을 읽고 있었다. 조금 있으면 아이들이 올 것이다. 남편은 서둘러 책을 접고 음식을 준비한다. 정원에는 음악이 흐르고 있다.

"할머니!"

"할아버지!"

귀여운 녀석들, 손자 손녀다. 넓은 거실 유리문 안에서 남편이 손을 흔들고, 나는 손자 손녀와 포옹한다. 손자 손녀는 집 안에 있는 할아버지에게 달려간다. 이어 들어오는 우리 아들과 딸, 며느리와 사위를 팔을 크게 벌려 한 번씩 안아 준다. 행복한 가정을 이룬 우리 딸은 평일에는 열심히 일하고 주말이면 우리집을 찾는다. 우리 아들도 결혼해서 알콩달콩 살고 있다.

이제 그들을 위한 만찬이 준비되었다. 여러 가지 우여곡절의 산을 함께 넘은 우리 부부는 서로 어깨를 토닥이고 두 팔을 벌려 안는 것으로 그 마음을 다한다. 따뜻한 눈 마주침이 있다. 그리고 내가 살고 있는 집은 우리 아이들이 열심히 사회생활을 하다가 쉬고 싶을 때 돌아가고 싶은 곳이다. 그리고 그들이 돌아왔을 때 남편과 나는 이렇게 말할 것이다.

"그래, 당신 사느라고 애썼어. 그래도 우리 잘 살았다, 그렇지?"

제주도에서 1년,
외국에서 3년 살기

제주도에 대한 나의 어린 날의 기억이 있다. 아버지가 자주 제주
도로 출장을 다녀오셨다. 그때 아버지는 소주잔 같은 작은 컵을 사
다 주셨다. 컵에 물을 부으면 바닥의 그림이 실제처럼 떠올랐다. 어
린 우리 형제들이 무척이나 신기해했던 기억이 난다. 지인 아저씨
께서 겨울마다 보내 주셨던 귤도 맛있었다.

그리고 1987년 나와 남편은 신혼여행을 제주도로 다녀왔다. 3박
4일의 패키지 신혼여행. 그때 우리 단체버스에는 다양한 신혼여행
팀들이 타고 있었다. 버스에서 자기소개도 했었다. 친구처럼 지내다
가 오랜 연애 끝에 결혼했다던, 아내가 무척이나 명랑했던 A팀. 한
눈에도 어색해 보였던 나이 많은 중매 팀. 부부가 둘 다 얌전해 보
이던 사내 커플 팀. 그중에서 우리는 가장 어린 부부였다.

버스를 타고 관광지를 돌다가 가이드가 알려 주는 명소에서 사진을 찍었다. 하트나무 안에 둘이 얼굴 내밀기, 서로 얼굴 마주 보기, 남편이 아내 업어 주기 등. 그중 특히 기억나는 것이 있다. 남편이 한 손을 바닥을 보이며 내밀고 서 있고 아내가 뒤쪽으로 좀 멀리 떨어져 서 있으면 가이드가 사진을 찍어 주었다. 그런데 마치 남편 손바닥에 아내가 서 있는 것처럼 보이는 것이었다.

하루는 한라산 등반 일정이었다. 어느 지점까지는 버스가 데려다주었다. 가이드는 비가 올지도 모른다고 우비를 나누어 주었다. 한라산을 올라가는 과정에는 날씨가 어떻게 변할지 모른다고 했다. 처음엔 평평한 평야 같은 길을 한참 걸었다. 그리고 안개 낀 길도 걸었다. 또한 엄청나게 힘든 오르막길이 있었던 기억이 난다. 한라산을 좋아한다는 어떤 작가는 이렇게 말했다.

"산에는 오르막길도 있고 내리막길도 있고 평평하고 편안한 길도 있다. 살랑살랑 바람이 불고 어여쁜 꽃이 피어 있는 오솔길, 울퉁불퉁 돌멩이가 깔려 바짝 긴장해야 하는 길, 안개에 싸여 한 치 앞도 보이지 않는 길, 심장이 터질 것처럼 숨 가쁜 오르막길, 보물을 찾아 집으로 돌아가는 즐거운 내리막길, 오늘처럼 노루와의 신비스러운 만남을 만들어 주는 길도 있다."

우리네 인생도 그렇지 않을까? 작가가 표현한 한라산 등반길과 인생이 비슷해 보인다. 필요할지 필요하지 않을지 모르면서도 우비를 준비해야 할 때도 있다. 평평하게 펼쳐져 걸을 만한 길이 있을 수도 있다. 곳곳에 꽃이 예쁘게 피어 있는 길을 걸을 수도 있다. 그러나 살다 보면 우리는 그렇게 편안한 꽃길만 걸을 수는 없다는 것을 알게 된다. 숨찬 오르막길과 정상과 가파른 내리막길도 있다. 그러나 그 어느 길도 우리에게 소중하지 않은 길이 없음을 지금의 내 나이쯤이면 깨닫게 되는 것 같다.

모든 것이 합력해 선을 이룬다고 했다. 지나고 보면 나의 인생길의 크고 작은 굴곡과 상황들은 결국 나의 성장에 다 필요한 재료였음을 알게 된다. 그렇게 해서 오늘의 '내'가 만들어진 거니까. 한편 신혼여행을 함께했던 그때 그 시절의 그들은 지금쯤 어디에서 어떤 모습들로 살아가고 있을까?

10년 뒤, 우리는 결혼 10주년을 기념하기 위해 제주도를 다시 찾았다.

"와, 구름이다!"

"엄마, 기분이 이상해."

비행기를 처음 타 본, 초등학교 1학년인 우리 아들은 한참 들떠 있었다. 10년 전에는 남편과 나, 둘이 왔었지만 10년 후 우리 딸과 아들까지 왔으니 의미가 더 컸다. 여행 가방을 밀며 신나 했던 귀여운 내 아이들. 그 후로 유럽을 다녀오기까지 제주도는 참으로 이국적이고 깨끗한 곳으로 기억에 남아 있었다.

그렇게 20년이 넘는 시간이 흘렀다. 지금 나는 '제주도에서 1년, 외국에서 3년 살기'를 버킷리스트로 계획한다. 보통 사람들은 쉰 살이 넘으면 '아, 너무 일만 해 왔구나', '너무 관계에만 집착했구나', '가족에게 소홀했구나', '나를 사랑하지 않았구나' 하며 자신의 삶을 돌아보게 된다고 한다.

시간이 흐르면서 관심사도 바뀌는 것 같다. 나이를 먹어 가면서 관심이 다른 쪽으로 이동해 간다. 그리고 실천해 본다. 그럴 때 다양한 경험이 쌓이고 그에 따라 삶의 목적도 차츰 발전해 간다. 심을 때가 있으면 거둘 때도 있다고 하지 않나?

젊은 날에 어떤 꿈을 심고 어떻게 가꾸느냐에 따라 나의 미래가 그려진다. 나만의 길을 가고 싶었고, 마음속에 소원이 한가득이던 시절이 있었다. 그리고 '이게 아니야. 난 지쳤어'라며 감당하기에 세상이 너무 벅차다고 생각했던 시절도 있었다. 그러나 다시 한 번 나를 일으켜 세워 준 것도 바로 꿈이 아니었을까?

꿈은 아주 작은 씨앗이다. 그런 만큼 우리의 마음속에서 점점 자란다. 그래서 마음속 깊이 뿌리를 내리도록 도와주어야 한다. 그리고 우리는 안다. 하늘이 어둑하고 구름으로 가득해도 걱정하지 말아야 한다는 것을. 왜냐하면 꿈이 자라려면 때론 빗방울도 필요하니까.

피하지 않고, 주어진 일에 열심을 다한 나에게 줄 버킷리스트 선물. '제주도에서 1년, 외국에서 3년 살기'는 내 삶의 축복의 시간이 될 것이다.

《아름다운 삶, 사랑 그리고 마무리》에서 헬런 니어링은 이렇게 말했다.

"하나의 문이 닫히면 또 하나의 문이 열린다. 새롭게 열린 공간은 이제까지와는 다른 일들로 가득 차 있다. 우리 삶에는 열고 닫아야 할 문들이 무수히 많다. 어떤 문은 열어 둔 채로 떠난다. 다시 돌아올 여지를 만들어 놓았기 때문에. 어떤 문은 단호하게 꽝 닫는다. '더 이상은 안 돼'라는 뜻으로. 또 어떤 문은 유감스러운 듯 살그머니 닫는다. '좋았지만 이제는 끝났어'라는 마음으로… 출발은 다른 어딘가에 도착했다는 뜻이다. 하나의 문을 닫는 것은 새로운 곳, 새로운 모험, 새로운 가능성, 새로운 자극을 향해 자신을 활짝 열어젖힌다는 뜻이다."

나에게는 '제주도에서 1년, 외국에서 3년 살기'가 또 다른 문을 여는 것이다. 이 계획은 나에게 단순한 관광이나 탐색의 여행이 아니다. 나 자신만의 내면의 소리를 듣는 시간이 될 것이다. 나는 일을 열심히 하던 시절에도 가끔씩 힘이 들 때면 혼자 있는 시간이 필요하다는 것을 알았다. 그 시간에는 나의 내면이 말하는 소리를 들었다. 다른 사람들은 그것을 '경청하는 시간'이라고도 했다.

얼마 전에 한 지인이 전화를 걸어 왔다. 자기 친구가 은퇴를 했는데 우울증에 걸렸다는 것이다. 그래서 월요일에서 금요일까지 배움의 스케줄을 짜 놓았다고 했다. 이는 일을 하던 사람들이 준비되지 않은 은퇴를 했을 때 겪게 되는 일인 것 같다. 경제적으로 여유가 있음에도 말이다. 그래서 노후 준비는 물질적인 것뿐만 아니라 정서적인 것도 준비가 필요하다.

이제 자신을 밀어붙이는 열정이 아니라 새로운 나와 만나는 시간이 필요하다. 그래야 나이를 먹고 하나의 문을 닫아야 할 때 두려워하지 않게 되는 것 같다. 노후라는 새로운 상황 속에서도 자신을 잃지 않고 살아가기 위해 미리 준비하자.

나는 '제주도에서 1년, 외국에서 3년 살기'를 통해 아무 생각 없이 걸을 것이다. 바람의 소리, 구름의 소리, 나뭇잎 소리를 들을 것이다. 그리고 우리 남편과 아이들과 그냥 빈둥빈둥 함께할 것이다. 우리 아이들에게 직장을 그만두고 함께하자고 '자유' 시간을 선물로 줄 것이다. 마리 퀴리(Marie Curie)의 말로 이 글을 마친다.

"먼저 나 자신을 가꾸어 더 나은 사람으로 만들어야 더 나은 세상도 만들 수 있어요. 우리 모두가 스스로의 꿈을 위해 노력하는 것이야말로 세상을 발전시킬 수 있는 열쇠임을 잊지 마세요."

무대 위에서
파트너와 멋진 춤추기

오래전에 보았던 영화가 있다. 바로 〈쉘 위 댄스(shall we dance?)〉다. 직장에서도 가정에서도 성실함을 인정받고 있는 중년 남성인 스기야마. 집을 장만하고, 아내와 딸이 있는 비교적 안정적인 삶을 살고 있었다. 그러나 그는 삶에 대해 이유 모를 무료함과 공허함을 느끼고 있었다.

그러던 어느 날 그는 집으로 돌아가던 지하철에서 창밖을 내다보았다. 그때 댄스교습소가 보였다. 교습소 창문에서는 학원 원장인 메이가 밖을 쳐다보고 있었다. 퇴근할 때마다 그 모습을 보게 된 스기야마는 그녀를 보고 싶다는 생각에 댄스교습소로 향한다.

처음에는 메이의 모습에 이끌려 댄스를 시작하게 되었지만, 그는 점점 댄스의 매력에 빠지게 되었다. 퇴근 후나 레슨이 끝난 뒤에도 언제 어디서나 혼자서 춤 연습을 했다. 그러자 그동안의 공허했던 마음과는 달리 생기 넘치는 생활을 하게 되었다. 스스로 삶에 재미를 느끼게 된 것이다.

《엠마》라는 그림책이 있다. 일흔두 살쯤엔가 그림 그리기를 시작해서 화가가 된 할머니의 이야기다. 나이가 들면서 혼자 지낼 때가 많아진 할머니는 외로웠다. 그녀는 하나뿐인 친구 주황색 고양이와 살았다. 할머니는 소박한 것들을 좋아했다. 눈이 현관 문턱까지 쌓이는 것 바라보기, 앉아서 고향인 산 너머 작은 마을 생각하기…. 할머니는 어느 날부터 그 좋아하던 것을 그림으로 그리기 시작했다. 집에 그림들이 전시되었고, 사람들이 보러 오기 시작했다. 그리고 할머니는 점점 사람들이 떠나가도 외로워지지 않는 방법을 알아냈다.

지금은 평균수명 100세 시대다. 그래서 은퇴 후의 인생 2막 설계는 참으로 중요하다. 신문에서 은퇴자에게 필요한 다섯 가지로 돈·건강·일·여가·관계를 꼽았다. 행복한 노후생활을 위해서는 이 다섯 가지 요소의 밸런스가 필요하다는 것이다. 캐나다 캘거리대의 로버트 스테빈스 교수는 '여가'를 세 가지로 설명했다.

먼저 '일상적 여가'는 즐기기 위해 어떤 특수한 훈련을 받을 필요가 없다. TV 보기, 낮잠, 친구와 수다 떨기, 아름다운 경치 감상, 술 마시기 등이 이 범주에 든다.

'프로젝트형 여가'는 자유 시간에 자주는 아니지만 일회적 또는 일시적으로 창조적 일을 수행하는 것이다. 생일파티, 결혼식, 환갑잔치, 박물관 특별 전시 가이드 등이 이 범주에 든다.

마지막으로 '진지한 여가'는 특수한 기술·지식·경험을 통해 경력을 쌓고 성취감도 느낄 수 있게 적극적으로 활동하는 것이다. 그러려면 돈과 시간을 투자하며 끊임없이 노력해야 한다. 진지한 여가는 세부적으로 '아마추어형(직업으로 전환)', '취미활동형', '자원봉사형' 등 세 가지로 분류된다. 일상적 여가를 통해서는 유쾌함과 즐거움을 얻을 수 있다. 하지만 진지한 여가는 놀고 즐기는 것으로 끝나지 않는다. 성취와 보상·자아실현 등을 얻을 수 있다.

100세 시대에 중년 이후의 여가는 단지 쉬는 것만으로 끝나서는 안 된다. 여가라 하더라도 기술 습득 등으로 그에 따른 삶의 만족감이 있어야 한다. 그래야 행복감도 느낄 수 있다. 어찌 보면 〈한책협〉에서의 책 쓰기나 1인 창업이 나의 '진지한 여가'를 위한 준비 과정이다. 내 젊은 날의 경험이나 스펙이 일로 다시 연결될 것이기 때문이다. 또한 나에게 성취와 보상, 자아실현을 가져다줄 것이기 때문이다. 엠마나 스기야마 씨처럼.

쉘 위 댄스의 스기야마 씨는 지금쯤 어떻게 지내고 있을까? 시간이 많이 흘렀으니 아마 은퇴했을 것이다. 그리고 그 댄스로 인해 '진지한 여가'를 보내고 있지는 않을까? 메이의 환송파티에서 둘이 호흡을 맞추고 사람들이 하나둘 무대로 나와 큰 춤 무대를 만들던 영화의 마지막 장면이 기억난다.

대학교 시절 〈더티 댄싱〉, 〈토요일 밤의 열기〉 등 춤을 다룬 뮤지컬이나 영화를 좋아했었다. 춤추는 것을 보는 것만으로도 내 안의 어떤 꿈틀거림을 느꼈었다. 그리고 이제 꿈꾼다. 무대 위에서 파트너와의 멋진 춤추기를 통해 '다시 한 번 내 인생의 주인공이 되자'라는.

댄스파티의 날. 나는 초록 드레스를 입고 한 걸음 한 걸음 걷는다. 멋진 드레스를 입었으면 행동도 그에 맞게 해야 한다. 상황에 맞는 옷차림도 참 중요하다. 그리고 뒤에서 나의 차례를 기다린다. 어떤 사람들은 말한다. "무대에서만 잘하면 되는 거 아니야?" 그러나 나는 그렇지 않다고 생각한다. 예전에 유아교육기관을 운영할 때 1년에 한 번씩 아이들이 서는 무대가 있었다. 무대에 서는 시간은 잠깐이지만 뒤에서 남의 차례를 기다려 주어야 했다. 그러려면 아이들에겐 질서가 있어야 했다. 무대 뒤에서는 여러 반이 함께 있어야 하기 때문이다.

라인 오브 댄스(Line of Dance). 춤을 출 때는 공간의 흐름에 관한 최소한의 매너를 지켜야 한다. 여러 사람이 같이 움직이면서 부딪치지 않고 춤을 추기 위해서다. 일곱 살 아이들 75명 정도가 한 무대를 꾸미는 퍼포먼스는 부모님들에게 감동을 주곤 했다. 어떻게 그게 가능했을까? 그들만의 작은 규칙을 만들어 주었기 때문이다.

여러 사람이 함께하는 데는 규칙이 필요하다.

무대가 끝나고 난 후에는 어떤 식으로든 여운이 남는다. 아이들도 부모님에게 "어느 반이 제일 잘했어요?"라고 묻는다. 그 질문이야말로 자신들이 잘했다는 말을 듣고 싶은 마음을 담고 있는 것이다. 그런데 때로 눈치 없으신 부모님은 "A반이 진짜 멋있더라."라고 다른 반을 칭찬한다. 그러면 아이는 시무룩해져서 다시 묻는다. "그다음에 잘한 반은요?"

대부분의 아이들은 스스로를 대견해하면서 다음 무대를 무척이나 기다린다. 나는 지금까지는 아이들과의 생활이 거의 다였다. 그러나 이제 내 인생의 터닝 포인트가 시작된다. 내 인생의 무대에서 나만의 스포트라이트를 받으며 춤이 시작된다.

나는 나만의 춤을 출 것이다. 그리고 나의 버킷리스트 '무대 위에서 파트너와 멋진 춤추기'를 이룰 것이다.

사람들에게 위로가 되는
인터넷 카페 운영하기

《나는 직장에 다니면서 1인 창업을 시작했다》의 김태광 작가는 어린 시절에 가난했었다고 한다. 꿈을 꾸어야 할 10대에는 정작 꿈을 꿀 수가 없었다. 그런 10대의 꿈의 부재로 인해 20대, 30대에는 삶이 고통스러웠단다. 고등학교, 대학교 시절에는 가난한 집안 형편으로 인해 아르바이트를 했다고 한다.

그렇게 주유소에서 일할 때였다. 트럭에 휘발유를 넣는 실수를 했단다. 솔직하게 트럭 운전자에게 말했고 사장도 알게 되었다. 그리고 사장에게 모멸감을 느낄 정도의 훈계를 듣고 월급도 못 받은 채 쫓겨났다고 한다. 그 내용을 읽고, 마음이 찡했다.

만약에 이렇게 모멸감을 받은 충격적인 삶 속에서 그냥 멈추어 버렸다면 그 소년은 어떤 모습으로 자랐을까? 가끔 우리는 뉴스에서 보지 않는가? 학교에 다닐 때 자신을 때린 선생님을 어른이 된

후 찾아가 복수한 사람도 있다. 또한 오랫동안 자신을 통제하고 억압했던 엄마에게 분노를 표출하며 상황을 가장 좋지 않게 마무리한 사람도 있다. 그러나 이 책의 저자는 꿈을 가지고 시를 썼다. 그리고 자기계발서들을 읽으면서 '그래, 나도 할 수 있다!'라는 자신감을 가지게 되었다고 한다.

내가 어렸을 때였다. 아버지가 저녁에 퇴근하고 들어오셨다. "아버지, 다녀오셨어요?"라고 인사를 한 우리 형제들은 아버지의 손을 먼저 봤다. 왜냐하면 아버지는 누런 종이봉투에 담긴 통닭을 자주 사 오셨기 때문이다. 때론 중국집에서 야끼만두라고 하는 큰 군만두를 사 오기도 하셨다.

그리고 엄마는 우리가 소풍을 갈 때면 블라우스나 주름치마를 예쁘게 입혀 주셨다. 또한 선생님의 도시락도 꼭 챙겨 주셨다. 특히 맏이인 나에게는 좀 더 허용적이지 않으셨나 싶다. 방 청소도 늘 엄마가 해 주셨다. 그리고 옷이나 물건도 엄마가 구해 주셨다. 그런 습관 때문에 난 내가 사는 것보다 엄마가 구해 주는 게 마음이 훨씬 편했었다.

내 방엔 책이 가득 있었다. 어린 나는 《소공자》와 《소공녀》, 《비밀의 화원》 등에 빠져 울고 웃었다. 그러나 점점 크면서 엄마의 관심이 참견처럼 느껴졌다. 스스로의 의지력이 약한 것 같아 속상했다.

고등학교 때까지 나의 꿈은 아나운서였다. 그러나 나는 내가 원하는 대학에 떨어졌다. 죽을 맛이었던 나에게 친구 한 명이 자신이 직접 깎은 나무 오뚝이를 선물로 줬다. "너라면 다시 일어날 수 있어."라는 말과 함께.

그때 아버지는 재수는 하지 말라고 하셨다. 그러시면서 전문대 유아교육과에 입학하길 원하셨다. 그렇게 들어간 대학에서 나는 학과 공부보다도 학교 방송국 활동을 더 재미있게 했었다. 그리고 시낭송을 위해 자주 행사에 초대되었다.

그러던 어느 날 대전에 있는 극단에 들어가게 되었다. 거기서 호흡하는 방법, 연극에 필요한 기본기인 발성법, 탈춤 등을 배웠다. 그러나 학교 끝나고 저녁때부터 시작하는 모임이기 때문에 집에 늦게 귀가하는 일이 많았다. 당연히 시간에 철저하시고 고지식하신 아버지와 자주 부딪쳐야 했다. 결국 의지력이 약한 나는 극단을 그만둘 수밖에 없었다. 그리고 탈출구는 결혼뿐이라 생각했다. 난 해방을 맞는 마음으로 결혼을 선택했다.

《나는 직장에 다니면서 1인 창업을 시작했다》의 저자는 20대 때 돈만 생기면 책을 사 보았다고 한다. 막연하게 사람들의 꿈의 실현을 돕는 성공 아카데미를 개설하면 어떨까도 생각했단다. 그 부분을 읽고 나는 '나의 30대의 꿈은 뭐였지?' 하는 생각이 들었지만 떠오르는 게 없었다. 아이 둘, 직장, 남편, 집, 차 모든 것이 있어도 공허했다. 그러나 이 공허함도 현실적인 바쁨 속에 묻혀 버리기 일쑤였다.

태풍 전야의 고요함 같았던 나의 삶이었다. IMF로 인해 전환기를 맞기까지 말이다. 그때도 꾸준히 유치원에 근무하며 아이들과 부모와의 관계, 개인적인 상황들을 겪었다. 그리고 막연하게 생각했다. '가정사역'을 할 것이라고.

주영이는 늘 공주 같은 옷을 입고 오는 아이였다. 그런데 레이스가 너무 심하게 달려 있었다. 그러니 아이가 편안하게 놀 수가 없었다. 당연히 성격도 예민했다. 바깥놀이에도 소극적일 수밖에 없었다. 나는 주영이 엄마와의 상담이 필요함을 느꼈다. 얼마 후 주영이 엄마와 상담하며 이런 말을 들을 수 있었다.

"사실은 제가 어렸을 때 엄마 아버지가 맞벌이를 했었거든요. 오빠도 여럿이고요. 그래서 엄마가 저에게 매일 군청색 옷을 입혀 줬어요. 그것도 바지로만요. 빨래를 자주 할 시간이 없으셨나 봐요. 나도 친구들처럼 치마 같은 거 얼마나 입고 싶었는지 몰라요."

주영이 엄마는 이런 이야기를 하며 눈물을 보였다. 주영이 엄마는 예쁜 옷에 대한 자신의 꿈을 주영이에게 투사했던 것이다. 그것이 주영이의 성격에까지 영향을 미쳤던 것이다.

"선생님, 진수가 밀었어요.", "선생님, 진수가 내 거 찢었어요."

하루에도 몇 번씩 진수의 이름이 교실에서 불렸다. 진수는 똑똑한 아이였다. 그러나 행동에는 불만이나 분노가 가득했다. 진수의 아빠는 의사였다. 진수의 엄마 말에 의하면 의사 집안으로 다들 뛰어나다고 했다. 아이가 무언가를 했을 때 어른들은 인정보다는 "조금 더."라고 말하며 기대치를 높였다. 진수는 한 번도 부모에게 인정받는 말을 듣지 못했다. 그래서 그 쌓인 분노를 또래 친구들을 괴롭히는 것으로 풀었던 것이다. 진수 엄마는 이제 일곱 살이 된 자기 아들이 가끔씩 무서울 때가 있다고 했다. 아이 내면의 과부하를 느낀다면서.

내가 유치원에서 교사로서, 원장으로서 30년간 근무하면서 항상 시대의 흐름을 타고 있음을 느꼈다. 2018년, 유치원 또한 사회적으로 이슈가 되면서 새로운 흐름이 다가옴을 직감적으로 느꼈다. 나는 이쯤에서 내 삶을 한번 정리하고 인생 2모작을 진지하게 생각하고 싶었다. 그리고 나 자신에게 '그동안 잘 살아왔다'라고 격려해 주는 상징적 책을 한 권 내고 싶다고 생각했다. 그리고 유튜버에 관심을 두었다. 그러다 어느 날 우연히 〈한책협〉을 만났다.

나는 〈한책협〉에서 내 이름으로 된 저서를 펴내고 지식과 경험을 돈으로 바꿀 수 있는 시스템이 '1인 창업'임을 배웠다. 그리고 1인 창업에 성공하기 위해서는 다음과 같은 과정이 필요함을 알았다.

첫째, 내 이름으로 된 책을 쓴다.

둘째, 네이버 카페를 만든다.

셋째, 파워 블로거가 되어 블로그 마케팅을 한다.

넷째, 이미지 메이킹을 통해 성공자의 모습으로 포장한다.

다섯째, 책 제목을 주제로 강연을 한다.

여섯째, 네이버 카페에 자체적으로 강연 과정을 만든다.

일곱째, 나를 추종하는 사람들을 대상으로 코칭하고 컨설팅한다.

여덟째, 사람들에게 판매할 상품을 만든다.

아홉째, 두 번째, 세 번째 책을 써서 세상에 대한 나의 영향력
    을 더욱 크게 만든다.

열째, 첫째에서 아홉째까지를 계속 반복한다.

성공해서 책을 쓰는 것이 아니라 책을 써야 성공한다고 한다. 기념으로 책 한 권을 남기겠다는 생각과 그 책을 통해 꿈을 실현시키는 키를 만든다는 생각은 분명히 결과가 다를 것이다. 나는 〈한책협〉에서 강의를 들으며 머리를 '쿵!' 한 대 얻어맞은 듯한 느낌을 받았다.

나에게 부족했던 것은 간절함이었다. 결핍은 때로 그 사람을 간절하게 만들고 성장시킨다. 하지만 모두에게 그런 것은 분명히 아니다. 그 사람이 결핍을 마주하는 태도가 중요하다. 자신이 상상하고, 확신하고, 실행하는 만큼 이룬다고 하니 철저한 자기 자신의 의

지가 필요한 것이다. 그리고 어떤 시련이 따르더라도 절대 포기하지 않아야 하는 것이다. 이제 나는 막 블로그를 배웠다. 처음인지라 메뉴 하나하나가 생소하다. 그러나 점점 익숙해져 갈 것이다. 이제 나는 '1인 창업'이라는 꿈을 갖는다.

30년 동안 해 온 일 중 부모교육, 그림책 테라피, 아버지교육, 태아교실의 부부교육, 교사들에게 전해 주던 마인드 교육이 있다. 나는 그것들을 통해 틈틈이 접한 공감과 분노 조절, 감정 치유, 반응 육아, 애착 육아, 내적 치유, 부부 교실, 아내 교실, 가족 힐링캠프 등 신체에서부터 심리까지 잘 녹여 내는 카페를 만들고 싶다. 그래서 물질은 풍요롭지만 정서적으로 도움이 필요한 사람들, 5세에서 7세까지의 아이들의 마음 읽기, 초보 엄마 아빠들 마음 알아주기 등을 성공적으로 이끌 것이다. 이름하여 '위로가 되는 인터넷 카페 운영하기'다!

주변을 아름답게, 내 삶을 풍요롭게
만드는 성부 되기

한 부자가 있었다. 부자는 밭의 소출이 풍성했다. 창고에 가득 넣었는데도 곡식들이 많이 남았다. 부자는 생각했다. '내가 곡식 쌓아 둘 곳이 없으니 어찌할까?' 그리고 결단했다. '내 곳간을 헐고, 더 크게 짓고, 내 모든 곡식과 물건을 거기 쌓아 두어야겠다. 여러 해 쓸 물건을 쌓아 두었으니 평안히 쉬고 먹고 마시고 즐거워하자.'

씨를 심는 것은 농부의 할 일이다. 그러나 그 씨의 수확이 얼마나 될지는 농부가 결정지을 수 없다. 풍년이 될지 흉년이 될지는 하나님의 영역이기 때문이다. 봄이 되면 아이들과 유치원에서 씨앗을 심었다. 비슷비슷한 크기와 색깔이다. 아이들은 아침에 유치원에 오면 자신들이 심은 씨앗에 물을 주고 관심을 보인다. 그러나 그 꽃이 언제 어떤 꽃으로 피어날지는 자신들의 마음대로 할 수 없다.

그 결과는 하나님의 영역인 것이다.

때가 되면 씨앗은 나팔꽃으로, 봉숭아로, 맨드라미로 피어난다. 그렇게 씨를 심듯 우리는 일을 하고 하나님은 그 일을 통해 재물을 허락하신다. 재물을 얻을 능력을 우리에게 주시는 거다. 그런데 재물을 주시는 하나님의 목적이 있다. 재물을 많이 얻은 부자가 여러 해 동안 사용할 물건과 먹을 곡식들을 자신만을 위해 쌓아 두고 행복해하고 있었다. 그때 하나님이 물으셨다.

"어리석은 자야. 오늘 밤에 네 영혼을 도로 찾으리니 그러면 네가 준비한 것이 누구의 것이 되겠느냐?"

"너는 어리석은 선택을 했어."라고 하나님이 부자에게 말씀하시는 것 같다. 자기 자신만을 위해 재물을 쌓고 하나님에게 인색한 부자를 '속부'라고 한다. 하나님은 온 땅에 흩어져 헌신할 사람들을 지정하셨다. 바로 선교사, 목사 등이며 이들을 '성빈'이라고 칭한다. 이들은 세계 곳곳 가난한 나라의 우물을 파 주고, 고아원을 짓고, 병원을 만들고, 유치원을 설립해 교육을 해야 한다. 그것은 하나님 나라의 확장을 위해 필요한 일들이다.

그런데 그 사역을 위해서는 돈이 많이 필요하다. 당연히 성빈은 돈이 없기 때문에 이들을 도울 사람이 필요하다. 그래서 하나님은 사람들에게 재물을 얻을 능력을 주신다. 그리고 그 재물이 내 창고에 가득 차고 흘러넘칠 때, 그러니까 내 집이 있고, 빚도 다 갚고, 내 필요가 다 채워진 시점에 물질을 성빈에게 흘러가게 해야 한다. 이런 부자를 '성부'라고 부른다.

"그의 자손은 번성하여도 칼을 위함이요 그의 후손은 음식물로 배부르지 못할 것이며 그 남은 자들은 죽음의 병이 돌 때에 묻히리니 그들의 과부들이 울지 못할 것이며 그가 비록 은을 티끌 같이 쌓고 의복을 진흙같이 준비할지라도 그가 준비한 것을 의인이 입을 것이요 그의 은은 죄 없는 자가 차지할 것이며 그가 지은 집은 좀의 집 같고 파수꾼의 초막 같을 것이며 부자로 누우려니와 다시는 그렇지 못할 것이요 눈을 든즉 아무것도 없으리라." (욥기 27:14~19)

속부의 영혼을 하나님이 거두었을 때 그 재산에 대한 하나님의 메시지다. 결국에는 재물이 다른 의인에게 가게 된다는 이야기다. '부의 이동'이 있다는 하나님의 경고나 마찬가지다.

우리 주변을 둘러보자. '속부'는 누구일까?

한 지인이 있었다. 그는 부동산으로 돈을 많이 벌었다. 그러곤 자꾸 사업을 확장하게 되었다. 그러나 건물의 세입자를 억울하게 내보내기로 유명했다. 어느 날 갑자기 쓰러진 그는 지금 병원에서 몇 년째 식물인간으로 누워 있다. 그는 그 많던 재산을 정리했다. 그리고 200억 원쯤 아들에게 물려주었다. 사업을 한다던 아들은 하는 것마다 실패했다. 사기도 당했다. 그래서 결국에는 아들도 초라한 삶을 살고 있다.

사업가 기질이 다분하던 K 원장은 교육 사업을 해 성공했다. 그는 돈을 많이 벌었다. 학부모들에게 남들이 하지 않는 이벤트를 해줘 인기가 있었다. 그러나 그 주변의 원장님들은 K 때문에 불편했었다고 했다. 그러나 K는 계속 성공했고 자꾸 사업을 확장해 나갔다. 그러던 중 소식이 들려왔다. 그가 죽었다고 했다. 무리한 사업 확장으로 심리적인 부담이 컸었단다.

"악인의 집에 아직도 불의한 재물이 있느냐 축소시킨 가증한 에바가 있느냐 내가 만일 부정한 저울을 썼거나 주머니에 거짓 저울추를 두었으면 깨끗하겠느냐 그 부자들은 강포가 가득하였고 그 주민들은 거짓을 말하니 그 혀가 입에서 거짓되도다." (미가서 6:10~12)

'속부'는 부정직한 삶을 산다. 그리고 부정직한 방법으로 돈을 번다. 그런 속부에게는 그 결과가 예정되어 있다.

첫째, 하나님이 병들게 하신다.

"너를 쳐서 병들게 하였으며"(미가 6:13)

둘째, 삶이 황폐해질 것이다.

"네 죄로 말미암아 너를 황폐하게 하였나니"(미가 6:13)

셋째, 하나님이 모든 재물을 끝내겠다고 하신다. 그때는 숨겨진 재물도 다 찾아내시며, 포도를 밟아도 술을 마시지 못할 만큼 결핍을 느끼게 하신다.

"네가 먹어도 배부르지 못하고 항상 속이 빌 것이며 네가 감추어도 보존되지 못하겠고 보존된 것은 내가 칼에 붙일 것이며 네가 씨를 뿌려도 추수하지 못할 것이며 감람 열매를 밟아도 기름을 네 몸에 바르지 못할 것이며 포도를 밟아도 술을 마시지 못하리라 너희가 오므리의 율례와 아합집의 모든 예법을 지키고 그들의 전통을 따르니 내가 너희를 황폐하게 하며 그의 주민을 사람의 조소 거리로 만들리라 너희가 내 백성의 수욕을 담당하리라"(미가 6:14~16)

참으로 무서운 일이다. 그러나 속부와는 달리 성부는 그 산업을 자자손손 물려줄 수 있다.

졸업을 하고 첫 직장에 들어갔다. 원장님은 초등학교 교사를 하시던 분이었다. 꾸밈이 소박하시고 고지식하던 분이셨다. 유치원 옆에 집이 있었다. 이사장님도 초등학교 교사셨다. 나를 보면서 여러 이야기를 해 주시곤 했다. 그러던 어느 날, 나뭇가지로 유치원 마당에 한자로 夫를 쓰셨다. "배 선생, 이 아비 부의 꼭지가 왜 위로 뾰족 나왔는지 알아요? 남편이 하늘보다 더 높다는 뜻이야.", "네, 알겠습니다."

그런 이야기를 하실 즈음이면 원장님이 "아이고, 바쁜 선생님 데리고 쓸데없는 소리 하지 마라."라며 나를 불러들이셨다. 그렇게 그곳에서 인정받으며 몇 년을 보냈다. 그러던 어느 날 나는 좀 더 규모가 있고 새로 지은 유치원에 원감으로 갈 수 있는 기회를 얻었다. 원장님은 서운해하셨다.

그렇게 리더의 자리에서 일하다 보니 한편으론 이런 생각이 들었다. '아, 센스 있게 일했다고 생각했는데 나도 모르게 원장님을 서운하게 해 드린 일도 있을 수 있었겠구나' 그래서 나는 수박 한 덩이를 사 들고 원장님을 찾아갔다. 원장님과 이사장님이 함께 계셨다.

"원장님, 혹시나 제가 근무하면서 얼굴 표정이나 말로 원장님 마음을 상하게 해 드린 적이 있다면 용서해 주세요." 했더니 이사장님께서 "배 선생이 예수네."라고 하셨다. 그런데 얼마 후 다시 찾아갔을 때였다. 원장님께서 하얀 모자를 쓰고 계셨다. 암이라고 했다. 원장님은 원장님의 오빠들 이야기를 해 주셨다. "큰오빠도 학교 선생님이잖아요. 권력에 욕심이 많은 분이야. 그래서 뭐든 열심히 해. 지금 교육청에서 한자리 하고 있어요. 그런데 그렇게 행복해 보이지는 않더라고. 작은 오빠도 선생님이잖아. 작은 오빠는 그냥 아직 평교사예요. 욕심도 없어. 교회에도 열심히 다니는데 편안해 보이더라고."

몸이 아프시니 세상이 달리 보이시는 듯했다. 그리고 한마디 더 하셨다. "그래도 작은오빠가 더 행복해 보였어요." 하나님은 우리에게 목적을 주셨다. 나를 통해 세상에 영향력을 끼치길 원하시는 것이다.

"하나님 여호와를 기억하라. 그가 네게 재물 얻을 능력을 주셨음이라." (신 8:18)

하나님은 온 땅에 하나님 나라를 세우길 원하신다. 하나님은 가난한 자에게도 관심을 많이 갖고 계신다. 그래서 성부의 창고에 가득 차고도 흘러넘치는 축복을 주신다. 성부는 그 창고에 가득한 것을 자신을 위해서 쓰면 된다. 그리고 흘러넘치는 것을 가지고 성빈에게 흘러가게 하면 되는 것이다. 하나님은 재정뿐만 아니라 건강, 은사까지도 흘러가기를 원하신다. 내 삶에 성부의 축복이 이루어지길 원한다. 또한 지금도 감사의 조건이 있음에 감사한다.

보물지도 17

초판 1쇄 인쇄 2019년 6월 24일
초판 1쇄 발행 2019년 6월 26일

지 은 이   **권우성 정소장 조현수 양근영 서동희**
           박종혁 김인환 박재석 김은희 김민채 배영희
펴 낸 이   **권동희**
펴 낸 곳   **위닝북스**
기   획   **김도사 · 권마담**
책임편집   **박고운**
디 자 인   **김하늘**
마 케 팅   **강동혁**

출판등록   **제312-2012-000040호**
주   소   **경기도 성남시 분당구 백현로97 다운타운 2층 201호**
전   화   **070-4024-7286**
이 메 일   **no1_winningbooks@naver.com**
홈페이지   **www.wbooks.co.kr**

ⓒ위닝북스(저자와 맺은 특약에 따라 검인을 생략합니다)
ISBN 979-11-6415-025-0 (03190)

이 도서의 국립중앙도서관 출판도서목록(CIP)은 서지정보유통지원시스템
홈페이지(http://seoji.nl.go.kr)와 국가자료공동목록시스템(http://www.nl.go.
kr/kolisnet)에서 이용하실 수 있습니다.(CIP제어번호: CIP2019023137)

이 책은 저작권법에 따라 보호받는 저작물이므로 무단전재와 무단복제를
금지하며, 이 책 내용의 전부 또는 일부를 이용하려면 반드시 저작권자와
위닝북스의 서면동의를 받아야 합니다.

위닝북스는 독자 여러분의 책에 관한 아이디어와 원고 투고를 설레는
마음으로 기다리고 있습니다. 책으로 엮기를 원하는 아이디어가 있으신 분은
이메일 no1_winningbooks@naver.com으로 간단한 개요와 취지, 연락처
등을 보내주세요. 망설이지 말고 문을 두드리세요. 꿈이 이루어집니다.

※ 책값은 뒤표지에 있습니다.
※ 잘못 만들어진 책은 구입하신 서점에서 교환해 드립니다.